注册咨询工程师(投资)执业资格考试考情直击(2015年版)

现代咨询方法与实务

顾问　陈　宪
主编　解素慧

中国计划出版社

图书在版编目（CIP）数据

现代咨询方法与实务/解素慧主编．—3版．—北京：中国计划出版社，2015.4
（注册咨询工程师（投资）执业资格考试考情直击：2015年版）
ISBN 978-7-5182-0102-0

Ⅰ.①现…　Ⅱ.①解…　Ⅲ.①投资－咨询服务－工程师－资格考试－自学参考资料　Ⅳ.①F830.59

中国版本图书馆CIP数据核字（2015）第042503号

注册咨询工程师（投资）执业资格考试考情直击（2015年版）
现代咨询方法与实务
主编　解素慧　顾问　陈　宪

中国计划出版社出版
网址：www.jhpress.com
地址：北京市西城区木樨地北里甲11号国宏大厦C座3层
邮政编码：100038　电话：（010）63906433（发行部）
新华书店北京发行所发行
三河富华印刷包装有限公司印刷

787mm×1092mm　1/16　15.5印张　386千字
2015年4月第3版　2015年4月第1次印刷
印数1—3000册

ISBN 978-7-5182-0102-0
定价：40.00元

《注册咨询工程师（投资）执业资格考试考情直击》
（2015 年版）

编写委员会

主　　任：陈　宪

副 主 任：罗曲云

组织协调：刘　菲

编　　委：杨伯元　刘　菲　于　慧　解素慧　闫　珺　罗曲云
　　　　　高　强　杨小菊　刘翠玲　李梁杰　王　晶　马宏梅
　　　　　王晓琴　李述萍　徐　萌　李　娟　郭艳菲　朱立新
　　　　　解素伟

本书编写组

顾　　　　问：陈　宪

主　　　　编：解素慧

副　主　　编：李　娟　于　慧

主要编写人员：解素慧　李　娟　于　慧　朱立新　解素伟

审　　　　核：于　慧

前　言

注册咨询工程师（投资）执业资格考试已经走过了十一个年头。我们在多年的辅导和培训中总结发现，历年真题是不可多得的复习资料，从历年真题中可以看出命题者的出题思路、命题趋势，各章的考值分布，各章考查的核心知识点等一系列有价值的信息。这些信息是考生复习的有力指引，而且历年真题的考点基本能覆盖80%的考点。但市面上众多的注册咨询工程师考试辅导材料中，并没有专门对历年真题进行深度解析的资料。我们根据多年的培训经验，同时听取了众多考生的意见，经众专家老师的反复讨论研究，编写了这套针对2015年考试的辅导用书。全套丛书分为五册，分别针对考试的五个科目。

2015年度注册咨询工程师（投资）执业资格考试仍采用2008年版考试大纲和2012年新版参考教材。本丛书主要以近五年的考试真题作为基础，并适当增加了历年考题没有考到但却是重要知识点的潜在考点，尽可能覆盖全书主要考点，在对题目进行解析的同时，指出出题思路和答题的技巧，指出考查的知识点的复习方法，并对其关联知识点加以辨析。在考查的重要知识点后面，加入了参考教材中该知识点的具体内容，以达到以题串点的目的，以便考生在考试前夕不用回头翻阅参考教材，便能迅速回顾和掌握相关知识点的具体内容，方便考生迅速适应考试形式，在最短时间内有针对性地进行复习备考，真正做到考前有的放矢、考时游刃有余。

本书为第五册，考试知识点覆盖前四科目，详见考试大纲。本科目考题通常为六道主观案例题，一般两道为纯定性题目，四道为定量与定性综合题目，总体上定性知识点与定量知识点的比例为1∶1，难度适中。近两年各章的考题分布如下表所示：

年份	科目1	科目2	科目3	科目4
2012年	咨询服务招标的规定 咨询单位面临的风险及风险管理策略 项目节能评估报告的内容 项目核准制 咨询服务的采购方式 咨询服务评标方法	能耗指标分析	进度计划的优化 分析进度偏差和费用偏差	能源弹性系数 水资源论证 厂址比选中环境保护条件的比选内容 地质灾害的类型 项目用地指标的计算 项目环境影响评价文件的审批 建设期利息、项目总投资的估算 偿债能力分析 社会评价中个人访谈的要求、社会评价报告中减轻社会负面影响的措施方案的内容 风险对策的类型 风险综合评价法的步骤

续表

年份	科目1	科目2	科目3	科目4
2013	企业项目可研报告 政府项目可研报告 社会稳定风险评估 逻辑框架法	规划指标属性 规划的类型	工程项目招投标	产品生命周期、市场预测方法、SWOT 分析 厂址比选、总图运输方案 特许经营项目融资、加权平均资金成本 项目投资现金流量分析 经济分析数据调整 社会风险分析 风险概率－影响矩阵、风险对策
2014	工程咨询单位业务的市场开发 工程咨询单位面临的风险 调查法的种类		工程建设项目招投标管理	市场调查方法、市场预测方法的种类 消费系数法计算 简单移动平均法计算 德尔菲法的步骤 波士顿矩阵分析 经济净效益、经济净现值计算及经济合理性分析 详细社会评价方法 盈亏平衡分析 能源消耗扩展题

下面对本书的内容安排和使用方法说明如下：

第一部分：考情直击之以题串点。该部分的每一章包括“核心考点”、“复习指导”和“题 · 解析”三部分内容。“核心考点”，对历年真题中出题频率较高的知识点进行总结，帮助考生掌握复习重点；“复习指导”，点出本章复习时的注意事项、核心考点的复习方法、需区分知识点间的关系等，帮助考生掌握复习方法和技巧；“题 · 解析”，对历年真题中的代表性题目进行深度解析，从答题的关键点、答题的方法、出题思路的分析、答题注意事项以及参考教材中此知识点的变动等角度进行分析，并在几道考查同一知识点的题目后面加入相关知识点，实现真正的以题串点，考生不用再去翻教材，就可以迅速回顾出教材内容，增加后期复习的便利性。

第二部分：考情直击之模拟演练。本部分精选了两套与真题难度相当、考值分布类似的模拟试题，便于考生临考前进行实战演练，系统考查知识点掌握程度，查漏补缺。

第三部分：考情直击之历年真题。收录了 2013、2014 年的注册咨询工程师（投资）执业资格考试试题，并给出了参考答案，使考生对考试有更具体的切身感受。

本书在编写过程中，广泛听取了参加 2004—2014 年注册咨询工程师（投资）执业资格考试的考生意见，并吸收了众多专家老师的研究成果和教学经验。但限于作者水平，加之时间紧迫，难免会有不当或错误之处，还望各位读者提出宝贵意见，以便再版时修改完善。

目　录

第一部分　考情直击之以题串点

第二部分　考情直击之模拟演练

第三部分　考情直击之历年真题

第一部分　考情直击之以题串点

第一科目　工程咨询概论

第一章　投资建设各阶段工程咨询服务内容

核 心 考 点

- ◆ 工程项目投资管理（决策）的程序和内容（依据《国务院关于投资体制改革的决定》）
- ◆ 工程项目建设前期阶段咨询的内容
- ◆ 工程项目后评价
- ◆ 规划咨询

复 习 指 导

在掌握“投资建设各阶段工程咨询服务内容”知识点之前，首先要弄清楚工程项目投资管理（决策）的程序和内容，不同类型的项目，其行政管理程序不同，投资决策程序也不同，对应的咨询单位承接的服务内容也就不同。复习过程中要理清不同类型项目的特点和与咨询服务之间的逻辑关系，避免关联内容之间的概念模糊和记忆混乱。

历年考题情况见表 1-1-1。

表 1-1-1　历年考题情况

年份	考核方式	考核知识点
2008 年	（1）项目办理土地、规划等许可手续； （2）外商投资项目核准制	项目行政管理程序
2009 年	（1）项目申请报告的论证角度； （2）境外投资项目申请报告的内容； （3）项目咨询评估报告中生态环境保护措施评估的内容； （4）规划研究中发展目标、产业结构研究的内容	具体项目的核准申请报告； 项目咨询评估报告； 规划研究
2010 年	（1）项目后评价的任务； （2）项目申请报告的内容及附带的审查意见	项目申请报告； 项目后评价
2011 年	规划研究的内容	规划咨询
2012 年	项目节能评估报告的内容	节能评估
2013 年	可行性研究报告的内容	企业投资项目可行性研究报告内容； 政府直接投资项目可行性研究报告内容

题·解析

案例 1.（2008 年真题）某外商拟在某地投资建设一基础设施项目，该项目不属于《政府核准的投资项目目录》范围。因项目前期工作的需要，该外商采用公开招标方式选聘 A 咨询单位负责项目前期咨询事宜：

事件 1：拟建项目场址为荒地，A 咨询单位建议外商征求当地规划部门和土地管理部门的意见。外商认为项目不占用耕地，只需得到规划部门的批准而不必向土地管理部门申请用地许可。

事件 2：外商认为拟建项目不在《政府核准的投资项目目录》内，无须政府核准或审批，只需向当地政府备案即可。

【问题】分别指出上述事件 1、2 中外商的意见是否妥当，并简述理由。

【答案】事件 1 中外商的意见不妥，理由：只要项目占用国有土地，必须向城乡规划和国土资源部门办理用地许可手续。（项目行政管理程序规定）

事件 2 中外商的意见不妥，理由：外商投资项目依据国家发展改革委颁布的《外商投资项目核准暂行管理办法》进行核准，应提交项目申请报告及其他要求的文件。

【解析】此题考核的是工程建设投资决策的程序和内容，第一科目教材和第四科目教材均有相关内容的阐述，属于经常考核的重要考点。做此类定性题目的关键是首先判断该工程项目属于审批类、核准类还是备案类，然后再答相关的内容，题目问什么答什么（如先回答是否妥当，再简述理由），答案要有条理性。

★相关知识点：工程项目投资建设管理程序、项目决策程序，这里本书将这两块内容进行整合如表 1-1-2。

表 1-1-2 不同类型工程项目的管理（决策）程序和内容

<table>
<tr><th colspan="2">项目类型</th><th colspan="2">管理（决策）程序和内容</th></tr>
<tr><td colspan="2">政府投资项目，采用直接投资和资本金注入方式的，实行审批制</td><td colspan="2">只审批项目建议书和可行性研究报告，除特殊情况外不再审批开工报告：
第一步，向审批部门报送项目建议书；
第二步，依据批复申请办理规划选址预审、用地预审和环境影响评价审批手续；
第三步，申报可行性研究报告；
第四步，依据批复申请办理规划许可手续和正式用地手续；
最后，申请办理项目开工手续</td></tr>
<tr><td>企业不使用政府投资建设的项目</td><td>重大项目和限制类项目，实行核准制</td><td>第一步，申请办理规划选址预审、用地预审和环境影响评价审批手续；
第二步，申报项目核准申请报告；
第三步，核准后申请办理规划许可手续、正式用地手续；
第四步，申请办理项目开工手续</td><td>企业完成投资机会研究、初步可行性研究、可行性研究后，委托编写项目申请报告</td></tr>
</table>

续表 1-1-2

项目类型		管理（决策）程序和内容
企业不使用政府投资建设的项目	其他项目无论规模大小，均为备案制	首先，办理备案手续； 其次，备案后申请办理规划选址、用地和环境影响评价审批手续； 最后，申请办理项目开工手续
企业使用政府补助和贴息投资建设的项目		按有关规定应报国务院或国家发展改革委审批、核准的项目，可在报送可研报告或项目申请报告时一并提出资金申请，不再单独报送资金申请报告；也可在项目经审批或核准同意后，另行报送资金申请报告
		按有关规定应报地方政府审批、核准或备案的项目，应在批准后提出资金申请报告
企业使用国外贷款投资项目		必须纳入国外贷款备选项目规划，然后区别不同情况履行审批、核准或备案手续后，再向有关审批部门报送资金申请报告
外商投资项目		实行核准制
境外投资项目		对于境外投资资源开发类和大额用汇项目实行核准制，其他项目实行备案制

注：使用国外贷款属于中央统借统还、省级政府偿还或提供还款担保的项目，按政府直接投资项目管理，实行审批制；单个投资项目的投资补助或贴息资金超过2亿元或超过3000万元且占项目总投资的比例达到50%以上的项目，也按政府直接投资或资本金注入方式管理，由国家发展改革委审批可行性研究报告。

案例2.（2009年真题）A咨询公司具有相应的工程咨询资质，近期开展了以下两项咨询业务：

业务1：受甲企业委托，为其投资的某水电项目编制了项目申请报告。报告从企业角度详细论证了项目的市场前景、盈利能力和资金来源，从政府公共管理的角度重点阐述了项目的环境和生态影响分析、节能方案分析、资源开发及综合利用分析三个方面的内容。

业务2：受乙企业委托，为其在境外某投资项目编制了项目申请报告。报告包括以下内容：（1）项目名称、投资方基本情况；（2）项目背景及投资环境；（3）项目建设规模、主要建设内容、产品及目标市场，项目效益和风险情况；（4）项目总投资、各方出资额及出资方式、融资方案及用汇金额；（5）项目生态环境影响分析；（6）项目社会影响分析。在乙企业提交境外投资项目申请报告后，政府委托B咨询公司对该报告进行了评估。

【问题】

1. 业务1中，项目申请报告论证的角度是否准确？说明理由。项目申请报告的论证通常还应补充哪些方面的内容？

2. 业务2中，境外投资项目申请报告的内容中哪些是必要的？

【答案】

1. 业务1中，项目申请报告论证的角度不准确，理由：项目核准申请报告不同于项目可研报告，应根据政府公共管理的要求，重点阐述政府关注的有关外部性、公共性等事项，而不需要再从企业角度详细论证。

项目申请报告的论证通常还应补充：申报单位及项目概况，发展规划、产业政策和行业准入分析，建设用地、征地拆迁及移民安置分析，经济影响分析和社会影响分析。

2．业务 2 中，境外投资项目申请报告的内容中（1）、（2）、（3）、（4）是必要的。

案例 3.（2010 年真题）甲咨询公司接受某企业委托，编写某种矿产资源开发项目的申请报告，报告中包括：（1）申报单位及项目概况；（2）发展规划、产业政策和行业准入分析；（3）建设用地、征地拆迁及移民安置分析；（4）经济影响分析等主要内容。报告后面还附带了有关部门的审批文件。

【问题】甲咨询公司编写的项目申请报告中，除上述内容外，还应包括哪些内容？报告应附带哪些有关部门的审批文件？

【答案】

（1）除上述内容外，还应包括：资源开发及综合利用分析；节能方案分析；环境和生态影响分析；社会影响分析。

（2）报告应附带城市规划、国土资源、环境保护、水行政主管部门的审查意见，以及项目节能、矿产压覆、地震安全等其他审批文件。

【解析】上述两题考核的是企业投资项目核准咨询的内容，属于历年考核的重点。考核方式比较多的是判断是非、补充作答，有时还会以简答的方式要求写出某报告的内容，这种方式难度比较大，对考生的记忆要求高。企业投资项目（包括外商投资项目、境外投资项目）核准申请报告的内容必须全面掌握。

★相关知识点：参见第一科目教材第四章第三节工程项目前期阶段咨询和第四科目教材第一章第二节项目决策分析与评价的主要内容。项目决策分析与评价是项目前期阶段咨询的核心工作，这里将前期咨询内容整理如下。

根据不同委托方，项目前期阶段咨询分为企业投资项目前期咨询、政府投资项目前期咨询、政府性资金申请咨询、项目咨询评估和节能评估。企业投资项目前期咨询又分为投资机会研究、初步可行性研究、可行性研究、核准咨询和备案咨询，见图 1-1-1。

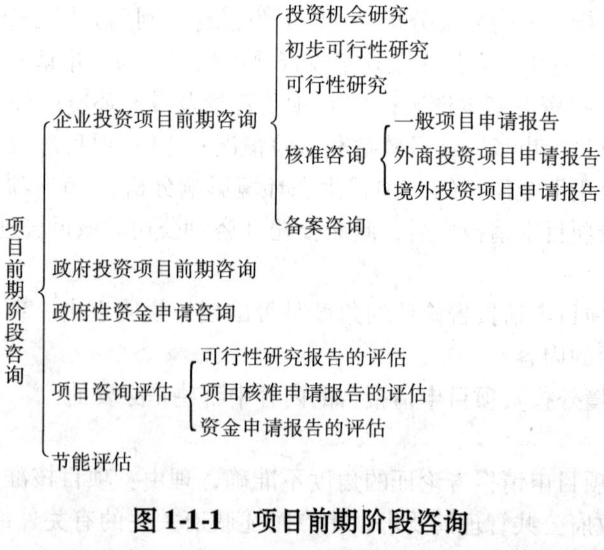

图 1-1-1　项目前期阶段咨询

（一）投资机会研究

目的：发现有价值的投资机会。

研究重点：分析投资环境，是开展初步可行性研究的根据。

方法：依靠经验进行粗略的预测估计。

成果：机会研究报告。

（二）初步可行性研究

目的：判断项目是否有生命力，是否值得投入更多的人力和资金进行可行性研究。

研究内容和重点：对项目方案进行初步的技术、经济分析和社会、环境评价，研究重点是从宏观上分析论证项目建设的必要性和可能性。

方法：相对粗略的估算指标法，有条件的也可采用分类估算法。

成果：初步可行性研究报告或项目建议书。

（三）可行性研究

目的：得出该项目是否值得投资，建设方案是否合理、可行的研究结论，为项目决策提供依据。

研究重点：论证项目建设的可行性，必要时还需进一步论证项目建设的必要性。

方法：投资估算误差不应大于10%，资金筹措应有具体方案，项目效益测算以动态为主。具体内容详见第四科教材。

（1）进一步研究项目建设的必要性。主要是从项目本身和国民经济和社会发展两个层次分析项目建设的必要性。

（2）市场分析。

（3）建设方案研究。

（4）组织实施方案分析。

（5）建设投资估算。

（6）运营期财务效益与费用估算。

（7）融资方案分析。

（8）财务分析。

（9）经济费用效益分析。

（10）经济影响分析。

（11）资源、环境评价。

（12）土地利用及征地拆迁、移民安置方案分析。一是对项目土地利用方案进行分析，评价土地利用是否符合相关规划的要求，是否符合保护耕地等政策法规的要求；二是对征地拆迁及移民安置方案的分析，应提出城镇居民拆迁方案、农村移民安置方案及征地补偿方案、收入恢复及后期扶持计划，并对方案的合理性以及征地拆迁及移民安置可能造成的风险及其规避对策进行分析。

（13）社会评价。

（14）不确定性和风险分析。

（15）多方案比选。

（16）研究结论与建议。

（政府直接投资项目前期论证重点关注十项内容：项目需求及目标定位；项目建设方

案；项目实施方案；土地利用与移民安置方案；环境保护措施方案及环境影响评价；投资估算；资金筹措方案；费用效果分析；社会评价；风险分析。）

（四）项目核准申请报告

1．企业投资项目申请报告。

六个论证方面：维护经济安全、合理开发利用资源、保护生态环境、优化重大布局、保障公共利益、防止出现垄断。

八项主要内容：申报单位及项目概况；发展规划、产业政策和行业准入分析；资源开发及综合利用分析；节能方案分析；建设用地、征地拆迁及移民安置分析；环境和生态影响分析；经济影响分析；社会影响分析。

2．外商投资项目申请报告。

还要从市场准入、资本项目管理方面进行论证，报告内容包括：（1）项目名称、经营期限、投资方基本情况。（2）项目建设规模、主要建设内容及产品，采用的主要技术和工艺，产品目标市场，计划用工人数。（3）项目建设地点，对土地、水、能源等资源的需求，以及主要原材料的消耗量。（4）环境影响评价。（5）涉及公共产品或服务的价格。（6）项目总投资、注册资本及各方出资额、出资方式及融资方案，需要进口的设备及金额。

3．境外投资项目申请报告。

不要求详细的技术经济可行性分析论证，也不要求满足中国的环境保护、市场准入等政府法规要求。报告内容包括：（1）项目名称、投资方基本情况；（2）项目背景情况及投资环境情况；（3）项目建设规模、主要建设内容、产品、目标市场，以及项目效益、风险情况；（4）项目总投资、各方出资额、出资方式、融资方案及用汇金额；（5）购并或参股项目，应说明拟购并或参股公司的具体情况。

（对境外竞标或收购项目的特殊政策安排：在正式竞标或对外正式开展商务活动前，向国家发展改革委报送信息报告；国家发展改革委在收到书面信息报告之日起7个工作日内出具有关确认函件；待项目中标或收购条件基本达成一致后，再向发展改革部门申请办理项目核准手续。）

案例4.（自编题）某咨询机构受政府投资主管部门委托，对某外商投资项目进行核准评估。咨询机构编写的评估报告中包括：申报单位及项目概况；发展规划、产业政策和行业准入评估；建设用地、征地拆迁及移民安置评估；经济影响评估；社会影响评估；主要结论和建议等内容。

【问题】该项目咨询评估报告中，除了上述内容外，还应包括哪些内容？

【答案】还应包括：资源开发及综合利用评估、节能方案评估、环境和生态影响评估、主要风险及应对措施评估，还有在市场准入、资本项目管理方面的评估意见。

【解析】此题实际上考核的是两个知识点，一个是企业项目咨询评估报告的内容，一个是外商投资项目咨询评估报告的内容。评估报告的内容复习起来比较容易，因为其与申请报告的内容是对应的，只是多了一项“主要风险及应对措施评估”内容；而外商投资项目相对于国内企业项目，又额外多了“市场准入、资本项目管理方面的评估意见”。所以，在解答此类题目时，首先要明确案例中的项目属于哪一类，然后再针对问题作答，避免有所遗漏。

★相关知识点：项目核准申请报告的评估内容。

根据国家发改委2008年第37号公告，企业投资项目咨询评估报告包括10项内容：

（1）申报单位及项目概况。

（2）发展规划、产业政策和行业准入评估。

（3）资源开发及综合利用评估。

（4）节能方案评估。

（5）建设用地、征地拆迁及移民安置评估。

（6）环境和生态影响评估。

（7）经济影响评估。

（8）社会影响评估。

（9）主要风险及应对措施评估。

（10）主要结论和建议。

对于外商投资项目，除论述以上内容外，还应在市场准入、资本项目管理等方面提出咨询评估意见。

案例 5.（2012 年真题）某境外企业拟在国内投资建设设备制造项目，委托咨询单位编写该项目的节能评估报告。报告的主要内容包括：项目概况；项目能源情况评估（包括项目能源消耗量、项目所在地的能源资源条件以及项目对所在地能源影响的评估）；项目节能措施评估；结论、问题和建议。

【问题】咨询单位编制的节能评估报告还应补充哪些内容？

【答案】还应补充：项目建设方案节能评估、能源消费结构和能源利用效率评估等内容。

【解析】节能评估报告的内容包括：评估依据；项目概况；能源供应情况评估；项目建设方案节能评估；项目能源消耗和能效水平评估；节能措施评估；存在问题及建议；结论。其中，能源供应情况评估包括项目所在地能源资源条件以及项目对所在地能源消费的影响评估，项目能源消耗和能效水平评估包括能源消费量、能源消费结构、能源利用效率等的分析评估。由此看来，根据题目所给材料，该问的答案同时涵盖了一级、二级标题的内容，增加了一定难度。

★相关知识点：节能评估的内容

固定资产投资项目节能评估和审查，是项目审批、核准或开工建设的前置性条件。

1. 节能评估实行分类管理。

（1）年综合能源消费量 3000 吨标准煤以上（含 3000 吨标准煤，电力折算系数按当量值，下同），或年电力消费量 500 万千瓦时以上，或年石油消费量 1000 吨以上，或年天然气消费量 100 万立方米以上的固定资产投资项目，应单独编制节能评估报告书。

（2）年综合能源消费量 1000 吨～3000 吨标准煤，或年电力消费量 200 万～500 万千瓦时，或年石油消费量 500 吨～1000 吨，或年天然气消费量 50 万～100 万立方米的固定资产投资项目，应单独编制节能评估报告表。

（3）其他项目应填写节能登记表。

2. 节能评估报告书的内容：（1）评估依据；（2）项目概况；（3）能源供应情况评估，包括项目所在地能源资源条件以及项目对所在地能源消费的影响评估；（4）项目建设方案节能评估，包括项目选址、总平面布置、生产工艺、用能工艺和用能设备等方面的节能评估；（5）项目能源消耗和能效水平评估，包括能源消费量、能源消费结构、能源利用效率等方面的分析评估；（6）节能措施评估，包括技术措施和管理措施评估；（7）存在问题及建议；（8）结论。

3．实行审批或核准制的固定资产投资项目，建设单位应在报送可行性研究报告或项目申请报告时，一同报送节能评估文件提请审查或报送节能登记表进行登记备案。

4．节能评估方法：（1）政策导向判断法；（2）标准规范对照法；（3）专家经验判断法；（4）产品单耗对比法；（5）单位面积指标法（适用于民用建筑项目）；（6）能量平衡分析法。

案例 6.（2010 年真题）A 省公路管理部门利用世界银行贷款建设由 B 市通往该省 T 港口的高速公路项目（简称 BT 高速公路）。BT 高速公路于 2003 年初开工，2004 年底完工，并于 2005 年 1 月投入运营。2010 年初，A 省公路管理部门决定开展该项目的后评价工作，并组织了咨询招标，C 咨询工作中标。

【问题】简述 BT 高速公路项目后评价的任务。

【答案】该项目后评价的任务有：（1）项目全过程的回顾和总结；（2）实施效果和效益的分析评价；（3）目标和持续性的评价；（4）总结经验教训，提出对策建议。

【解析】这种简答式的题型，对考生的记忆能力要求比较高，答题的关键是要简明扼要、答出要点，切忌罗列出一整段话，这样不利于判卷时找得分点。最好的答题方式是分条列款、要点清晰。

★相关知识点：项目后评价的任务和内容

（一）项目后评价的任务

1．全过程的回顾和总结。

2．实施效果和效益的分析评价：对项目的工程技术效果、财务效益、经济效益、环境影响、社会影响等进行分析评价。

3．目标和持续性的评价：对项目目标的实现程度及其适应性、项目的持续发展能力、项目的成功度进行分析评价。

4．总结经验教训，提出对策建议。

（二）项目后评价的内容（见表 1-1-3）

表 1-1-3 项目后评价内容

<table>
<tr><th>项目后评价的咨询任务</th><th>一级内容</th><th>二级内容</th></tr>
<tr><td rowspan="4">（1）项目全过程各个阶段的回顾与总结</td><td>项目前期决策的总结评价</td><td>（1）项目可行性研究的总结与评价；
（2）项目评估的总结与评价；
（3）项目决策的评价</td></tr>
<tr><td>项目准备阶段的总结评价</td><td>（1）项目勘察设计的总结与评价；
（2）对项目投资融资方案的评价；
（3）采购（招标投标）工作评价；
（4）开工准备的评价</td></tr>
<tr><td>项目实施阶段的总结评价</td><td>（1）合同执行的分析评价；
（2）工程实施及管理评价；
（3）项目资金使用的分析评价；
（4）项目竣工评价</td></tr>
<tr><td>项目运营阶段的总结评价</td><td>（1）项目运营状况的小结；
（2）项目效益预测</td></tr>
</table>

续表 1-1-3

项目后评价的咨询任务	一级内容	二级内容
（2）项目效果和效益的分析评价	项目的技术效果评价	主要包括技术的先进性、适用性、经济性、安全性
	财务和经济效益评价	财务效益分析和经济效益分析，分别与项目前评估指标对比
	环境影响评价	（1）重新审查项目环境影响的实际情况； （2）审核项目环境管理的决策、规定； （3）规范、参数的可靠性和实际效果
	项目社会影响评价	（1）就业影响； （2）地区收入分配影响； （3）居民的生活条件和生活质量； （4）受益者范围及其反映； （5）各方面的参与状况； （6）地方社区的发展； （7）妇女、民族和宗教信仰
	项目的管理效果评价	（1）组织结构形式的评价； （2）对组织中主要领导人员的评价； （3）组织内部沟通、交流机制的评价； （4）激励机制及员工满意度的评价； （5）组织内部利益冲突调停能力的评价； （6）组织机构的环境适应性评价
（3）项目目标、可持续性和成功度的评价	项目目标评价	宏观目标和项目直接建设目标的实现程度及适应性
	项目的持续性评价	分析制约项目可持续的主要因素，分析项目持续发展的主要条件，提出必要措施和建议
	项目成功度评价	用成功度评定表进行测评，测定各项指标时，采用五级或十级打分制；经过数据处理，形成成功度评价结论
（4）总结经验教训，提出对策建议		

案例 7.（2009 年真题）某咨询机构受政府委托，研究制定某地区经济社会发展规划。在咨询机构召开的规划研究准备会上，甲咨询工程师提出，应认真研究规划的现实基础和发展条件，全面反映该地区现状和各种意见，特别要把阻碍规划实现的各种不利因素和风险表述清楚；同时，提出当地的发展目标和产业结构调整方向。

【问题】甲咨询工程师的观点是否正确？区域发展目标一般应包括哪几个方面？产业结构研究应包括哪些内容？

【答案】（1）甲咨询工程师的观点正确。（2）区域发展目标一般应包括经济、技术、社会、环境、管理等几个方面。（3）产业结构研究主要是：在分析区域或产业结构现状的基础上，预测未来发展的演变趋势，研究产品、技术、产业结构优化的方向，判断优势产业，提出产业结构调整的目标、重点、实施方案和措施。

案例8.（2011年真题）具有甲级工程咨询资质的A咨询公司应某市政府的邀请，竞标该市国民经济和社会发展规划的编制。

【问题】制定该市的国民经济和社会发展规划，A咨询公司主要研究哪些方面的内容？

【答案】主要研究：发展目标、发展思路和开发方案、规划条件、产业结构和产业政策、投资方案和备选项目等方面内容。

【解析】上述两题考核的是规划制定咨询的内容，答题的关键是"问什么答什么"，一问一答，答案要简洁明了，最好是分条列款，切忌一大段话没有条理。

★相关知识点：规划咨询的内容

规划咨询的核心内容是规划制定咨询和规划评估咨询，规划制定咨询主要是规划研究，规划分为区域发展规划、行业发展规划和企业发展规划。

（一）规划研究的主要内容（五个方面）

1. 发展目标：一般包括经济目标、技术目标、社会目标、环境目标、管理目标等。

2. 发展思路和开发方案。

3. 规划的条件：一般包括基本（现状）条件和发展条件。

（1）区域规划的基本条件包括：地理条件、经济基础条件、社会人文条件。

（2）行业规划的基本条件包括：生产力布局现状、技术水平、市场开发程度、产品结构、行业优势、产权体制等。

（3）区域或行业规划的发展条件包括：资源条件、社会和环境条件、基础设施条件、生产开发能力、管理制度更新等。规划发展条件的研究应全面反映现状和各种意见，特别要把阻碍规划实现的各种不利因素和风险表述清楚。

4. 产业结构和产业政策：产业结构研究是在分析区域或产业结构现状的基础上，预测未来发展的演变趋势，研究产品、技术、产业结构优化的方向，判断优势产业，提出产业结构调整的目标、重点、实施方案和措施。

5. 投资方案和备选项目：确定投资方案时，要充分研究规划实现的外部条件，从政策法规和外部关系协调方面提出对策意见，重视可能出现的风险；对重点项目应提出投资机会研究报告以及建设时序建议。

（二）规划评估咨询的内容

规划评估比规划研究更深入和细致，包括规划实施前评估和规划实施的评估。

1. 规划实施前评估：应论证规划目标、评价规划方案、分析规划的比较优势和制约因素、提出评价意见和建议。

2. 规划实施的评估咨询：分析前期制订的规划方案是否妥当，目标是否符合实际，提出的任务是否能够完成，措施是否得当。

3. 中期评估报告的内容：宏观经济运行情况；结构调整情况；规划实施措施到位情况；规划对发展环境的适应程度；对重大问题的解决程度。

第二章　现代工程咨询方法体系

核心考点

◆ 调查法与对比法
◆ 逻辑框架法
◆ 系统分析法

复习指导

本章介绍的是工程咨询方法中的通用方法，是基础分析方法，不同于市场分析方法、战略分析方法、财务分析方法等用于某一领域的专用方法，更多的是为工程咨询提供一种分析思路，复习的重点是理解这些方法的原理和应用步骤。

历年考题情况见表 1-2-1。

表 1-2-1　历年考题情况

年　份	考核方式	考核知识点
2010 年	（1）有无对比、前后对比方法下的指标计算； （2）调查法的种类	调查法； 对比法
2011 年	逻辑框架法的特点和分析步骤	逻辑框架法
2013 年	逻辑框架法	垂直逻辑四个层次； 水平逻辑的验证指标和方法

题・解析

案例 1.（自编题）A 市拟新建一条高速公路，委托 B 咨询公司承担该项目可行性研究工作。B 咨询公司通过现场访谈调查和专家调查，获得了大量的项目基础信息。

【问题】 B 咨询公司除采用上述方法外，还可以采用哪些调查方法？

【答案】 除上述方法外，还可以采用问卷调查、现场测量、历史资料调查、文案调查等方法。

【解析】 这里提到的调查方法是通用的调查方法，第四科目中提到的市场调查方法是调查法在市场分析中的应用，两者基本原理是相通的，只是表述不同。答题时一定要看清题目问的是什么调查法。

★相关知识点：调查法

主要的调查方法有：问卷调查、专家调查（德尔菲法）、现场调查（实地勘察，可采用问卷调查或访谈调查形式）、现场测量（取样、测量或勘测）、历史资料调查、文案调查（二手调查）。

案例2.（2010年真题）根据A省公路管理部门提供的资料：A省2004年的GDP为18000亿元；未考虑BT高速公路影响，预测2004年至2009年A省的GDP平均增速为12%；受BT高速公路项目影响，2009年GDP增至36500亿元。

【问题】

1. 从“有无对比”角度，计算2009年A省GDP增长率。

2. 从“前后对比”角度，计算2009年相对于2004年A省GDP增长率。

【答案】

1. 无BT高速公路项目时，2009年A省的GDP为：

$18000\times(1+12\%)^5=31722.15$（亿元）；

有BT高速公路项目时，2009年A省GDP增至36500亿元；

故，从“有无对比”角度，2009年A省GDP增长率为：

$(36500-31722.15)\div31722.15=15.06\%$

2. 从“前后对比”角度，2009年相对于2004年A省GDP增长率为：

$(36500-18000)\div18000=102.78\%$

【解析】该题是间接考核对比法的原理，不是直接考核的定性内容，而是如何运用对比法进行定量分析。只要掌握了有无对比、前后对比的分析原理，题目就能迎刃而解。有无对比是同一时点状态下，无项目与有项目之间数据的增量比较；前后对比是不同时点状态下，对应数据之间的比较。关键是判断正确对比的时间点。有无对比是项目决策分析与评价的重要方法。

★相关知识点：对比法

主要的对比方法有：有无对比、前后对比、横向对比（同一行业类似项目对比）、规制对比、标准对比、方案对比（方案比选）。

案例3.（2011年真题）A咨询公司接受某企业委托，对某项目进行可行性研究。咨询人员采用了逻辑框架法进行项目分析，认为该方法作为一种有效的分析工具，完全可以代替进度计划、环境影响评价等具体方法；经过分析编制了项目可研逻辑框架矩阵，确定了项目层次、垂直逻辑关系、水平逻辑关系。

【问题】

1. 咨询人员对逻辑框架法的认识是否正确？说明理由。并写出进行逻辑框架分析的步骤。

2. 项目层次、垂直逻辑关系和水平逻辑关系分别表示什么？

【答案】

1.（1）对逻辑框架法的认识不正确，理由：该方法属于通用方法，只是为决策者提供一种思维模式，不能代替进度计划、环境影响评价等具体方法；项目决策实施还需要进行深入的专业分析和评价。

（2）逻辑框架分析的步骤是：利益相关者分析、问题分析、目标分析和对策分析。

2.（1）项目层次包括目标、目的、产出、投入和活动四个层次；

（2）垂直逻辑关系用来阐述项目各层次的内容及其上下间的因果关系；

（3）水平逻辑关系通过主要验证指标和验证方法来衡量一个项目的资源和成果。

【解析】逻辑框架法的复习要点是逻辑框架分析的步骤和逻辑框架矩阵的内容。

案例 4.（2013 年真题）甲工程咨询单位接受委托，为某市编制国民经济和社会发展规划。该市政府为了落实城镇保障性安居工程规划，改善低收入群体的居住条件，计划 2013 年建设 10 万平方米的廉租住房小区，以及小区道路和绿地等配套设施，解决 2000 户低收入居民的住房问题。建设资金主要来源于中央政府投资补助和地方政府配套资金。项目建设工作的主要内容包括：可行性研究、勘察设计、工程招标、工程施工、工程监理、竣工验收等。

为保证项目顺利实施，项目业主要求工程施工阶段要有施工单位的工作记录和监理单位的监理报告。项目业主保留全部工程档案，所有工程资料都可以通过现场调查和文案调查获取。

【问题】

1. 列出该廉租住房项目垂直逻辑各层次的具体内容。

2. 列出该廉租住房项目水平逻辑产出层次的客观验证指标和验证方法。

【答案】

1. 该廉租住房项目垂直逻辑各层次的内容：

（1）目标：为了落实城镇保障性安居工程规划，改善低收入群体的居住条件；

（2）目的：解决 2000 户低收入居民的住房问题；

（3）产出：10 万平方米的廉租住房小区，以及小区道路和绿地等配套设施；

（4）投入和活动：建设资金主要来源于中央政府投资补助和地方政府配套资金，以及上面所述项目建设的各项工作。

2. 项目水平逻辑产出层次的（1）客观验证指标：2013 年建成 10 万平方米的廉租住房小区，满足 2000 户低收入居民居住；（2）验证方法：信息来源是施工单位的工作记录和监理单位的监理报告及其他工程档案，采用方法是现场调查和文案调查。

【解析】本题考核如何在给定的条件下，阐述逻辑框架法垂直逻辑四个层次的目标内容，通过分析水平逻辑中主要验证指标和验证方法衡量项目的资源和成果。对于逻辑框架法重点掌握其框架结构及其含义，能根据给定条件进行实际应用。

★相关知识点：逻辑框架法

1. 逻辑框架法的分析阶段分为四步：利益相关者分析、问题分析（反映实际情况）、目标分析（提出未来改善的情形）和对策分析（针对特定状态，比较不同的选择）。

（1）利益相关者分析：目的是确定规划或项目的长远目标和宏观影响，明确项目的最高目标和主要受益群体。

（2）问题分析：任务是分析现状、从中找出主要问题（现存负面状态）；在“树型”结构/层次中建立问题间的因果关系。

（3）目标分析：针对找出的“核心问题”，研究提出拟建项目所需实现的最终目标，从宏观目标到直接目的。

（4）对策分析：研究解决问题、实现目标的对策方案。

2. 项目逻辑框架设计。

（1）四个项目层次：目标、目的、产出、投入和活动。

（2）垂直逻辑关系：阐述各层次的目标内容及其上下间的因果关系。

（3）重要的假定条件：四个目标层次之间有一些重要的限制条件，即必要的外部条件或风险。

（4）水平逻辑关系：通过主要验证指标和验证方法来衡量一个项目的资源和成果，由验证指标、验证方法和重要的假定条件构成。

3．逻辑框架矩阵的编制。

（1）通行的先后顺序是：从上到下填写项目描述，然后从下到上填写假设，最后再沿横向填写指标与信息源。

就是先解决垂直逻辑对应的项目目标与外部条件问题，然后再解决水平逻辑的核查问题。

（2）也可以采取其他顺序：先逐层解决项目的目标、指标与信息源问题，再解决假设条件。

案例 5.（自编题）以工程项目决策分析为对象，采用系统分析方法进行研究。首先明确问题和目标，考虑外界环境对目标效果的影响，提出解决问题和实现目标的各种科学方案，然后通过定性和定量分析、评价选出最为满意的方案。

【问题】

1．简述系统分析方法的流程。

2．明确问题和目标是系统分析方法中的哪个步骤？其基本过程是什么？

【答案】

1．系统分析方法的流程是系统研究、系统设计、系统量化、系统评价和系统协调。

2．明确问题和目标是系统分析方法中的系统研究，基本过程是问题发现、问题定义、问题诊断、目标确认四个阶段。

【解析】系统分析方法为咨询提供了一种思考问题的思维方式，是基础方法，以定性简述形式考核，掌握方法的分析过程和内容即可。

★相关知识点：系统分析法

1．系统研究：由一个问题状态的分析过渡到系统目标的确认过程。

基本过程和内容：问题发现、问题定义、问题诊断、目标确认四个阶段。

2．系统设计：对系统研究所限定的系统环境、决策系统和目标的特性进一步结构化。

目的：反映现实系统环境因素及系统结构对于目标效果的影响。

3．系统量化：应用数学和分析模型等工具，对系统结构进行属性的量化。

4．系统评价：用有效的标准测定出系统的性质和状态，然后与一定的评价准则相比较并作出判断。

目的：通过分析和评价选择最为满意的设计方案。

5．系统协调：通过某种方法来组织或调控所研究的系统，使之从无序转为有序，使系统达到协同状态。

第三章　工程咨询服务招标与投标

核心考点

◆ 工程咨询服务招标的内容
◆ 工程咨询服务投标的内容

复习指导

咨询服务的招投标过程同样遵循《中华人民共和国招标投标法》，所以可结合第三科目中项目施工招投标和货物招投标的内容一起复习，法律规定都是一样的。这里主要介绍工程咨询服务招标的程序、招投标过程中相关文件的要求、评标方法等内容，属于经常考核的知识点。复习时是强化内容记忆，重点放在有关规定条款上。

历年考题情况见表1-3-1。

表1-3-1　历年考题情况

年份	考核方式	考核知识点
2008年	咨询服务招标中评标委员会的构成、评标过程的延长	咨询服务招标
2011年	技术建议书的内容	咨询服务投标
2012年	（1）评标过程的延长； （2）选择咨询服务单位的方式； （3）咨询服务评标方法	咨询服务招标； 咨询服务采购方式

题・解析

案例1.（2012年真题）某项目采用公开招标方式选择咨询服务单位，甲、乙、丙三家工程咨询单位参加投标，评标委员会采用质量成本评估法评标，最终乙单位中标。

【问题】选择咨询服务单位还可采用哪几种方式？除质量成本评估法外，工程咨询服务评标还有哪些方法？

【答案】

（1）选择咨询服务单位还可采用邀请招标、竞争性谈判、单一来源采购（直接委托）等方式。

（2）除质量成本评估法外，工程咨询服务评标还有质量评估法、固定预算评估法和经评审的最低评标价法。

案例2.（2008年、2010年真题）某业主拟招标选择一家工程咨询公司来编制某项目的可行性研究报告，资格预审后有甲、乙、丙三家符合条件的工程咨询公司参加投标。

评标委员会由7人组成，其中招标人代表1人，招标代理机构代表2人，随机抽取的技术专家和经济专家共5人。由于招标人原因，投标有效期需要延长，招标人通知了所有投标人。因B咨询单位拒绝延长投标有效期，招标人允许其撤回投标文件，但拒绝退还投标保证金。

本次评标规定，技术建议书的权重为80%，从相关工作经验及业绩、工作方法及技术路线和主要咨询人员三个分项进行评审；财务建议书的权重为20%。

最后，甲咨询单位中标，并采用FIDIC编写的《客户/咨询工程师（单位）服务协议书范本》格式签订了咨询服务合同。

【问题】

1. 指出题目中的不妥之处，并说明理由。

2. 国际通常采用的评标方法有哪些？各自的适用范围是什么？本次招标采用的评标方法属于何种类型？

3. 该咨询服务合同中通用条款的基本内容有哪些？

【答案】

1.（1）评标委员会中技术、经济专家的人数不够。理由：按照《招标投标法》规定，评标委员会由招标人的代表和有关技术、经济等方面的专家组成，成员人数为5人以上单数，其中技术、经济等方面的专家不得少于成员总数的2/3。所以，本题目中技术、经济专家的人数至少应为5人。

（2）招标人拒绝退还投标保证金是不妥的，理由：按照规定，投标人拒绝延长投标有效期的，其投标失效，但投标人有权收回其投标保证金。

2.（1）国际通常采用的评标方法有质量成本评估法、质量评估法、固定预算评估法和经评审的最低评标价法。

（2）质量成本评估法适用于委托服务范围明确、专业技术不太复杂、咨询服务成本容易计算的咨询服务项目；质量评估法适用于技术复杂、专业性强、特别强调咨询成果质量的项目；固定预算评估法适用于费用预算准确、固定的常规性咨询服务项目；经评审的最低评标价法适用于有惯例和通用标准且风险低、技术简单的咨询服务项目。

（3）本次招标采用的评标方法是质量成本评估法。

3. 通用条款的基本内容包括：合同中有关名词的定义及解释；咨询工程师的义务；客户的义务；职员；责任和保险；协议的开始执行、完成、变更与终止的条款；有关支付的条款；一般规定；争端的解决。

【解析】 判断是非、简述理由这是招投标内容考核的常用方式，解答时一定要先答是非，再答理由。一问一答，条例清晰，容易得分。评标方法是重中之重，尤其是各种方法的评标原则、评标步骤要熟练掌握，不要混淆。

★相关知识点： 工程咨询服务招标

（一）招标文件的内容：包括招标公告、投标人须知、委托服务范围、合同条件以及要求投标人提交的其他相关材料。

1. 招标公告：

（1）招标人的名称、地址和联系方式；

（2）招标项目的内容、规模、资金来源；

（3）招标项目实施地点和咨询服务期限；

（4）对投标人的资格和能力要求；

（5）获取招标文件的办法及收费标准；

（6）需告知的其他事项。

2．投标人须知：包括投标人的资质要求、投标文件的要求、投标有效期、投标保证金、实地考察、招标文件的澄清与修改，以及投标、开标、评标和中标等相关规定。

3．委托服务范围：完成咨询任务的详细说明文件。

（1）咨询项目背景材料；

（2）咨询项目的工作范围；

（3）咨询项目的目的和目标；

（4）咨询项目所需的服务、调查及数据等；

（5）客户和咨询机构各自应尽的职责；

（6）对咨询成果和咨询费用报价的要求；

（7）评标方法、标准等。

4．合同条件：FIDIC 编写的《客户/咨询工程师（单位）服务协议书范本》。

包括协议书格式、通用条件和专用条件三个部分，通用条件包括以下内容：

（1）合同中有关词语的定义及解释；

（2）咨询工程师的义务；

（3）客户的义务；

（4）职员；

（5）责任和保险；

（6）协议的开始执行、完成、变更与终止的条款；

（7）有关支付的条款；

（8）一般规定；

（9）争端的解决。

（二）资格预审与形成短名单

确定短名单时考虑的主要因素和条件包括：（1）咨询单位完成的类似项目的工作经验；（2）咨询单位在项目所在的类似地区的工作经验；（3）咨询单位的技术水平和综合实力。

不得以任何不合理的条件或者歧视性规定，限制、排斥资格预审合格的潜在投标人参加投标。

（三）开标、评标与定标

1．评标由评标委员会负责。评标委员会由招标人的代表和有关专家共 5 人以上单数组成，其中技术、经济等方面专家不得少于成员总数的 2/3。

2．与投标人有利害关系的人不得进入相关项目的评标委员会。评标委员会成员的名单，在招标结果确定前保密。

3．评标和定标应当在投标有效期结束日 30 个工作日前完成；不能完成的，招标人可以书面形式要求所有投标人延长投标有效期。拒绝延长投标有效期的投标人有权收回投标保证金。同意延长的，应当相应延长其投标担保的有效期，但不得修改投标文件的实质性内容。

（四）评标方法

1．国内通常采用综合评估法、经评审的最低投标价法，在本书的第三科目中详细阐述。

2．国际通常采用质量成本评估法、质量评估法、固定预算评估法和经评审的最低评标价法，重要的是掌握各种方法如何选择中标候选人。各种方法的具体步骤见表1-3-2。

表1-3-2 评标方法及评估步骤

评标方法	适用咨询服务项目	评估步骤
质量成本评估法	委托服务范围明确、专业技术不太复杂、咨询服务成本容易计算的项目	第一步，评审技术建议书：不合格的其财务建议书原封退回； 第二步，组织财务建议书开标会； 第三步，加权求和，得出投标文件的综合分数； 第四步，推荐综合分数第一的投标人为首位中标候选人
质量评估法	技术复杂、专业性强、特别强调咨询成果质量的项目	第一步，评审技术建议书； 第二步，列出先后顺序，推荐排名第一的投标人为首位中标候选人； 第三步，与排名第一的投标人合同谈判，拆封、宣读其财务建议书
固定预算评估法	费用预算准确、固定的常规性项目	第一步，评审技术建议书； 第二步，拆封技术建议书合格的投标人的财务建议书并宣读报价，不能满足招标文件要求或超过预算的财务建议书将被否决； 第三步，从财务建议书合格的所有投标人中，推荐技术建议书排名最前的投标人为首位中标候选人
经评审的最低评标价法	经评审的有惯例和通用标准且风险低、技术简单的项目	第一步，评审技术建议书，计算得分并进行排名； 第二步，拆封和评审技术建议书合格的投标人的财务建议书，根据招标文件中规定的评标报价调整方法，将所有投标报价调整为评标价，从中推荐评标价最低的投标人为首位中标候选人

（五）合同谈判与签约

1．中标人应当在发出中标通知书后30日内，与中标人完成谈判并签订合同。

2．招标人应当在与中标人签订合同后5个工作日内，向中标人和未中标人一次性退还投标保证金。

案例3.（2011年真题）A咨询公司应邀竞标某市“十二五”国民经济和社会发展规划

的编制。该咨询公司投标文件中的技术建议书包括了概述、投标单位概况、类似规划咨询经验、工作进度计划、咨询人员工作安排、需要该市政府提供的协助等内容以及有关附件。

【问题】根据投标文件的一般要求，A 咨询公司的技术建议书中还应包括哪些内容？

【答案】还应包括对本规划项目的理解、对委托服务范围的理解与建议、完成任务的方法与途径等内容。

【解析】该题型是考核定性内容的经典题型，难度不大，题目背景有提示作用。作答时如果实在是没记住原文，也要根据题目所给内容进行推理，切忌什么都不写。

★相关知识点：工程咨询服务投标

（一）投标准备

组织咨询项目的投标班子、编写咨询单位实力介绍文件。

咨询单位实力介绍文件的内容一般包括：

（1）咨询单位的背景与机构；

（2）咨询单位的资源情况：人力资源、设备资源、财务状况等；

（3）咨询单位的业务与经验；

（4）咨询单位的荣誉和信誉。

（二）投标建议书的内容

（1）概述；

（2）投标单位概况：相当于咨询单位实力介绍文件的摘要；

（3）工程咨询的经验；

（4）对本项目的理解；

（5）对委托服务范围的理解与建议；

（6）完成任务的方法与途径：本部分为技术建议书的核心内容；

（7）工作进度计划；

（8）咨询人员工作安排：可以作为财务建议书中费用估算的时间依据；

（9）需要客户提供的协助；

（10）附件。

（三）财务建议书的内容

（1）咨询费用估算方法及财务建议书的编制说明；

（2）咨询费用总金额：咨询人员的酬金、可报销费用和不可预见费的金额；

（3）咨询人员酬金的估算明细；

（4）可报销费用估算明细；

（5）不可预见费估算；

（6）附件。

第四章　工程咨询单位的风险管理

核心考点

◆ 工程咨询单位面临的风险
◆ 针对咨询单位的风险管理策略
◆ 针对咨询人员的风险管理策略

复习指导

本章介绍的是工程咨询单位的风险管理，第三科目中介绍的是项目的风险管理，第四科目中介绍的是项目决策和分析过程中的风险分析，三者研究对象不同，但风险管理的概念、原则和方法是一致的。复习时要关注这些风险的不同之处。

历年考题情况见表 1-4-1。

表 1-4-1　历年考题情况

年　份	考 核 方 式	考核知识点
2012 年	判断咨询单位面临何种风险，应采取怎样的风险管理策略	工程咨询单位风险管理
2014 年	补全工程咨询单位面临的风险类别	工程咨询单位风险管理

题·解析

案例 1.（2014 年真题）某工程咨询公司针对自身业务发展与风险应对需要，组织专题研讨会，提出加强咨询业务合同管理，防范法律责任风险。

【问题】除了法律责任风险外，咨询业务还有哪些主要风险？

【答案】

除了法律责任风险外，咨询业务的主要风险还包括：（1）政治风险；（2）市场风险；（3）管理风险；（4）财务风险；（5）道德风险。

【解析】了解工程咨询单位面临的风险种类。

案例 2.（2012 年真题）某境外企业通过公开招标方式选择 D 工程咨询单位开展项目可行性研究工作，并与之签订咨询服务合同。由于 D 咨询单位参与该咨询服务项目的咨询工程师未深入了解咨询服务合同内容，工作安排不当，致使向该境外企业提交可行性研究报告的时间比合同约定时间晚了一周。该境外企业以此为由向 D 咨询单位提出费用索赔。

【问题】D 咨询单位咨询人员未按合同约定事件提交报告属于何种性质的风险？对于咨询人员的这类行为，D 咨询单位应采取怎样的风险管理策略？

【答案】

（1）咨询人员的行为属于道德风险；

（2）D 咨询单位应采取的风险管理策略有：强化合同履约意识；提高专业技能；投保职业责任保险；加强自身管理；提高职业道德素质。

【解析】要了解咨询单位可能面临的风险种类，哪些针对咨询单位的，哪些是针对咨询人员的，然后选择相应的风险管理策略。

★相关知识点：工程咨询单位面临的风险和风险管理策略

（一）风险管理的基本流程和常用方法

风险管理的基本流程有风险识别、风险分析、风险应对、风险监控四个步骤，其工作内容和常用方法见表 1-4-2。

表 1-4-2　风险管理的基本流程和常用方法

流程	风险识别	风险分析	风险应对	风险监控
工作内容	收集相关信息，确定风险因素，编制风险因素一览表	分析各种风险因素发生的概率和可能造成的损失量；估计风险量和风险等级	提出相应的对策，制订可行的风险管理计划	对风险管理计划实施过程和效果进行跟踪监督、检查、评价和纠偏
常用方法	借鉴风险公司的风险损失一览表； 调查询问法； 统计记录法； 财务报表分析； 现场勘察； 环境分析等	专家评价； 历史资料统计分析法； 概率分布分析； 层次分析法； 蒙特卡罗模拟法等	风险回避； 风险自留； 风险转移； 损失控制； 风险利用等	风险管理责任分工表； 监督检查制度； 应急方案； 偏差对比分析； 信息反馈机制等

（二）工程咨询单位面临的风险

主要有以下几个方面：

1. 政治风险：社会环境、政策、制度的不确定性或变化带来的风险。
2. 市场风险：工程咨询市场变化和发育不规范而带来的风险。
3. 管理风险：内部管理制度不健全和管理措施不当带来的风险。
4. 法律风险。
5. 财务风险：资金周转、财务制度约束等因素带来的风险。
6. 道德风险：咨询人员执业不规范、不遵守职业道德等行为带来的风险。

（三）针对咨询单位的风险管理策略

1. 建立规范的内部治理结构：规避政策风险、市场风险、财务风险等。
2. 健全内部风险控制制度。
3. 建立咨询单位的信用评级制度。
4. 建立责任赔偿制度。
5. 推广担保制度。

6．建立工程保险制度：规避风险和转移风险的重要手段。

7．实行合伙人机制。

（四）针对咨询人员的风险管理策略

1．强化合同履约意识：防范风险的基础。

2．提高专业技能。

3．投保职业责任保险。

4．加强自身管理。

5．提高职业道德素质。

第二科目　宏观经济政策与发展规划

第一章　宏观经济运行的衡量

核 心 考 点

◆ 产出、失业、价格水平变动的衡量指标

◆ 对经济周期变化的分析

复 习 指 导

本章知识点主要包括产出的衡量、就业与失业的衡量、价格水平变的衡量、经济周期中的失业和价格水平，属于宏观经济学的基础知识，涉及内容较多，是关键知识点相对集中的章节之一，要求能够运用不同指标对产出、失业、价格水平变动加以衡量，分析经济周期的不同时期实际 GDP 与潜在 GDP 背离的程度。复习过程中要重点掌握宏观经济中各项指标的经济含义和计算公式。

历年考题情况见表 2-1-1。

表 2-1-1　历年考题情况

年　份	考 核 方 式	考核知识点
2008 年	（1）名义 GDP 和实际 GDP 的差异，简述 GDP 的核算方式； （2）计算通货膨胀率，判断通货膨胀类型； （3）判断失业类型，简述失业的种类	GDP、失业、价格的衡量指标
2009 年	（1）计算地区 GDP 平减指数，解释其经济含义； （2）对失业、经济周期的判断	GDP 有关指标； 失业类型； 经济周期的衡量
2011 年	失业类型、通胀类别的判断	价格的衡量

题 · 解 析

案例 1.（2008 年真题）某咨询企业受 A 市政府委托，研究制定该市经济社会发展规划。咨询工程师在调研中收集到该市国民经济运行的如下数据：2007 年该市的名义国内生产总值和实际国内生产总值分别为 368 亿元和 340 亿元；与 2006 年相比，2007 年该市的农产品价格平均上涨 25%，工业品价格平均下降 5%，服务业价格平均上涨 8%；2006 年和 2007 年该市的消费物价指数分别是 260 和 280。

同时，咨询工程师还根据其他相关材料，做出如下判断：由于当地近年来产业结构加速调整，导致劳动力整体需求下降，因此存在周期性失业现象。

【问题】

1．名义国内生产总值和实际国内生产总值存在差异的原因是什么？核算国内生产总值可以采用哪些方法？

2．计算A市2007年的通货膨胀率，并据此判断该市的通货膨胀率属于哪种类型。

3．咨询工程师对该市失业类型的判断是否正确？说明理由。按失业原因的不同，失业一般分为哪几类？

【答案】

1．存在差异的原因是：名义GDP是用实际市场价格衡量的GDP，而实际GDP则按固定价格或不变价格来计算。核算国内生产总值可以采用生产法、收入法和支出法。

2．用消费物价指数反映的通货膨胀率＝（报告期CPI－基期CPI）/基期CPI

A市2007年的通货膨胀率＝（280－260）/260＝7.69%

按照计算结果，该市的通货膨胀率小于10%，类型是温和的通货膨胀。

3．（1）咨询工程师对该市失业类型的判断不正确。产生周期性失业的原因是总支出和产出下降引起劳动力整体需求下降，而根据题目已知条件并未显示该市总支出和产出下降，而是由于产业结构调整加速才导致了劳动力需求与供给不匹配，这属于结构性失业。

（2）按失业原因的不同，失业一般分为摩擦性失业、结构性失业、周期性失业。

【解析】此题考核的是产出、失业的衡量与通货膨胀的类型判断，属于宏观经济学的基础知识，内容比较简单，虽然涉及的大纲要求比较少，但估计每年均会涉及，容易与其他定量内容出综合案例，多是判断题型，要重点掌握宏观经济中各项指标的经济含义和计算公式。

★相关知识点：参见第二科目教材宏观经济运行的衡量，反映宏观经济运行的关键变量包括产出、就业和价格，分别通过不同指标加以衡量。这里将宏观经济运行的衡量内容整理如下。

（一）产出的衡量（见表2-1-2）

表2-1-2 产出的衡量中各项指标的经济含义和计算公式

国内生产总值（GDP）：是指一个国家（或地区）所有常住单位在一定时期内生产活动的最终成果，是衡量一国产出最全面的指标		
GDP的分类	名义GDP	是用实际市场价格衡量的GDP
	实际GDP	是用固定价格或不变价格来计算，呈现较大变动
	潜在GDP	指经济处于充分就业时的产出，是在保持价格相对稳定情况下，一国经济所能生产的最大产量，呈现缓慢而稳定的增长
GDP三种核算方法	生产法	GDP＝第一产业（企业）增加值＋第二产业（企业）增加值＋第三产业（企业）增加值（增加值是企业产出价值减去企业购买的中间产品价值）
	收入法	GDP＝工资＋租金＋利息＋利润＋折旧＋间接税
	支出法	GDP＝消费＋投资＋政府购买＋净出口

续表 2-1-2

国民生产总值（GNP）：是指一个国家（或地区）所有常住单位在一定时期内收入初次分配的最终结果。GNP = GDP + 来自国外的要素收入 - 支付给国外的要素收入 其他衡量产出与收入的指标： 国民生产净值（NNP）= 国内生产总值 - 折旧 国内生产净值（NDP）= 国民生产总值 - 折旧 国民收入（NI）= 国民生产净值 - 企业间接税 个人收入（PI）= 国民收入 - 公司未分配利润 - 社会保险税 - 净利息 + 红利 + 政府对个人的转移支付（失业救济、退休金、医疗补助等）+ 个人利息收入 个人可支配收入（DPI）= 个人收入 - 个人税收支付

（二）就业与失业的衡量

1. 就业状态。正在从事有报酬的工作，包括因病、因假或因罢工而缺勤者。

2. 失业状态。未被雇用而正在主动寻找工作或正在等待重返工作岗位的人。失业分为摩擦性失业、结构性失业和周期性失业。

（1）摩擦性失业：由于人们在各地区之间、各种工作职位之间不停变动，或者处在跨越生命周期的不同阶段而产生的失业。

（2）结构性失业：由于某部分或地区的劳动力的供给与需求不匹配所导致的失业。

（3）周期性失业：当总支出和产出下降时，对劳动整体需求下降所引起的失业，发生在经济衰退时期。

（三）通货膨胀的相关概念、成因及分类（见表 2-1-3）

表 2-1-3　通货膨胀的相关概念、成因及分类

项目		内　容
概念	通货膨胀	指总物价或一般物价水平在一定时期内持续的普遍的上升过程，或者说货币价值在一定时期内持续的下降过程
	通货膨胀率	通货膨胀率是指总物价水平变化的程度
	通货紧缩	当总物价水平下降（即通货膨胀率为负）时，被称为通货紧缩
通货膨胀的类型（从价格上升速度角度分类）	温和的通货膨胀	年物价水平上升速率在 10% 以内，也称爬行式的通货膨胀
	严重的通货膨胀	年物价水平上升速率在 10% ~100%
	恶性的通货膨胀	年物价水平上升速率超过 100%
成因	需求拉动型通货膨胀	总需求过度增长，远远超过总供给所引起的通货膨胀，即太多的货币追逐有限的货物
	成本推动型通货膨胀	在没有超额需求的情况下由于供给方面成本的提高所引起的一般价格水平持续和显著的上涨
	相互拉动与成本推动作业型通货膨胀需求	由于总需求和总供给两个方面因素的共同作用所引起的一般价格水平上涨
	结构性通货膨胀	经济结构不平衡引起的一般物价水平的持续上涨，又可以分为两种情况：①由于个别关键性商品的供求比例失调而引起；②由于经济部门发展不平衡而引起

案例 2.（2009 年真题）某咨询机构受政府委托，研究制定某地区经济社会发展规划。调研中，得知该地区 2008 年的名义 GDP（国内生产总值）为 802 亿元，实际 GDP 为 698 亿元。在参考了其他材料后，咨询工程师做出两项判断：（1）由于该地区存在摩擦性失业，因此没有实现充分就业；（2）由于当地经济增长处于高涨期，潜在 GDP 应高于实际 GDP。

【问题】

1. 计算 2008 年该地区 GDP 平减指数，并解释其经济含义。

2. 乙咨询工程师的两项判断是否正确？说明理由。

【答案】

1. 2008 年该地区 GDP 平减指数 = 名义 GDP/实际 GDP = 802/698 = 1. 149。该指标用来衡量经济体所生产的所有物品和劳务的价格变动，可以解释 GDP 的所有组成部分（消费、投资、政府购买、净出口）的价格水平。

2. 咨询工程师的两项判断都不正确。理由：（1）摩擦性失业是由于人们在各地区之间、各种工作职位之间不停变动，或者出于跨越生命周期的不同阶段而产生的失业。这种失业即使经济处在充分就业水平时也会存在，所以不能据此判断没有实现充分就业。（2）在经济高涨时期，实际 GDP 会在短期内高于潜在 GDP。

【解析】此题考核的是第二科目中价格水平变动的衡量和对经济周期变化的分析，属于宏观经济学的基础知识，在 2008 年至 2011 年的现代咨询方法与实务考试中连续四年与其他定量内容出综合案例，多是判断题型，要重点掌握宏观经济中各项指标的经济含义，定性题目的答案一定要条理清楚，简明扼要，紧密扣题，切勿内容太多导致所答非所问。

★相关知识点：参见第二科目教材价格水平变动的衡量、宏观经济的不稳定性：经济周期，这里将知识点内容整理如下：

（一）衡量价格水平变动的指标（见表 2-1-4）

表 2-1-4　衡量价格水平变动的指标

指标名称	概　念	权数的确定
消费物价指数（CPI）	度量的是普通消费者购买一组固定消费品（食品、住房、服装、医疗服务等）的价格变动	按照消费者预算支出中的比例确定
GDP 平减指数（名义 GDP 和实际 GDP 的比率）	衡量经济体所生产的所有产品和劳务的价格变动，可以解释 GDP 的所有组成部分（消费、投资、政府购买、净出口）的价格水平	随不同产品的份额而变化
生产价格指数（PPI）	衡量的是生产或批发环节的价格指数	使用固定权数，是每种商品的净销售额

（二）经济周期的衡量

经济周期定义是经济活动水平的交替增长和下降，持续时间通常为 2 年至 10 年，它以大多数经济部门的扩张或收缩为标志，通常用实际 GDP 与潜在 GDP 背离的程度来衡量经济的周期性波动（见表 2-1-5）。

表 2-1-5　经济的周期性波动表

经济周期的不同时期	实际 GDP 与潜在 GDP 背离的程度
经济扩张时期	实际 GDP 相对于潜在 GDP 上升
经济高涨时期	实际 GDP 会在短期内高于潜在 GDP
经济衰退时期	实际产出连续 1 年至 2 年下降，实际 GDP 低于潜在 GDP，但缺口并不大
经济萧条时期	实际产出持续下降，实际 GDP 低于潜在 GDP，且缺口巨大

第二章　主要税种税收政策对投资项目的影响

核心考点

- 投资的分类
- 主要税种的纳税对象、纳税环节、税率及应纳税额的计算方法

复习指导

本章知识点主要包括主要税种的纳税对象、纳税环节、税率及应纳税额的计算方法，大概了解投资的分类，属于经常考核的重要考点，要掌握主要税种的税收政策，在财务分析中涉及多种税金的计算时，能够根据项目的具体情况，熟练选用适宜的税种和税率进行运算。复习过程中重点掌握主要税种的税率和计算公式。

对税费的考核往往放在财务分析的综合案例中，因为财务分析时通常要进行相关税费估算。

题・解析

案例 1. （自编题）某集团公司为扩展业务，计划采购一批运输车辆，具体方案是采购 10 辆进口车辆，每辆车辆的离岸价格是 3 万美元，国外运费和运输保险费为 1500 美元/辆，进口关税税率为 22%，增值税的税率为 17%，外汇牌价 1 美元 =6.3 元人民币。

【问题】 估算单台进口车辆的进口关税和增值税。

【答案】 单台进口车辆货价 =30000 ×6.3 =189000（元）

国外运费和运输保险费 =1500 ×6.3 =9450（元）

进口关税 =（189000 +9450）×22% =43659（元）

增值税 =（189000 +9450 +43659）×17% =41158.53（元）

案例 2. （自编题）某拟建工业生产项目，建设投资 5000 万元，建设期 2 年，运营期 8 年，财务分析后得知第 3 年利润总额为 1116.62 万元，企业所得税税率为 25%。

【问题】 计算项目投产后第 1 年的企业所得税。

【答案】 企业所得税 = 利润总额 × 所得税率 =1116.62 ×25% =279.155（万元）。

案例 3. （2010 年真题）某企业拟投资建设的新项目，建设期 2 年，生产期 10 年，投产后第 1 年生产负荷为 60%，第 2 年达到设计生产能力，达产年的营业收入为 13000 万元，本项目需缴纳的营业税、城市维护建设税和教育费附加的综合税率为 3.41%。

【问题】 计算项目第 3 年的营业税及附加税税金。

【答案】 项目第 3 年的营业收入 =13000 ×60% =7800（万元）

营业税及附加税税金 =7800 ×3.41% =265.98（万元）

【解析】 上述 3 道题考核的是主要税种的税收政策、计算方法及其对投资项目的影响，第四科目教材中也有相关内容的阐述，是对考生实际能力的考核，复习时可与第四科目的财

务分析或经济分析相关内容联系起来。做此类题目首先要熟悉主要税种的税收政策和计算方法，在此基础上判断其对投资项目产生的影响，因为税额的变化会影响到项目决策分析与评价的结论，重点是要理解书中所讲的税费计算方法，而不是机械性地去计算数据，思路、方法比具体的数字更重要。

★相关知识点：参见第二科目教材投资的含义，了解投资的几种分类；第二科目教材我国现行税收制度，讲解了商品劳务税、所得税及其他税收制度；第四科目教材相关税费估算，介绍了主要税种的税率及计算公式，这里本书将这两块内容进行整合如下。

（一）投资的分类

工程咨询所研究的投资指的是物质资本资产存量的增加或更换，其实质就是资源要素转化为资本的形成过程。投资有许多分类，这里只介绍几种，属于大概了解范围，见表 2-2-1 所示。

表 2-2-1　投资的几种分类

种类名称	定　义
固定资产投资	指新厂房、新设备、新商业用房以及新住宅的增加
存货投资	企业掌握的存货价值的增加或减少
重置投资	为补偿旧资本消耗而进行的投资
净投资	一定时期资本总量的变化
总投资	投资是一定时期内增加到资本存量中的资本流量（资本存量是经济社会某一时点上的资本总量），在数值上等于重置投资加上净投资
无形资产投资	用于形成无形资产的投资

注：旧资本消耗又称作折旧，是固定资产由于损耗造成的价值减少，既包括生产中的物质磨损，又包括资本老化带来的精神磨损；无形资产是指不具备物质形态，以某种特殊权利、技术、知识等价值形态存在于企业并长期发挥作用的资产，如土地使用权、专利权、非专利技术、商标、商誉等。

（二）主要税种税收政策对投资项目的影响

我国目前的税收有商品劳务税、所得税和其他税收。下面选择几种主要税种对其纳税对象、纳税环节、税率及应纳税额的计算方法进行阐述，以此来了解税收政策对投资项目的影响。

1. 商品课税及其特点。商品课税是所有以商品为征税对象的税种的总称。我国现行税制中对商品的课税，包括增值税、营业税、关税及一些地方性工商税种。

（1）增值税。增值税是对销售货物或提供加工、修理修配劳务过程以及从事进口货物的单位和个人取得的增值额征收的一种税。目前，增值税是我国政府特别是中央政府财政收入最主要的来源，其收入居各税之首。

①增值税类型。根据对购进固定资产价款的处理方法不同，增值税被分为三种类型，见表 2-2-2。

表 2-2-2　增值税的分类

种类	特　点
消费型增值税	允许纳税人从计税依据中将外购固定资产价款全部扣除
收入型增值税	允许纳税人从计税依据中将外购固定资产的折旧部分扣除
生产型增值税	不允许纳税人扣除外购固定资产的价值，是一种不彻底的增值税
我国目前实行消费型增值税，允许抵扣固定资产进项税	

②增值税税率。增值税的税率分三档，见表 2-2-3。

表 2-2-3　增值税的税率

税率	征 税 对 象	应纳税额
17%	（1）纳税人销售或进口货物，除以下两种税率（13%、零税率）外的税目； （2）纳税人提供应税劳务	当期销项税额 − 当期进项税额，不足抵扣的部分可结转下期继续抵扣
13%	纳税人销售或进口： （1）粮食、食用植物油； （2）自来水、暖气、冷水、热水、煤气、石油液化气、天然气、沼气、居民用煤碳制品； （3）图书、报纸、杂志； （4）饲料化肥农药、农机、农膜； （5）国务院规定的其他货物的	
0	纳税人出口货物，但国务院另有规定的除外	
对小规模纳税人采用 3% 的征收率		销售额 × 征收率

（2）消费税。消费税是针对我国境内从事生产、委托加工和进口应税消费品的单位和个人，就其销售额或销售数量，在特定的环节征收的一种税，是我国财政收入的第二大税种。

①征收范围。消费税的征税范围为烟、酒、化妆品、贵重首饰及珠宝宝石、鞭炮焰火、成品油、小汽车、游艇等 14 个税目。

②消费税的税率（见表 2-2-4）。

表 2-2-4　消费税的税率

计税方法	征 收 对 象	使用税率	应纳税额
从价定率	雪茄、烟丝、酒精、其他酒、化妆品、贵重首饰及珠宝玉石、鞭炮焰火、汽车轮胎、摩托车、汽车、高尔夫球及球具、高档手表、游艇、木制一次性筷子、实木地板	1% ~40%	销售额 × 比例税率

续表 2-2-4

计税方法	征收对象	使用税率	应纳税额
从量定额	成品油（0.1 元/升 ~0.0.28 元/升）、黄酒（240 元/吨）、啤酒（220 元/吨 ~250 元/吨）		销售数量×定额税率
复合计税	白酒（20% 加 0.5 元/500 克）、卷烟（30% ~45% 加 0.003%/支）		销售额×比例税率+销售数量×定额税率

③纳税环节。消费税的纳税环节有三种情况：生产环节（由生产者于销售时纳税）、进口环节（由进口报关者于报关进口时纳税）、零售环节（金银首饰消费税于零售环节征收）。

（3）营业税。营业税是对在我国境内提供应税劳务、转让无形资产和销售不动产的单位和个人取得的营业额征收的一种税。

①计税依据。营业税计税依据为营业额全额，税额不受成本高低影响。

②征收范围。营业税的征收范围为增值税征税范围以外的所有经营业务。

③税率。由于各种经营业务盈利水平高低不同，在税率设计中，一般实行同一行业同一税率，不同行业不同税率，以体现公平税负、鼓励平等竞争的政策。根据 2008 年 11 月 5 日国务院第 34 次常务会议修订通过的《中华人民共和国营业税暂行条例》，营业税税率如下：交通运输业、建筑业、邮电通信业、文化体育业税率为 3%；金融保险业、服务业、转让无形资产、销售不动资产等税率为 5%；娱乐业为 5% ~20%。

2. 所得课税。所得课税是对所有以所得为课税对象的税种的总称。这里只介绍企业所得税。

（1）政策变化。2008 年 1 月 1 日起执行新的《中华人民共和国企业所得税法》，新法附则规定：新法公布前已经批准设立的企业，依照当时的税收法律、行政法规规定，享受低税率优惠的，按照国务院规定，可以在本法实施后五年内，逐步过渡到本法规定的税率；享受定期减免税优惠的，按照国务院规定，可以在本法施行后继续享受到期满为止，但因未获利而尚未享受优惠的，优惠期限从本法施行年度起计算。

（2）纳税人。在我国境内的企业和其他取得收入的组织（以下统称企业）依照本法的规定缴纳企业所得税，个人独资企业、合伙企业不适用本法。

企业分为居民企业和非居民企业。居民企业是指依法在我国境内设立，或者依照外国（地区）法律成立但实际管理机构在我国境内的企业；非居民企业是指依照外国（地区）法律成立且实际管理机构不在我国境内，但在我国境内设立机构、场所的，或者在我国境内未设立机构、场所，但有来源于我国境内所得的企业。

（3）税率。企业所得税的税率为 25%。非居民企业中在我国境内未设立机构、场所的，或者虽设立机构、场所但取得的所得与其所设机构、场所没有实际联系的所得，适用税率为 20%。

（4）应纳税额。企业的应纳税额所得额乘以适用税率，减除依照税法关于税收优惠的规定减免和抵免的税额后的余额，为应纳税额。

（5）部分优惠政策。①符合条件的小型微利企业，减按 20% 的税率征收企业所得税。②国家需要重点扶持的高新技术企业，减按 15% 的税率征收企业所得税。③其他免税、减税的政策内容可详见第二科目教材企业所得税税收优惠。

3. 其他税收。

（1）关税。关税是指国家对进出本国国境或关境的应税货物、物品征收的一种税，包括进口关税、出口关税。纳税义务人包括进口货物的收货人、出口货物的发货人、进境物品的所有人。

①进口关税的税率设置见表 2-2-5。

表 2-2-5 进口关税税率设置

税率种类	适用范围
最惠国税率	（1）原产于共同适用最惠国待遇条款的世界贸易组织成员的进口货物； （2）原产于与我国签订含有相互给予最惠国待遇条款的双边贸易协定的国家或者地区的进口货物； （3）原产于我国境内的进口货物
协定税率	原产于与我国签订含有关税优惠条款的区域性贸易协定的国家或者地区的进口货物
特惠税率	原产于与我国签订含有特殊关税优惠条款的贸易协定的国家或者地区的进口货物，适用特惠税率
普通税率	原产于上述 3 种所列情况以外的国家或者地区的进口货物，以及原产地不明的进口货物
关税配额税率	按照国家规定实行关税配额管理的进口货物，关税配额内的
暂定税率	（1）适用最惠国税率的进口货物有暂定税率的，应当适用暂定税率； （2）适用协定税率、特惠税率的进口货物有暂定税率的，应当从低适用税率； （3）适用普通税率的进口货物，不适用暂定税率

②出口关税。适用出口税率的出口货物有暂定税率的，应当适用暂定税率。

③计税方式。进出口货物关税，以从价计征、从量计征或者国家规定的其他方式征收。

从价计征的计算公式为：应纳税额 = 完税价格 × 关税税率

从量计征的计算公式为：应纳税额 = 货物数量 × 单位税额

（2）其他税种。其他税种的税收政策见表 2-2-6。

表 2-2-6 其他税种的税收政策

税种	概 念	征收范围	适用税率
资源税	在我国境内开采应税矿产品及生产盐的单位和个人，就其应税产品销售数量或自用数量为计税依据而征收的一种税	原油、天然气、煤炭、黑色金属矿原矿、有色金属矿原矿、其他非金属矿原矿和盐	按量定额税负计征，以应税资源的计量单位“吨”或“千立方米”等确定 0.3 元～60 元的 8 个幅度税额； 从价计征，税率为 5%，应纳税额 = 原油、天然气销售额 × 税率
土地增值税	对有偿转让国有土地使用权及地上建筑物和其他附着物产权并取得增值性收入的单位和个人征收的一种税	纳税人转让房地产所取得的增值额	采用四级超额累进税率 应纳土地增值税 = 增值额 × 税率

（三）财务分析涉及税种

财务分析中涉及多种税金的计算，不同项目涉及的税金种类和税率可能各不相同。税金计取得当是正确估算项目费用乃至净效益的重要因素。要根据项目的具体情况选用适宜的税种和税率，在国家尚未统一内外资企业适用税法之时，还应注意企业的性质，根据相应的税法计税。这些税金及相关优惠政策会因时而异，部分会因地而异，项目评价时应密切注意当时和项目所在地的税收政策，适时调整计算，使财务分析比较符合实际情况。

财务分析涉及的税金主要包括关税、增值税、营业税、资源税、消费税、所得税、城市维护建设税、教育费附加和地方教育费附加等，有些行业还涉及土地增值税。财务分析时应说明税种、征税方式、计税依据、税率等，如有减免税优惠，应说明依据及减免方式。在会计处理上，营业税、资源税、消费税、土地增值税、城市维护建设税和教育费附加包含在“营业税金及附加”中。

增值税。对适用增值税的项目，财务分析应按税法规定计算增值税。须注意当采用含（增值）税价格计算营业收入和原材料、燃料动力成本时，利润与利润分配表中应单列增值税科目；采用不含（增值）税价格计算时，利润与利润分配表中不包括增值税科目。应明确说明采用何种计价方式，当项目进口原材料时也会涉及增值税的计算。

营业税。交通运输、建筑、邮电通信、服务等行业应按税法规定计算营业税。营业税是价内税，包含在营业收入之内。

消费税。我国对部分货物征收消费税。项目评价中涉及适用消费税的产品或进口货物时，应按税法规定计算消费税。

土地增值税。是按转让房地产取得的增值额征收的税种，房地产项目应按规定计算土地增值税。

资源税。是国家对开采特定矿产品或者生产盐的单位和个人征收的税种，通常按矿产的产量计征。

企业所得税。是针对企业应纳税所得额征收的税种，项目评价中应注意按有关税法对所得税前扣除项目的要求，正确计算应纳税所得额，并采用适宜的税率计算企业所得税，同时注意正确使用有关的所得税优惠政策，并加以说明。

将财务分析（含建设投资）涉及的主要税种和计税时涉及的费用效益科目归纳于表2-2-7。

表 2-2-7 财务分析涉及税种表

税种名称	建设投资	总成本费用	营业税金及附加	增值税	利润分配
进口关税	√	√			
增值税	√	√		√	
消费税	√		√		
营业税			√		
资源税		自用√	销售√		
土地增值税			√		
耕地占用税	√				

续表 2-2-7

税种名称	建设投资	总成本费用	营业税金及附加	增值税	利润分配
企业所得税					√
城市维护建设税			√		
教育费附加			√		
地方教育费附加			√		
车船税	√	√			
房产税		√			
印花税	√	√			
土地使用税		√			

第三章 我国“十二五”经济社会发展总体规划指标

核心考点

◆ 我国的规划体系

◆ 我国“十二五”时期经济社会发展主要指标

复习指导

本章是关于“十二五”总体规划考点内容的综合概括，其知识点主要包括我国的规划体系和“十二五”时期经济社会发展主要指标，是对发展目标的量化，考核政府工作的重要依据，同时为社会和市场主体提供参照和行为导向，在城市规划方案编制中，对其可行性进行评价，复习过程中重点掌握“十二五”时期经济社会发展主要指标。

历年考题情况见表2-3-1。

表2-3-1 历年考题情况

年份	考核方式	考核知识点
2011年	规划类型的判断，规划的功能	规划体系
2012年	结合能源弹性系数，计算单位国内生产总值能源消费降低幅度	了解重要的规划指标
2013年	区分十二五时期经济社会发展约束性、预期性指标 规划体系组成及规划类型的判断	十二五规划主要目标 规划体系

题·解析

案例1.（2011年真题）某咨询公司接受N市某主管部门委托，编制该市“十二五”期间住房建设规划。预计该市“十二五”期间人口增长速度与“十一五”持平。规划要求“十二五”期末人均住宅面积应达到30平方米。在调研该市社会经济发展状况时，咨询公司收集了“十五”期末和“十一五”期末N市住房建设的部分数据（见表2-3-2）。

表2-3-2 N市住房建设基本情况

指　　标	2005年	2010年
城市人口（万人）	102.8	122.9
净增住宅面积（万平方米）	218.3	305.5
人均住宅面积（平方米）	20.1	26.0

咨询公司完成住房建设规划方案（征求意见稿）后，N市某主管部门组织了论证会。为了落实建设“环境友好型社会”的要求，与会专家充分讨论了减轻环境影响的问题，提

出根据有关规定，应对该规划进行环境影响评价。

【问题】

1. 根据我国对经济社会发展规划类型的划分，N 市的住房建设规划属于何种类型的规划？简述该类规划的主要功能。

2. 预测 N 市“十二五”期末人口规模。在“十二五”期间，N 市需要净增多少住宅面积，才能实现规划的人均住宅面积目标？（计算过程列出计算式）

【答案】

1. N 市的住房建设规划属于专项规划，其主要功能是：专项规划是总体规划在特定领域的细化，是政府指导该领域发展以及审批、核准重大项目，安排政府投资和财政支出预算，制定特定领域相关政策的依据。

2.（1）“十二五”期间人口增长速度 = “十一五”期间人口增长速度

“十一五”期间人口增长速度表示为 i，

则 $102.8\times(1+i)^5=122.9$，$(1+i)^5=\frac{122.9}{102.8}$

“十二五”期末人口规模 $=122.9\times(1+i)^5=122.9\times\frac{122.9}{102.8}=146.93$

（2）“十二五”净增住宅面积 = 2015 年末总住宅面积 − 2010 年末总住宅面积

$=146.93\times30-122.9\times26.0=1212.5$（万平方米）

案例 2.（自编题）某咨询企业受 A 市政府委托，研究制定该市经济社会发展规划。咨询工程师参照我国国民经济和社会发展“十二五”规划的指标内容，设计了 A 市经济社会发展的指标体系，包括国内生产总值（亿元）、单位国内生产总值能源消耗降低（%）、主要污染物排放总量减少（%）、城镇登记失业率（%）等指标。

【问题】我国国民经济和社会发展“十二五”规划的主要指标分为哪几类？咨询工程师设计的 A 市经济社会发展指标体系中的上述四项指标，在“十二五”时期经济社会发展的主要指标中分别属于什么属性？

【答案】“十二五”规划指标分为：经济发展、科技教育、资源环境和人民生活四类。题目中：国内生产总值、城镇登记失业率属于预期性指标；单位国内生产总值能源消耗降低、主要污染物排放总量减少属于约束性指标。

【解析】上述 2 道题考核的是有关规划的知识点，主要内容包括我国的规划体系和“十二五”时期经济社会发展主要指标。考试中，本知识点多以小问形式出现，易出定性和简单的计算题目，定性题目的答案一定要条理清楚，简明扼要，紧密扣题，切勿内容太多导致所答非所问；计算题目要谨记“十二五”规划周期是 5 年和主要规划指标。

★相关知识点 参见第二科目教材总体规划、专项规划、区域规划，了解我国的规划体系；第二科目教材我国“十二五”时期经济社会发展主要指标，其中反映经济发展的有 3 项，反映科技教育的有 4 项，反映资源环境的有 8 项，反映人民生活的有 9 项。这里将本知识点的主要内容整理如下：

（一）我国的规划体系

我国的规划体系由三级、三类规划组成，三级是指国家级规划、省（自治区、直辖市）级规划、市县级规划；三类是指总体规划、专项规划、区域规划。

1. 总体规划。总体规划是国民经济和社会发展的全局性、战略性、纲领性规划，其功能是编制本级和下级专项规划、区域规划以及制定有关政策和年度计划的依据。起作用是对全社会经济活动进行总体指导，对各种宏观调控政策手段进行综合协调。

2. 专项规划。专项规划是以国民经济和社会发展特定领域为对象编制的规划，其功能是总体规划在特定领域的细化，也是政府指导该领域发展以及审批、核准重大项目，安排政府投资和财政支出预算，制定特定领域相关政策的依据。

3. 区域规划。区域规划的编制对象是跨行政区的特定区域，其功能是编制区域内省（自治区、直辖市）级总体规划、专项规划的依据。

（二）“十二五”经济社会发展总体规划指标

“十二五”期间，我国经济社会发展的主要目标有7个，要实现的主要指标见表2-3-3。

1. 主要目标：

（1）经济平稳较快发展；

（2）结构调整取得重大发展；

（3）科技教育水平明显提升；

（4）资源节约环境保护成效显著；

（5）人民生活持续改善；

（6）社会建设明显增强；

（7）改革开放不断深化。

2. 主要指标见表2-3-3。

表2-3-3　“十二五”时期经济社会发展主要指标

指　　标	2010年	2015年	年均增长（%）	属性
经 济 发 展				
国内生产总值（万亿元）	39.8	55.8	7	预期性
服务业增加值比重（%）	43	47	[4]	预期性
城镇化率（%）	47.5	51.5	[4]	预期性
科 技 教 育				
九年义务教育巩固率（%）	89.7	93	[3.3]	约束性
高中阶段教育毛入学率（%）	82.5	87	[4.5]	预期性
研究与试验发展经费支出占国内生产总值比重（%）	1.75	2.2	[0.45]	预期性
每万人口发明专利拥有量（件）	1.7	3.3	[1.6]	预期性
资 源 环 境				
耕地保有量（亿亩）	18.18	18.18	[0]	约束性
单位工业增加值用水量降低（%）			[30]	约束性
农业灌溉用水有效利用系数	0.5	0.53	[0.03]	预期性
非化石能占一次能源消费比重（%）	8.3	11.4	[3.1]	约束性
单位国内生产总值能源消费降低（%）			[16]	约束性
单位国内生产总值二氧化碳排放降低（%）			[17]	约束性

续表 2-3-3

指　标		2010 年	2015 年	年均增长（%）	属性
主要污染物排放总量减少（%）	化学需氧量			[8]	约束性
	二氧化碳			[8]	
	氨氮			[10]	
	氮氧化物			[10]	
森林增长	森林覆盖率（%）	20.36	21.66	[1.3]	约束性
	森林蓄积量（亿立方米）	137	143	[6]	
人 民 生 活					
城镇居民人均可支配收入（元）		19109	>26810	>7	预期性
农村居民人均纯收入（元）		5919	>8310	>7	预期性
城镇登记失业率（%）		4.1	>5		预期性
城镇新增就业人数（万人）				[4500]	预期性
城镇参加基本养老保险人数（亿人）		2.57	3.57	[1]	约束性
城乡三项基本医疗保险参保率（%）				[3]	约束性
城镇保障性安居工程建设（万套）				[3600]	约束性
全国总人口（万人）		134100	<139000	<7.2‰	约束性
人均预期寿命（岁）		73.5	74.5	[1]	预期性

注：1. 国内生产总值和城乡居民收入绝对数按 2010 年价格计算，增长速度按可比价格计算。

2. [ ] 内为五年累计数。

3. 城乡三项基本医疗保险参保率是指年末参加城镇职工基本医疗保险、城镇居民基本医疗保险和新型农村合作医疗的总人数与年末全国总人口之比。

4. 城乡居民收入增长按照不低于国内生产总值增长预期目标确定，在实践中要努力实现和经济发展同步。

第三科目　工程项目组织与管理

第一章　工程项目招标投标管理

核心考点

◆ 工程项目施工招投标
◆ 工程项目货物招投标

复习指导

本章主要考查对工程项目涉及的主要招投标程序和工作内容的熟记掌握程度，一般是隔年考核。

历年考题情况见表 3-1-1。

表 3-1-1　历年考题情况

年　份	考 核 方 式	考核知识点
2010 年	（1）招标过程中的有关要求； （2）评标方法的选择及具体应用	施工招标的内容
2013 年	判断招投标过程中事件处理方式是否符合规定	施工招标投标工作
2014 年	（1）自行招标应具备的条件； （2）招标备案； （3）判断招标、评标过程中时限和处置是否正确得当	施工招标投标工作

题・解析

案例 1.（2010 年真题）某市政府拟采用通用技术建设一体育场，采用公开招标方式选择承包商。在资格预审后，招标人向 A、B、C、D、E、F、G 七家投标申请人发出了资格预审合格通知书，并要求各投标申请人在提交投标文件的同时提交投标保证金。

2009 年 2 月 12 日，招标人向七家投标申请人发售了招标文件，并在同一张表格上进行了投标登记和招标文件领取签收。招标文件规定：投标截止时间为 2009 年 2 月 27 日 10 时；评标采用经评审的最低投标价法；工期不得长于 18 个月。

七家投标申请人均在投标截止时间前提交了投标文件。

F 投标人在 2 月 27 日上午 11：00 以书面形式通知招标人撤回其全部投标文件，招标人没收了其投标保证金。由于招标人自身原因，评标工作不能在投标有效期结束日 30 个工作日前完成，招标人以书面形式通知所有投标人延长投标有效期 30 天。G 投标人拒绝延长，招标人退回其投标文件，但没收了其投标保证金。

各投标人的投标报价和工期承诺汇总如表 3-1-2 所示，投标文件的技术部分全部符合招标文件要求和工程建设强制性标准的规定。

表 3-1-2 投标人的投标报价和工期承诺汇总表

投标人	基础工程		结构工程		装饰工程		结构工程与装饰工程搭接时间（月）	备注
	报价（万元）	工期（月）	报价（万元）	工期（月）	报价（万元）	工期（月）		
A	4200	4	10000	10	8000	6	0	各分部工程每月完成的工程量相等（匀速施工）
B	3900	3.5	10800	9.5	9600	5.5	1	
C	4000	3	11000	10	10000	5	1	
D	4600	3	10600	10	10000	5	2	
E	3800	3.5	8000	9.5	8000	6	3	

【问题】

1. 指出上述招标活动和招标文件中的不妥之处，并说明理由。

2. 招标人没收 F 和 G 投标人的投标保证金是否合适？说明理由。

3. 本项目采用"经评审的最低投标价法"评标是否恰当？说明理由。

4. 招标人应选择哪家投标人作为中标人（要求列出计算分析过程）？签订的合同价应为多少万元？

【答案】

1. （1）发出资格预审合格通知书时，一并要求各投标申请人在提交投标文件的同时提交投标保证金，此做法不妥。理由：招标人应该在招标文件中要求投标人提交投标保证金。

（2）在同一张表格上进行投标登记和招标文件领取签收的做法不妥。理由：按照规定，招标人不得向他人透露已获取招标文件的潜在投标人的名称、数量或者可能影响公平竞争的有关招标投标的其他情况。

（3）招标文件中规定投标截止时间为 2009 年 2 月 27 日 10 时，此做法不妥。理由：按照规定，招标文件开始发出之日起至投标人提交投标文件截止之日止，最短不少于 20 日。

2. （1）招标人没收 F 投标人的投标保证金是合适的，理由：按照规定，在提交投标文件截止时间后到招标文件规定的投标有效期终止之前，不得撤回其投标文件，撤回的其投标保证金将被没收。

（2）招标人没收 G 投标人的投标保证金是不合适的，理由：按照规定，投标人拒绝延长的，其投标失效，但投标人有权收回其投标保证金。

3. 本项目采用"经评审的最低投标价法"评标恰当，理由：该项目采用通用技术，技术上无特殊要求，符合该方法的应用条件。

4.（1）招标文件规定工期不得长于 18 个月，故首先排除了 A 投标人（工期为 20 个月）；

（2）B 投标人的报价 = 3900 + 10800 + 9600 = 24300（万元）

C 投标人的报价 = 4000 + 11000 + 10000 = 25000（万元）

D 投标人的报价 = 4600 + 10600 + 10000 = 25200（万元）

E 投标人的报价 = 3800 + 8000 + 8000 = 19800（万元）

（3）应该选择 E 投标人为中标人。签订的合同价应为 19800 万元。

【解析】 本题基本涵盖了项目施工招投标的主要知识点，就题干信息进行判断的考核方式略有难度，但题目本身的指向性进行了有效的平衡，因此，对本类题型而言，一方面需要掌握施工招投标的基本原则、要点以及主要评标方法等重要知识点，另一方面，要学会通过分析题目信息提高解答准确率和效率，注意答知识点的要点，其他相关内容不必多写。本题中，一个较为隐蔽的考点是“在同一张表格上进行投标登记和招标文件领取签收”，涉及的知识点是《招标投标法》第二十二条规定：“招标人不得向他人透露已获取招标文件的潜在投标人的名称、数量以及可能影响公平竞争的有关招标投标的其他情况。”对于题干中特别描述的信息词要有敏感度，至少要答出这一登记和签收方式不妥。

案例 2.（2013 年真题）某核准类工程项目通过核准后，丙招标代理机构受乙企业委托，为该工程项目招标，招标文件规定：本工程评标采用经评审的最低投标价法，最低报价低于有效次低报价 15%（含 15%）者，为无效投标文件。

在招标过程中，相继发生了下列事件：

事件 1：A、B、C、D、E 五家单位报名投标，资格预审时因 B 单位非本地企业而未获通过。

事件 2：踏勘现场时，C 单位口头提出招标文件中的地质资料与现场情况有差异，乙企业工作人员口头答复并予以确认。

事件 3：开标时发现，A 单位还有一个相对较低的报价，但未声明哪份报价有效。

五家投标单位的投标报价数据见表 3-1-3。

表 3-1-3　各投标单位报价数据

投标单位	A	B	C	D	E
报价（万元）	2220	2430	2500	2520	1980

【问题】

1. 请指出事件 1、事件 2 和事件 3 中有无不妥之处，请说明理由。

2. 如各投标文件技术部分均可行，请推荐中标候选人，并说明理由。

【答案】

1.（1）事件 1 中因非本地企业而排斥 B 单位不妥，理由：按规定，招标人不得以不合理的条件限制或者排斥潜在的投标申请人，不得对投标申请人实行歧视待遇。

（2）事件 2 中 C 单位口头提问、乙企业口头答复均不妥，理由：按规定，投标人在踏勘现场中如有疑问，应在招标人答疑前以书面形式向招标人提出；招标人可以书面形式答复，也可以在投标预备会上解答（最终也以书面形式发放给投标人）。

（3）事件3中不妥，A单位应按废标处理，理由：按规定，投标人递交两份或多份内容不同的投标文件，或在一份投标文件中对同一招标项目报有两个或多个报价，且未声明哪一个有效的，按废标处理。

2. A单位已被淘汰，现比较B、C、D、E的报价：

采用经评审的最低投标价法，E为最低报价，B为次低报价，

因 $(2430-1980)\div 2430=18.52\%>15\%$

所以，E为无效投标文件，推荐B为中标候选人。

【解析】本题涉及工程项目招投标规定，对于招投标规定熟读一遍能判断对错即可。

案例3.（2014年真题）某政府投资项目的总投资额为8000万元，项目建设单位决定自行组织招标，招标人在招标文件中对有关时限作出如下规定：

（1）投标截止时间为自招标文件停止出售之日起第18日上午8时整；

（2）投标有效期从发售招标文件之日开始计算，共90天；

（3）接收投标文件的最早时间为投标截止时间前48小时；

（4）若投标人要修改、撤回已提交的投标文件，须在投标截止时间24小时前提出。

在评标过程中，评标委员会要求B、D两投标人分别对其拟采用的施工组织设计作出详细说明，并对有关关键技术问题提出改进要求。作为评标委员会的招标人代表希望投标人B再考虑降低报价的可能性。

【问题】

1. 招标人自行组织招标需要具备什么条件？

2. 该项目招标人是否应当办理招标备案？说明理由。

3. 分别指出招标人在招标文件中对有关时限的规定是否正确，说明理由。

4. 分别指出评标过程中有哪些不妥之处，说明理由。

【答案】

1. 招标人自行组织招标的，应具备下列条件：

（1）具有项目法人资格（或者法人资格）；

（2）具有与招标项目规模和复杂程度相适应的工程技术、概预算、财务和工程管理等方面专业技术力量；

（3）有从事同类工程建设项目招标的经验；

（4）拥有3名以上取得招标职业资格的专职招标业务人员；

（5）熟悉和掌握招标投标法及有关法规规章。

2.（1）该项目招标人应当办理招标备案。

（2）理由：按《招标投标法》规定，依法必须进行招标的项目，招标人自行办理招标事宜的，应当向有关行政监督部门备案。

3. 规定（1）正确。理由：一是资格预审文件或者招标文件的发售期不得少于5日；二是依法必须进行招标的项目，自招标文件开始发出之日起至投标人提交投标文件截止之日止，最短不得少于二十日。题目中从招标文件停止出售之日起算，$5+18>20$。

规定（2）不正确。理由：投标有效期从提交投标文件的截止之日起算。

规定（3）不正确。理由：投标人应当在招标文件要求提交投标文件的截止时间前，将投标文件送达投标地点。对接收投标文件的最早时间无明确要求，只要在投标截止时间之前

都应该接收。

规定（4）不正确。理由：投标人在招标文件要求提交投标文件的截止时间前，可以补充、修改、替代或者撤回已提交的投标文件，并书面通知招标人。题中提出规定时间不合理。

4.（1）对 B、D 投标人提出的要求不妥。理由：评标委员会可以要求投标人对投标文件中含义不明确的内容作必要的澄清或者说明，但是澄清或者说明不得超出投标文件的范围或者改变投标文件的实质性内容。

（2）希望投标人 B 再考虑降低报价的可能性，不妥。理由：评标委员会不得向投标人提出带有暗示性或诱导性的问题，或向其明确投标文件中的遗漏和错误。

【解析】本题考核的是招投标管理内容，知识点都是出自相关法律法规，出题方式比较多的是判断表述题型，难点在于“理由”的陈述，一定要符合规定要求。这部分内容的复习方法是理清法律条款，按招投标程序分清记忆层次；还需要随时关注相关法律法规的修订。

★相关知识点

一、《招标投标法》第二十二条规定：“招标人不得向他人透露已获取招标文件的潜在投标人的名称、数量以及可能影响公平竞争的有关招标投标的其他情况。”

二、招标资格与招标备案

（一）招标资格

根据招标人是否具备自行招标资格，可以采取自行招标或委托招标方式。

（二）招标备案

招标人自行办理施工招标事宜的，应当在发布招标公告或者发出投标邀请书的 5 日前，向工程所在地县级以上地方人民政府建设行政监督部门备案，并报送相关材料。

建设行政监督部门在收到招标人自行办理招标事宜的备案材料后，应当对照标准及时进行核查，自收到备案材料之日起 5 个工作日内没有提出异议，招标人可发布招标公告或发出投标邀请书；发现招标人不具备自行办理招标事宜的条件或者在备案材料中弄虚作假的，应当依法责令其改正，并且要求其委托具有相应资格的工程建设项目招标代理机构代理招标。

三、确定招标方式和发布招标信息

（一）招标方式

招标方式分为公开招标和邀请招标两种方式，注意两种招标方式的区别见表 3-1-4。

表 3-1-4　公开招标与邀请招标的区别

主要区别	公开招标	邀请招标
发布信息的方式	公告	投标邀请书
选择的范围	所有潜在的对招标项目感兴趣的法人或其他组织，招标人事先不知道投标申请人的数量	已经了解的法人或其他组织，而且事先已经知道投标申请人的数量（注意不能少于 3 人）
竞争的范围	竞争范围较广，竞争性较充分，招标人有绝对的选择余地，容易获得最佳招标效果	竞争的范围有限，招标人拥有的选择余地相对较小，有可能提高中标的合同价，也有可能将某些技术上货报价上更有竞争力的供应商或承包商遗漏

续表 3-1-4

主要区别	公开招标	邀请招标
公开的程度	所有活动必须严格按照预先指定并为大家所知的程序和标准公开进行，大大减少了作弊的可能	公开程度差一些，产生不法行为的机会多一些
时间和费用	程序比较复杂，耗时较长，费用也比较高	整个招标投标的时间大大缩短，招标费用也相应减少

（二）发布招标信息

招标信息主要通过招标公告和投标邀请书进行发布，应当至少包括以下信息：

（1）招标人的名称和地址。

（2）招标项目的内容、规模、资金来源。

（3）招标项目的实施地点和工期。

（4）获取招标文件或者资格预审文件的地点和时间。

（5）对招标文件或者资格预审文件收取的费用。

（6）对投标人的资质等级或资格的要求。

四、投标申请人资格审查

（一）资格审查内容

招标人可以根据招标项目本身的要求，在招标公告或者投标邀请书中，要求投标申请人提供有关资质证明文件和业绩情况，并对投标申请人进行资格审查，招标人不得以不合理的条件限制或者排斥潜在的投标申请人，不得对投标申请人实行歧视待遇。

主要审查投标申请人是否符合下列条件：

（1）具有独立订立合同的权利。

（2）具有履行合同的能力，包括专业、技术资格和能力，资金、设备和其他物质设施状况，管理能力，经验、信誉和相应的从业人员。

（3）没有处于被责令停业，投标资格被取消，财产被接管、冻结，破产状态。

（4）最近 3 年内没有骗取中标和严重违约及重大工程质量问题。

（5）国家规定的其他资格条件。

（二）资格预审

1．资格预审的适用范围。资格预审适用于公开招标或部分邀请招标的土建工程、交钥匙工程、技术复杂的成套设备安装工程、装饰装修工程等。

2．资格预审的程序。招标人应当在招标公告或者投标邀请书中载明资格预审的条件和获取资格预审文件的时间、地点。自资格预审文件出售之日起至停止出售之日止，最短不得少于 5 日。

资格预审的程序包括：

（1）招标人或招标代理人编制、发售资格预审文件并制定资格预审的评审标准。

资格预审文件一般包括下列内容：

①资格预审邀请书；

②申请人须知；

③资格要求；

④其他业绩要求；

⑤资格审查标准和方法；

⑥资格预审结果的通知方式。

（2）投标申请人按资格预审文件的要求，如实编制资格预审申请书。

（3）招标人通过对投标申请人递交的资格预审申请书的内容进行评审，确定符合资质条件、具有能力的投标申请人。

（4）经资格预审后，招标人应当向资格预审合格的潜在投标人发出资格预审合格通知书，告知获取招标文件的时间、地点和方法，并同时向资格预审不合格的潜在投标人告知资格预审结果。资格预审不合格的潜在投标人不得参加投标。

3. 资格预审的优点：

（1）在投标人数量较多的情况下（如公开招标），实行资格预审，可先行排除那些审查不合格的投标人，减少多余的投标。

（2）可以对众多投标申请人的技术水平、财务实力、施工经验和业绩进行调查，从而选择在技术、财务和管理各方面都能满足招标工程需要的投标人参加投标。

（3）筛选出确实有实力和信誉的少量投标人，不仅可以减少招标人印制招标文件的数量，而且可以减轻评标的工作量，缩短招标工作周期，同时也可使那些可能不具备承担工程任务的投标人节省因投标而投入的人力、财力等所产生的投标费用。

（三）资格后审

实施资格后审的招标工程，招标人在招标文件中载明对投标人资格要求的条件、标准和方法。投标人在报送投标文件的同时还应报送资格审查申请书等相关资格审查资料。在开标后、正式评标前首先应对投标人进行资格审查，经资格后审不合格的投标人的投标应予否决。

资格后审适用于一些工期要求比较紧，工程技术、结构不复杂的项目。

五、招标文件编制与发放

（一）编制招标文件应遵循的原则和要求

（1）招标文件必须遵循公开、公平、公正的原则，不得以不合理的条件限制或者排斥潜在投标人，不得对潜在投标人实行歧视待遇。

（2）招标文件必须遵循诚实信用的原则，招标人向投标人提供的工程情况，特别是工程项目的审批、资金来源和落实等情况，都要确保真实和可靠。

（3）招标文件介绍的工程情况和提出的要求，必须与资格预审文件的内容一致。

（4）招标文件的内容要能清楚地反映工程的规模、性质、商务和技术要求等内容，设计图纸应与技术规范或技术要求相一致，使招标文件系统、完整、准确。

（5）招标文件规定的各项技术标准应符合国家强制性标准。

（6）招标文件不得要求或者标明特定的专利、商标、名称、设计、原产地或建筑材料、构配件等生产供应者，以及含有倾向或者排斥投标申请人的其他内容。如果必须引用某一生产供应者的技术标准才能准确或清楚地说明拟招标项目的技术标准时，则应当在参照后面加上“或相当于”的字样。

（7）招标人应当在招标文件中规定实质性要求和条件，并用醒目的方式标明。

（二）招标文件内容

招标文件应当包括招标项目的技术要求、对投标申请人资格审查的标准、投标报价要求和评标标准等所有实质性要求和条件，以及拟签订合同的主要条款。

（三）招标文件的发放

自招标文件或者资格预审文件出售之日起至停止出售之日止，最短不得少于5日。招标文件或者资格预审文件售出后，不予退还。除不可抗力原因外，招标人在发布招标公告、发出投标邀请书后或者在售出招标文件后不得擅自终止招标。因不可抗力原因造成招标终止的，投标人有权要求退回招标文件并收回购买招标文件的费用。

对于所附的设计文件，招标人可以向投标人酌收押金；对于开标后投标人退还设计文件的，招标人应当向投标人退还押金。

投标申请人收到招标文件、图纸和有关资料后，应认真核对，核对无误后，应以书面形式予以确认。

六、编制工程标底

标底是指招标人根据招标项目的具体情况，依据国家统一的工程量计算规则、计价依据和计价办法计算出来的工程造价，是招标人对建设工程预算的期望值。

招标人可根据项目特点决定是否编制标底。

招标项目设有标底的，应根据批准的初步设计和投资概算，依据有关计价办法，参照有关工程定额，结合市场供求状况，综合考虑投资、工期和质量等方面的因素合理确定标底，一个招标工程只能编制一个标底。对设有标底的招标项目，在评标时应当参考标底进行评标。

招标项目也可以不设标底，进行无标底招标。

七、组织踏勘现场与投标预备会

（一）踏勘现场

招标人组织投标申请人对工程现场场地和周围环境等客观条件进行的现场勘察。但招标人不得单独或分别组织任何一个投标人进行现场踏勘。招标人应主动向投标申请人介绍所有施工现场的有关情况。

投标申请人对影响工程施工的现场条件进行全面考察，一般应至少了解下列内容：

（1）施工现场是否达到招标文件规定的条件。

（2）施工的地理位置和地形、地貌、管线设置情况。

（3）施工现场的地质、土质、地下水位、水文等情况。

（4）施工现场的气候条件，如气温、湿度、风力等。

（5）现场的环境，如交通、供水、供电、污水排放等。

（6）临时用地、临时设施搭建等，即工程施工过程中临时使用的工棚，堆放材料的库房，以及这些设施所占的地方等。

（二）投标预备会

招标人可以书面形式或召开投标预备会或答疑会的方式解答潜在投标人的疑问，但须同时将解答以书面方式通知所有购买招标文件的潜在投标人。

投标预备会或答疑会结束后，由招标人整理会议记录和解答内容，并以书面形式向所有获得招标文件的投标人发放。问题及解答纪要须同时向建设行政监督部门备案，该解答的内容为招标文件的组成部分。

为便于投标人在编制投标文件时，将招标人对问题的解答内容和招标文件的澄清或修改的内容编写进去，招标人可根据情况酌情延长投标截止时间。

八、投标文件编制与送达

（一）编制投标文件应遵循的原则和要求

（1）投标人应按招标文件的规定和要求编制投标文件。

（2）投标文件应对招标文件提出的实质性要求和条件做出响应。

（3）投标报价应依据招标文件中商务条款的规定；国家公布的统一工程项目划分、统一计量单位、统一计算规则及设计图纸、技术要求和技术规范编制。

（4）根据招标文件中要求的计价方法，并结合施工方案或施工组织设计，投标人自身的经营状况、技术水平和计价依据，以及招标时的建筑要素市场状况，确定企业利润、风险金、措施费等，做出报价。

（5）投标报价应由工程成本、利润、税金、保险费、措施费以及采用固定价格的风险金等构成。

（6）投标人不得以低于成本的报价竞标，也不得以他人名义投标或者以其他方式弄虚作假，骗取中标。

招标人应当确定投标人编制投标文件所需的合理时间。自招标文件开始发出之日起至投标人提交投标文件截止之日止，最短不少于20日。

（二）投标文件的内容

投标文件应按招标文件的要求进行编制，包括下列内容：

（1）投标函。

（2）投标报价。

（3）施工组织设计或者施工方案。

（4）商务和技术偏差表。

（5）招标文件要求提供的其他材料。包括：

①拟派出的项目负责人与主要技术人员的简历、业绩和拟用于完成招标项目的机械设备等。

②招标文件允许投标人提供替代方案的，投标人可以按照招标文件的要求提交替代方案，并作出相应的报价。

③投标人根据招标文件载明的项目实际情况，拟在中标后将中标项目的部分非主体、非关键性工作进行分包的，应当在投标文件中载明。

招标人可以在招标文件中要求投标人提交投标担保。投标担保可以采用投标保函或者投标保证金的方式。投标保证金除现金外，可以是银行出具的银行保函、保兑支票、银行汇票或现金支票。一般不得超过项目估算的2%，最高不得超过80万元。投标保证金有效期应当与投标有效期一致。投标人不按招标文件要求提交投标保证金的，该投标文件将被拒绝。

（三）投标文件的送达与签收

1. 送达。投标人应当在招标文件要求提交投标文件的截止时间前，按照招标文件规定的地点，将投标文件密封送达投标地点。在招标文件要求提交投标文件的截止时间后送达的投标文件，为无效的投标文件，招标人应当拒收。无效投标包括以下情况：

(1) 投标人因为递交投标文件的地点发生错误，而延误投标时间的。

(2) 以邮寄方式送达的，投标人必须留出邮寄的时间，而不是以“邮戳为准”。

2. 签收。招标人收到标书以后应当签收，不得开启。

(1) 为了保护投标人的合法权益，招标人必须履行完备的签收和登记手续。

(2) 签收人要记录投标文件递交的日期和地点以及密封状况。

(3) 签收人签名后应将所有递交的投标文件放置在保密安全的地方，任何人不得开启。

为了保证充分竞争，对于投标人少于3个的，招标人应当依法重新招标。重新招标后投标人仍少于3个的，属于必须审批的工程建设项目，报经原审批部门批准后可以不再进行招标；其他工程建设项目，招标人可自行决定不再进行招标。

(四) 投标文件的补充、修改或撤回

1. 补充和修改。投标文件的补充是指对投标文件中遗漏和不足的部分进行增补，投标文件的修改是指对投标文件中已有的内容进行修订。

投标人在招标文件要求提交投标文件的截止时间前，可以补充、修改或者撤回已提交的投标文件，并书面通知招标人。补充、修改的内容应当以密封的方式在规定的截止时间以前送达，并作为投标文件的组成部分，招标人要严格履行签收登记手续，并存放在安全保密的地方，在开标时一并拆封。

2. 撤回。在投标截止日期之前，投标人有权撤回已经送达的投标文件。投标文件的撤回是指收回全部投标文件，或者放弃投标，或者以新的投标文件重新投标。撤回已经提交的投标文件必须以书面形式通知招标人，以备待查。如果在投标截止日期之前放弃投标，招标人不得没收其投标保证金。

在提交投标文件截止时间后到招标文件规定的投标有效期终止之前，投标人不得补充、修改、替代或者撤回其投标文件；投标人补充、修改、替代投标文件的，招标人不予接受；投标人撤回投标文件的，其投标保证金将被没收。

(五) 联合体投标

两个以上法人或者其他组织可以组成一个联合体，以一个投标人的身份共同投标。联合体各方签订共同投标协议后，不得再以单独一家名义单独投标，也不得组成新的联合体或参加其他联合体在同一项目中投标。联合投标协议应随同投标文件一并提交招标人。

联合体参加资格预审并获通过的，其组成的任何变化都必须在提交投标文件截止之日前征得招标人的同意，否则招标人有权拒绝。

联合体各方必须指定牵头人，授权其代表所有联合体成员负责投标和合同实施阶段的主办、协调工作，并应当向招标人提交由所有联合体成员法定代表人签署的授权书。

联合体投标的，应当以联合体各方或者联合体中牵头人的名义提交投标保证金。以联合体中牵头人名义提交的投标保证金，对联合体各成员具有约束力。

九、开标

(一) 开标注意事项

1. 开标应由招标人主持，邀请所有投标人参加。招标人依据招标文件规定的时间和地点，开启投标文件，公开宣布投标人的名称、投标价格及投标文件中的其他主要内容。

2．开标时，由投标人或者其推选的代表检查投标文件的密封情况，也可以由招标委托的公证机构检查并公证；经确认无误后，由工作人员当众拆封、宣读。

3．开标过程应当记录，并存档备查。

（二）无效投标

投标文件出现下列情形之一的，招标人不予受理：

（1）逾期送达的或者未送达指定地点的；

（2）未按照招标文件的要求予以密封的。

十、评标

评标不能由招标人或其代理机构独自承担，而应组成一个由有关专家和人员参加的评标委员会，负责依据招标文件规定的评标标准和方法，对所有投标文件进行评审，向招标人推荐中标候选人或者直接确定中标人。

评标分为初步评审和详细评审两个阶段进行。

（一）初步评审

初步评审中，评标委员会应当根据招标文件规定的评标标准和方法，对投标文件进行系统的评审和比较。招标文件中没有规定的标准和方法不得作为评标的依据。

1．投标文件有下列情形之一的，由评标委员会初审后按废标处理：

（1）以他人的名义投标、串通投标、以行贿手段谋取中标或者以其他弄虚作假方式投标的；

（2）以低于成本报价竞标的；

（3）无单位盖章并无法定代表人或法定代表人授权的代理人签字或盖章的；

（4）未按规定的格式填写，内容不全或关键字迹模糊、无法辨认的；

（5）投标人递交两份或多份内容不同的投标文件，或在一份投标文件中对同一招标项目报有两个或多个报价，且未声明哪一个有效（按招标文件规定提交备选投标方案的除外）的；

（6）投标人名称或组织结构与资格预审时不一致的；

（7）未按招标文件要求提交投标保证金的；

（8）联合体投标未附联合体各方共同投标协议的；

（9）投标文件载明的招标项目完成期限超过招标文件规定的期限；

（10）明显不符合技术规格、技术标准的要求；

（11）投标文件附有招标人不能接受的条件；

（12）不符合招标文件中规定的其他实质性要求。

2．细微偏差不影响投标文件的有效性。

细微偏差是指投标文件在实质上响应招标文件要求，但在个别地方存在漏项或者提供了不完整的技术信息和数据等情况，并且补正这些遗漏或者不完整不会对其他投标人造成不公平的结果。细微偏差不影响投标文件的有效性。

评标委员会应当书面要求存在细微偏差的投标人在评标结束前予以补正。拒不补正的，在详细评审时可以对细微偏差作不利于该投标人的量化，量化标准应当在招标文件中规定。

评标委员会可以书面方式要求投标人对投标文件中含义不明确、对同类问题表述不一致或者有明显文字和计算错误的内容作必要的澄清、说明或补正。评标委员会不得向投标人提出带有暗示性或诱导性的问题，或向其明确投标文件中的遗漏和错误。

3. 评标委员会在对实质上响应招标文件要求的投标进行报价评估时，除招标文件另有约定外，应当进行如下修正：

用数字表示的数额与用文字表示的数额不一致时，以文字数额为准；单价与工程量的乘积与总价之间不一致时，以单价为准；若单价有明显的小数点错位，应以总价为准，并修改单价，调整后的报价经投标人确认后产生约束力；对不同文字文本投标文件的解释发生异议的，以中文文本为准。

4. 在评标过程中，评标委员会发现投标人的报价明显低于其他投标报价或者在设有标底时明显低于标底，使得其投标报价可能低于其个别成本的，应当要求该投标人做出书面说明并提供相关证明材料。投标人不能合理说明或者不能提供相关证明材料的，由评标委员会认定该投标人以低于成本报价竞标，其投标应作废标处理。

（二）详细评审

经初步评审合格的投标文件，评标委员会应当根据招标文件确定的评标标准和方法，对其技术部分和商务部分作进一步评审、比较。评标方法包括经评审的最低投标价法、综合评估法或者法律、行政法规允许的其他评标方法。

1. 采用经评审的最低投标价法。经评审的最低投标价法一般适用于具有通用技术、性能标准或者招标人对其技术、性能没有特殊要求的招标项目。评标委员会根据招标文件中规定的评标价格调整方法，对所有投标人的投标报价以及投标文件的商务部分作必要的价格调整。

根据经评审的最低投标价法，能够满足招标文件的实质性要求，并且经评审的最低投标价的投标，应当推荐为中标候选人。中标人的投标应当符合招标文件规定的技术要求和标准，但评标委员会无须对投标文件的技术部分进行价格折算。

详细评审后，评标委员会应当拟定一份“标价比较表”，连同书面评标报告提交招标人。

“标价比较表”应当载明投标人的投标报价、对商务偏差的价格调整和说明以及经评审的最终投标价。

2. 采用综合评估法。不宜采用经评审的最低投标价法的招标项目，一般应当采取综合评估法进行评审。根据综合评估法，最大限度地满足招标文件中规定的各项综合评价标准的投标，应当推荐为中标候选人。评估时可采用折算为货币的方法、打分法或其他方法。需要量化的因素及权重应当在招标文件中明确规定。

评审后，评标委员会应当拟定一份“综合评估比较表”，连同书面评标报告提交招标人。

“综合评估比较表”应当载明投标人的投标报价、所做的任何修正、对商务偏差的调整、对技术偏差的调整、对各评审因素的评估以及对每一投标的最终评审结果。

3. 其他考虑因素。对于投标人提交的优越于招标文件中技术标准的备选投标方案所产生的附加收益，不得考虑进评标价中。符合招标文件的基本技术要求且评标价最低或综合评分最高的投标人，其所提交的备选方案方可予以考虑。

招标人设有标底的，标底在评标中应当作为参考，但不得作为评标的唯一依据。

十一、定标

评标和定标应当在投标有效期结束日 30 个工作日前完成。不能在投标有效期结束日 30 个工作日前完成评标和定标的，招标人可以书面形式要求所有投标人延长投标有效期。投标人同意延长的，不得要求或被允许修改其投标文件的实质性内容，但应相应延长其投标保证金的有效期；投标人拒绝延长的，其投标失效，但投标人有权收回其投标保证金。因延长投标有效期造成投标人损失的，招标人应给予补偿，但因不可抗力需要延长投标有效期的除外。

（一）提交评标报告

评标委员会完成评标后，应向招标人提出书面评标报告，并抄送有关行政监督部门。评标报告应当如实记载以下内容：

（1）基本情况和数据表。

（2）评标委员会成员名单。

（3）开标记录。

（4）符合要求的投标一览表。

（5）废标情况说明。

（6）评标标准、评标方法或者评标因素一览表。

（7）经评审的价格或者评分比较一览表。

（8）经评审的投标人排序。

（9）推荐的中标候选人名单与签订合同前要处理的事宜。

（10）澄清、说明、补正事项纪要。

评标报告由评标委员会全体成员签字。对评标结论持有异议的评标委员会成员可以书面方式阐述其不同意见和理由。评标委员会成员拒绝在评标报告上签字且不陈述其不同意见和理由的，视为同意评标结论。评标委员会应当对此做出书面说明并记录在案。

（二）确定中标人

评标委员会提出书面评标报告，同时向招标人推荐中标候选人，候选人人数应当限定在1～3人，招标人一般应在15日内确定中标人，最迟应当在投标有效期结束日30个工作日前确定。

中标人的投标应满足下列条件之一：

（1）能够最大限度满足招标文件中规定的各项综合评价标准；

（2）能够满足招标文件的实质性要求，并且经评审的投标价格最低（投标价格低于成本的除外）。

（三）发布中标通知书

中标通知书由招标人发出，对招标人和中标人均具有法律效力。

十二、签订合同

招标人和中标人应当自中标通知书发出之日起30日内，按照招标文件和中标人的投标文件订立书面合同，招标人和中标人不得再行订立背离合同实质性内容的其他协议。

（一）签订合同的依据

签订合同的依据主要包括：

（1）《招标投标法》等有关法律法规。

（2）招标文件。

（3）中标人的投标文件。

（4）中标通知书。

招标人与中标人不得通过合同谈判改变原招标文件、投标文件的实质性内容，或含有与国家现行的法律法规相抵触的内容。

（二）其他事项

招标文件要求中标人提交履约保证金或者其他形式履约担保的，中标人应当提交；拒绝提交的，视为放弃中标项目。

招标人要求中标人提供履约保证金或其他形式履约担保的，招标人应当同时向中标人提供工程款支付担保。招标人不得擅自提高履约保证金，不得强制要求中标人垫付中标项目建设资金。

招标人无正当理由不与中标人签订合同，给中标人造成损失的，招标人应当给予赔偿。招标人与中标人签订合同后5个工作日内，应向中标人和未中标的投标人退还投标保证金。

案例4.（自编题）W自来水厂建设项目（以下简称W项目）使用国债资金，在确定招标方案时，招标人决定W项目自行招标，并采取邀请招标方式选择施工队伍，评标方法采用经评审的最低投标价法，招标人授权评标委员会直接确定中标人。在招标过程中发生了如下事件。

事件一：本次招标向A、B、C、D、E共5家潜在投标人发出邀请，A、B、D、E潜在投标人均在规定的时间内提交了投标文件，C潜在投标人没有提交投标文件。

事件二：在评标过程中，发现A投标人的投标文件没有按照招标文件规定的格式进行编制。

事件三：在评标过程中，发现D投标人的投标文件商务部分中有两处用大写表示的数额与用小写表示的数额不一致。

【问题】

1. W项目招标人是否必须进行招标？为什么？

2. W项目是否可以由招标人自行决定采用邀请招标的方式确定施工队伍？为什么？

3. 如何处理事件一至事件三，并简单陈述理由。

4. 评标委员会根据什么条件推荐中标候选人？招标人如何确定中标人？在什么条件下招标人可以依次确定排名第二、三的中标候选人为中标人？

【答案】

1. W项目招标人必须进行招标。因为W项目使用国债资金，属于全部或者部分使用国有资金投资或者国家融资的项目，其项目建设必须经过审批部门审批，其施工依法必须进行招标。

2. W项目可以采取邀请招标方式确定施工队伍，但是需要得到项目审批部门的批准。因为W项目使用国债资金，而全部使用国有资金投资或者国有资金投资占控股或者主导地位的并需要审批的工程建设项目如果采用邀请招标方式，按照规定应当得到项目审批部门的批准。

3. 事件一：W项目招标向A、B、C、D、E共5家潜在投标人发出邀请，是符合法律规定的。C潜在投标人没有在规定的时间内提交投标文件，属于没有响应招标邀请，不再参与竞争。

事件二：投标人应当按照招标文件的要求编制投标文件。A投标人的投标文件没有按照招标文件规定的格式进行编制，视为没有在实质上响应招标文件的要求，招标人对A招标文件应不予受理。

事件三：在评标过程中，发现D投标人的投标文件商务部分中，用数字表示的数额与用文字表示的数额不一致，这属于投标文件的细微偏差，不影响投标文件的有效性，评标委员会应当书面要求 D 投标人在评标结束前予以补正。

4.（1）中标人的投标必须符合下列条件之一：一是能够最大限度满足招标文件中规定的各项综合评价标准；二是能够满足招标文件的实质性要求，并且经评审的最低投标价格最低；但投标价格低于成本的除外。

（2）因 W 项目招标人授权评标委员会直接确定中标人，评标委员会应当确定排名第一的中标候选人为中标人。

（3）当排名第一的中标候选人放弃中标、因不可抗力提出不能履行合同，或者招标文件规定应当提交履约保证金而在规定的期限内未能提交的情况下，招标人可以确定排名第二的中标候选人为中标人。排名第二的中标候选人因前款规定的同样原因不能签订合同的，招标人可以确定排名第三的中标候选人为中标人。

【解析】第 1 问，根据《招标投标法》依法必须进行招标的项目，凡应报送项目审批部门审批的，招标人必须在报送的可行性研究报告中将招标范围、招标方式、招标组织形式等有关招标内容报项目审批部门核准。一定要熟悉工程项目施工招投标过程中的一些规定要求。

★相关知识点

施工招投标、货物招投标和咨询服务招投标的主要差异内容见表 3-1-5。

表 3-1-5　施工招投标、货物招投标和咨询服务招投标的区别

项　目	施工招投标	货物招投标	咨询服务招投标
原则	公开、公平、公正、诚实信用	除公开、公平、公正、诚实信用外，还包括质量保证原则、安全保证原则、进度保证原则、经济原则、国产化原则	公开、公平、公正、诚实信用
必须进行招标的项目： （1）关系社会公共利益、公众安全的基础设施项目； （2）关系社会公共利益、公众安全的公用事业项目； （3）使用国有资金投资项目； （4）国家融资项目； （5）使用国际组织或外国政府资金的项目； （6）项目总投资额在 3000 万元以上的	施工单项合同估算价在 200 万元人民币以上	重要设备、材料等货物的采购，单项合同估算价在 100 万元人民币以上	勘察、设计、监理等服务的采购，单项合同估算价在 50 万元人民币以上

续表 3-1-5

项　目	施工招投标	货物招投标	咨询服务招投标
招标资格	（1）自行招标应具备以下条件：①招标人已经依法成立；②初步设计及概算应当履行审批手续的，已经批准；③有相应资金或资金来源已经落实；④有招标所需的设计图纸及技术资料；⑤有编制招标文件和组织开标、评标、定标的能力；⑥有专门的施工招标组织机构和与工程规模、复杂程度相适应的工程技术、概预算、财务以及工程管理等方面的专业技术人员；⑦有从事同类工程施工招标的经验，并熟悉和掌握有关工程施工招标的法律、法规和规章； （2）委托招标：不具备自行招标条件的，可委托经批准具有相应资质的工程招标代理机构办理招标事宜	（1）自行招标：工程项目招标人对项目实行总承包招标时，未包括在总承包范围内的货物达到国家规定规模标准的，应当由工程建设项目招标人依法组织招标；工程项目招标人对项目实行总承包招标时，以暂估价形式包括在总承包范围内的货物达到国家规定规模标准的，应当由总承包中标人和工程建设项目招标人共同依法组织招标。双方当事人的风险和责任承担由合同约定； 自行招标应具备以下条件： ①招标人已经依法成立；②按照国家有关规定应当履行项目审批、核准或备案手续的，已经审批、核准或者备案；③有相应资金或者资金来源已经落实；④能够提出货物的使用与技术要求； （2）委托招标：可委托依法取得资质的招标代理机构承办招标代理业务	

续表 3-1-5

项　　目	施工招投标	货物招投标	咨询服务招投标
招标备案	招标人自行办理施工招标事宜的，应当在发布招标公告或者发出投标邀请书的 5 日前，向工程所在地县级以上地方人民政府建设行政监督部门备案，并报送下列材料： （1）按照国家有关规定办理审批手续的各项批准文件； （2）专门的施工招标组织机构和与工程规模、复杂程度相适应并具有同类工程施工招标经验、熟悉有关工程施工招标法律法规的工程技术、概预算及工程管理的专业人员的证明材料，包括专业技术人员的名单、职称证书或者执业资格证书及其工作经历的证明材料； （3）法律、法规、规章规定的其他材料	（1）凡应报送项目审批部门审批的，招标人应当在报送的可行性研究报告中将货物招标范围、招标方式、招标组织形式等有关招标内容报项目审批部门核准。项目审批部门应当将核准意见抄送有关行政监督部门； （2）企业投资项目申请政府安排财政性资金的，其招标内容由资金申请报告审批部门依法在批复中确定	
招标方式	（1）公开招标； （2）邀请招标：指由招标人根据供应商或承包商的资信和业绩，选择特定的、具备资格的法人或其他组织（不能少于3家），向其发出投标邀请书，邀请其参加投标，可进行邀请招标的情况： ①项目技术复杂或有特殊要求，或者受自然地域环境限制，只有少量潜在投标人可供选择的；	（1）公开招标； （2）邀请招标：可进行邀请招标的情况： ①货物技术复杂或有特殊要求，只有少量几家潜在投标人可供选择的； ②涉及国家安全、国家秘密或者抢险救灾，适宜招标但不宜公开招标的；	（1）公开招标； （2）邀请招标； （3）竞争性谈判； （4）单一来源采购

续表 3-1-5

项　　目	施工招投标	货物招投标	咨询服务招投标
招标方式	②涉及国家安全、国家秘密或者抢险救灾，适宜招标但不宜公开招标的； ③采用公开招标方式的费用占项目合同金额的比例过大； ④法律、法规规定不宜公开招标的	③拟公开招标的费用与项目的价值相比，不值得的； ④法律、行政法规规定不宜公开招标的	
资格审查	（1）资格预审：资格预审合格的投标申请人过多时，招标人可以从中选择不少于 7 家资格预审合格的投标申请人参加投标； （2）资格后审	（1）资格预审：资格预审合格的潜在投标人不足 3 个的，招标人应当重新进行资格预审； （2）资格后审	（1）资格预审； （2）资格后审
招标文件	包括： （1）投标须知； （2）招标工程的技术要求和设计图纸等设计文件； （3）采用工程量清单招标的，应当提供工程量清单； （4）投标文件的格式及附录； （5）拟签订合同的主要条款； （6）要求投标申请人提交的其他投标辅助材料	包括： （1）投标邀请书； （2）投标人须知，一般包括下列内容：①总则；②符合招标文件的声明；③技术说明；④货物采购单及其附件；⑤价格；⑥报价费用；⑦报价书的采用；⑧报价有效期；⑨报价截止日期；⑩招标文件澄清； （3）投标文件格式； （4）技术规格、参数及其他要求； （5）评标标准和方法； （6）合同主要条款	包括： （1）招标公告； （2）投标人须知； （3）委托服务范围； （4）拟签订的合同条款； （5）要求投标人提交的其他相关材料

续表 3-1-5

项　　目	施工招投标	货物招投标	咨询服务招投标
投标文件	包括： （1）投标函； （2）投标报价； （3）施工组织设计或者施工方案； （4）商务和技术偏差表； （5）招标文件要求提供的其他材料： ①拟派出的人员情况（包括项目负责人与主要技术人员的简历、业绩）和机械设备等情况； ②招标文件允许投标人提供替代方案的，投标人可以按照招标文件的要求提交替代方案，并作出相应的报价； ③投标人根据招标文件载明的项目实际情况，拟在中标后将中标项目的部分非主体、非关键性工作进行分包的，应当在投标文件中载明	包括： （1）投标函； （2）投标一览表； （3）技术性能参数的详细描述； （4）商务和技术偏差表； （5）投标保证金； （6）有关资格证明文件； （7）招标文件要求的其他内容	包括： （1）技术建议书； （2）财务建议书
投标担保	招标人可要求投标人提供投标担保，担保形式包括： （1）保证金（现金、保兑支票、银行汇票或现金支票）； （2）投标保函 担保金额一般不得超过项目估算价的 2%，最高不得超过 80 万元。投标保证金有效期应与投标有效期一致。投标人不按招标文件要求提交投标保证金的，该投标文件将被拒绝	招标人可要求投标人提供投标担保，担保形式包括： （1）保证金（现金、保兑支票、银行汇票或现金支票）； （2）投标保函 担保金额一般不得超过投标总价的 2%，但最高不得超过 80 万元人民币。有效期应当与投标有效期一致	招标人可要求投标人提供投标担保，担保形式包括： （1）保证金（现金、保兑支票、银行汇票或现金支票）； （2）投标保函 担保金额和期限应符合招标文件要求

续表 3-1-5

项　　目	施工招投标	货物招投标	咨询服务招投标
投标文件送达	依法必须进行施工招标的项目提交投标文件的投标人少于 3 个的，招标人在分析招标失败的原因并采取相应措施后，应当依法重新招标。重新招标后投标人仍少于3个的，属于必须审批核准的工程建设项目，报经原审批核准部门审批，核准后可以不再进行招标；其他工程建设项目，招标人可自行决定不再进行招标	提交投标文件的投标人少于 3 个的，招标人应当依法重新招标。重新招标后投标人仍少于 3 个的，必须招标的工程建设项目，报有关行政监督部门备案后可以不再进行招标，或者对两家合格投标人进行开标和评标	—
主要评标方法	（1）经评审的最低投标价法，适用于具有通用技术、性能标准或者招标人对其技术、性能没有特殊要求的招标项目； （2）综合评估法，适用于不宜采用经评审的最低投标价法的招标项目； （3）其他	（1）经评审的最低投标价法，适用于技术简单或技术规格、性能、制作工艺要求统一的货物，但最低投标价不得低于成本； （2）综合评估法，适用于技术复杂或技术规格、性能、制作工艺要求难以统一的货物	（1）质量成本法，适用于委托服务范围明确、专业技术不太复杂、咨询服务成本容易计算的咨询服务项目； （2）质量评估法，适用于技术复杂、专业性强、特别强调咨询成果质量的项目； （3）固定预算评估法，适用于费用预算准确、固定的常规性咨询服务项目； （4）经评审的最低评标价法，适用于有惯例和通用标准，且风险低、技术简单的咨询服务项目
合同签订	招标人要求中标人提交履约保证金或者其他形式履约担保的，招标人应当同时向中标人提供工程款支付担保。招标人不得擅自提高履约保证金，不得强制要求中标人垫付中标项目建设资金	履约保证金金额一般为中标合同价的 10% 以内，招标人不得擅自提高履约保证金	履约担保应符合招标文件要求

第二章　工程项目进度管理

核心考点

- 网络图绘制
- 关键路线法
- 工期优化和资源优化
- S形曲线比较法

复习指导

本章是第三科目的重点内容，也是近年考试的出题重点，进度管理和优化是工程项目管理的核心内容之一，对常用方法要熟练掌握。需要注意的是，考虑到考试的时间特点，网络图的复习过程中对于图形标示的工作要素，包括工作顺序、持续时间等，以及关键路线法的应用要特别重视，而对于如何绘图不用花太多时间。往往是结合费用管理、风险管理出综合考题。

历年考题情况见表3-2-1。

表3-2-1　历年考题情况

年份	考核方式	考核知识点
2008年	网络进度计划的调整，关键线路的确定，项目工期的确定	网络进度计划时间参数
2009年	网络进度计划的调整，工期的计算	网络进度计划时间参数
2011年	总工期的变化	网络进度计划时间参数
2012年	资源有限——工期最短的优化方法	进度计划的优化

题·解析

案例1.（2009年真题）某工程项目合同工期为89天，网络进度计划如图3-2-1所示。其中，B、E、K、I四项工作均为土方工程，需安排同一台土方施工机械先后顺序施工，土方工程量分别估算为1100m^3、2300m^3、1600m^3和800m^3，土方综合单价为18元/m^3。合同中规定，土方工程量减少不超过原估算工程量的20%时，按原约定价格计价；减少量超出20%时，全部土方工程量按19元/m^3计价。

在工程按计划进行16天后，业主要求取消K项工作。施工单位据此调整了网络进度计划。在完成E工作和F工作后，咨询工程师重新估算了后续的G、H、I、J四项工作的持续时间，如表3-2-2所示。

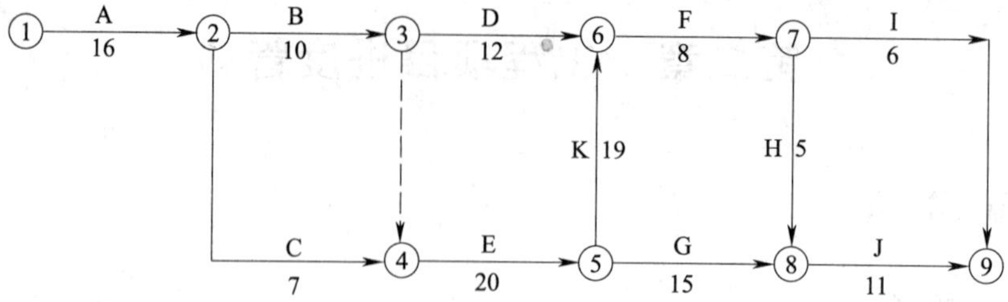

图 3-2-1 网络进度计划图

表 3-2-2 G、H、I、J 工作持续时间估算表

工　作	G			H			I			J		
预计持续时间（天）	13	15	18	4	5	6	4	6	7	9	11	14
可能性（%）	10	60	30	5	80	15	25	60	15	10	70	20

【问题】

1. 按照图 3-2-1 所示的网络进度计划，顺序完成 B—E—K—I 工作，施工机械在现场的闲置时间为多少天？

2. 取消 K 工作后，土方工程的总费用应为多少？

3. 取消 K 工作后，网络进度计划应如何调整？调整后的总工期为多少天？

4. 根据咨询工程师的估算，在 E 工作和 F 工作按计划完成后，该项目的期望工期为多少天？给出计算过程和理由。

【答案】

1. 8 天。

用标号法确定网络计划的关键线路为 A—B—E—K—F—H—J，如图 3-2-2 所示用双箭线表示。B、E、K 三项工作为关键工作，之间没有时差；而要顺序完成 B—E—K—I 工作，K 与 I 之间存在 F 工作，F 工作持续时间为 8 天，所以施工机械需要在现场闲置 8 天。

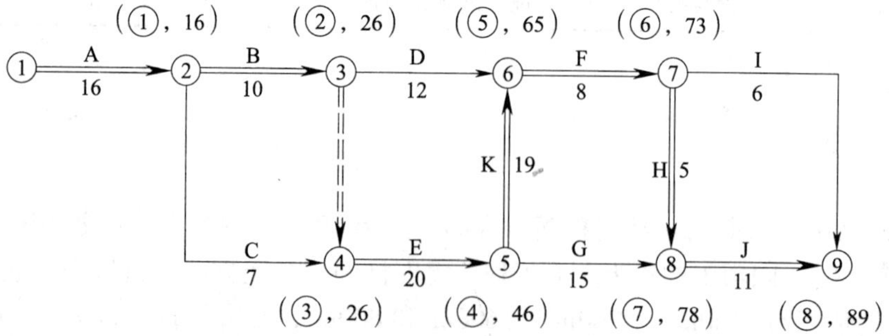

图 3-2-2 网络进度计划图（一）

2. 原土方工程量 = 1100 + 2300 + 1600 + 800 = 5800（m^3）

取消 K 工作后，土方工程量变为 4200m^3，减少了 1600 ÷ 5800 = 27.59%，减少量超过 20%，按规定应按 19 元/m^3计价，所以：

土方工程的总费用 = 4200 × 19 = 79800（元）

3.（1）取消 K 工作后的网络进度计划如下：

需要在 E、I 工作之间加虚工作，以满足题目所说顺序施工 B—E—I 工作，见图 3-2-3。

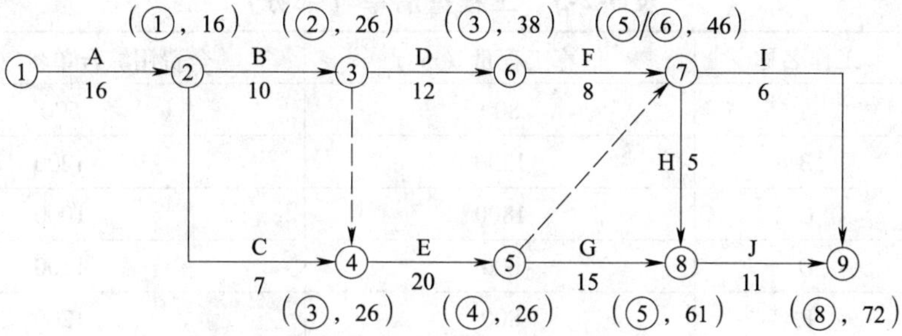

图 3-2-3　网络进度计划图（二）

或者如图 3-2-4 所示。

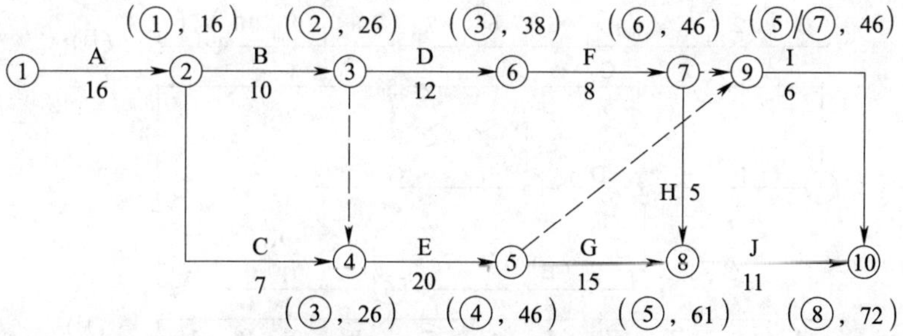

图 3-2-4　网络进度计划图（三）

（2）用标号法计算，调整后的总工期为 72 天。如图 3-2-4 所示。

4.（1）完成 E 工作和 F 工作，工程正好用时 46 天。

（2）随后的 G、H、I、J 四项工作的持续时间：

G 工作持续时间 = 13 × 10% + 15 × 60% + 18 × 30% = 15.7（天）

H 工作持续时间 = 4 × 5% + 5 × 80% + 6 × 15% = 5.1（天）

I 工作持续时间 = 4 × 25% + 6 × 60% + 7 × 15% = 5.65（天）

J 工作持续时间 = 9 × 10% + 11 × 70% + 14 × 20% = 11.4（天）

（3）调整后网络计划的关键线路是 A—B—E—G—J，所以该项目的期望时间 = 46 + 15.7 + 11.4 = 73.1（天）。

【解析】本题核心是考查对关键路径法的掌握。考生在看到题目的时候要马上想到关键路径法这个知识点，其他的按照题目要求顺序寻找题干信息逐项完成即可，不要因为乍一看题目没想到是什么知识点而影响考试的心态，比如第 4 小问，问项目的期望工期是多少天，这在教材中是没有直接类似的内容的，但实际上问到期望值只涉及概率（也即题干的可能性）和变量，题干中有明显的信息数据，直接计算就可以，千万不要纠结于这个内容应该属于项目管理的哪个知识点。

案例 2. （2011 年真题）某工程项目业主与施工单位于 2009 年 12 月按《建设工程施工合同（示范文本）》签订了施工合同，合同工期为 11 个月，2010 年 1 月 1 日开工。合同约定的部分工作的工程量清单见表 3-2-3，工程进度款按月结算，并按项目所在地工程造价指数进行调整（此外没有其他调价条款）。

表 3-2-3　工程量清单（部分）

序号	工作名称	估算工程量（m^3）	全费用综合单价（元/m^3）
1	A	800	500
2	B	1200	1200
3	C	1800	1000
4	D	600	1100
5	E	800	1200

施工单位编制的施工进度时标网络计划见图 3-2-5。该项目的各项工作均按最早开始时间安排，且各项工作均按匀速施工。2010 年 1 月至 5 月工程造价指数见表 3-2-4。

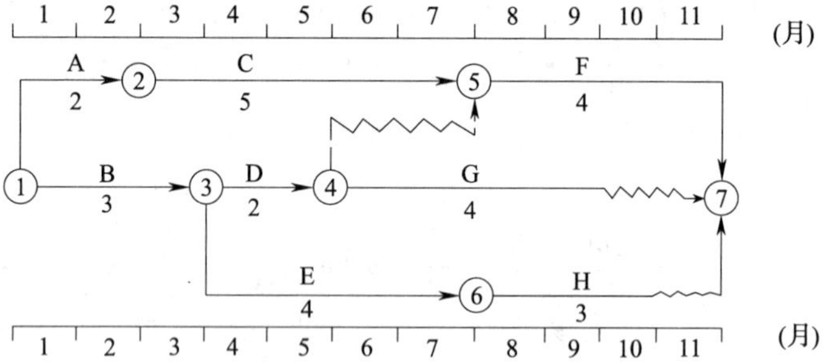

图 3-2-5　施工进度时标网络计划

表 3-2-4　2010 年 1 月至 5 月工程造价指数

时　　间	1 月	2 月	3 月	4 月	5 月
工程造价指数	1.00	1.05	1.15	1.10	1.20

工程施工过程中，发生如下事件：

事件 1：A 工作因设计变更，增加工程量，经工程师确认的实际完成工程量为 840m^3，工作持续时间未变。

事件 2：B 工作施工时遇到不可预见的异常恶劣气候，造成施工单位的施工机械损坏，修理费用 2 万元：施工人员窝工损失 0.8 万元，其他损失费用忽略不计，工作时间延长 1 个月。

事件 3：C 工作施工时发现地下文物，导致 C 工作的工作时间延长 1 个月，施工单位自有设备闲置 180 个台班（台班单价为 300 元/台班，台班折旧费为 100 元/台班）。施工单位对文物现场进行保护，产生费用 0.5 万元。

【问题】

1. 分析上述事件发生后 C、D、E 工作的实际进度对总工期的影响，并说明理由。

2. 施工单位是否可以就事件2、3提出费用索赔？如果不可以索赔，说明理由。如果可以索赔，说明理由并计算可索赔多少费用。

3. 截止到第5个月末，施工单位可以得到的工程款合计为多少万元？

【答案】

1. 根据时标网络计划，该项目的关键工作是A、C、F。

（1）C工作会导致项目总工期延长，变为12个月。理由：因C工作是关键工作，工作时间的变化会影响总工期。

（2）B工作延长1个月导致D工作晚开工1个月，对项目总工期没有影响。理由：通过时间参数计算，D工作有2个月的总时差，其晚开工1个月对总工期没有影响。

（3）B工作延长1个月导致E工作晚开工1个月，对项目总工期没有影响。理由：通过时间参数计算，E工作有1个月的总时差，其晚开工1个月对总工期没有影响。

2. 可以索赔，理由：事件2、3中异常恶劣的气候条件和发现地下文物是施工单位无法预见到的，因此而导致的费用增加施工单位可以索赔。

事件2可索赔费用 $=2+0.8=2.8$（万元）

事件3可索赔费用 $=180$（台班）$\times100$ 元/台班 $+0.5=2.3$（万元）

可索赔费用总额 $=2.8+2.3=5.1$（万元）

3. 截至第5个月末，A、B工作完成，C工作完成3个月工程量，D、E工作各完成1个月工程量，则：

1月工程款 $=\dfrac{840}{2}\times500+\dfrac{1200}{4}\times1200=57$（万元）

2月工程款 $=\left(\dfrac{840}{2}\times500+\dfrac{1200}{4}\times1200\right)\times1.05=59.85$（万元）

3月工程款 $=\left(\dfrac{1200}{4}\times1200+\dfrac{1800}{6}\times1000\right)\times1.15=75.9$（万元）

4月工程款 $=\left(\dfrac{1200}{4}\times1200+\dfrac{1800}{6}\times1000\right)\times1.10=72.6$（万元）

5月工程款 $=\left(\dfrac{1800}{6}\times1000+\dfrac{600}{2}\times1100+\dfrac{800}{4}\times1200\right)\times1.20=104.4$（万元）

工程款合计为 $(57+59.85+75.9+72.6+104.4)=369.75$（万元）

【解析】本题考查工程项目的合同索赔管理，以及工程项目进度管理中的关键路线法、双代号时标网络图、工程费用计算等几个知识点。合同索赔管理虽然没有在大纲中明确出现，但考查的点是较容易判断的内容，没有过分增加题目难度；另外，从双代号时标网络图上可以直接得出关键工作和各工作的总时差，相对比较简单；需要注意的是关于机械设备闲置的索赔费用，应采用台班折旧费计算，而不是台班单价。解答本题的时候，应该充分利用自己在日常生活学习中掌握的基本逻辑进行辅助判断，同时对于题干信息要有分析能力。

★相关知识点

一、工程项目的合同索赔管理

（一）合同索赔概念

合同当事人在合同实施过程中，根据法律、合同规定及惯例，对并非由于自己的过错，而是属于应由合同对方承担责任且实际发生了损失，向对方提出补偿的要求。

（二）常见索赔内容

1. 承包商向业主的索赔：

（1）不利的自然条件与人为障碍引起的索赔；

（2）工程变更引起的索赔；

（3）工期延期的费用索赔，包括：

①承包商要求延长工期；

②因非承包商原因导致工程延期而造成的损失，承包商要求赔偿；

（4）加速施工费用的索赔；

（5）业主不正当终止工程而引起的索赔；

（6）物价上涨引起的索赔；

（7）法律、货币及汇率变化引起的索赔；

（8）拖延支付工程款的索赔；

（9）不可抗力的后果。

2. 业主向承包商的索赔：

（1）工期延误索赔；

（2）质量不满足合同要求索赔；

（3）承包商不履行的保险费用索赔；

（4）对超额利润的索赔；

（5）对指定分包商的付款索赔；

（6）业主合理终止合同或承包商不正当地放弃工程的索赔。

二、工作顺序安排的方法

（一）双代号绘图法

双代号绘图法（ADM）就是利用箭线表示工作而在节点处将工作连接起来表示依赖关系的一种绘制项目网络图的方法。这种方法也叫箭线工作法（AOA）。

1. 双代号网络图的组成要素。

（1）工作（活动、作业或工序）。项目的工作用箭线来表示，工作的名称写在箭线的上面，完成工作所需要的时间写在箭线的下面，箭尾表示工作的开始，箭头表示工作的结束。圆圈中的两个号码可代表这项工作的名称。项目的工作通常可以分为表3-2-5所示三种。

表3-2-5　项目的工作

标示方法	是否需要消耗时间	是否需要消耗资源
————————→	是	是
—·—·—→	是	否
- - - - - - - - →	否	否

其中，既不消耗时间也不消耗资源的称为虚工作，用虚箭线表示，是人为的虚设工作，只表示相邻前后工作之间的逻辑关系。

（2）节点（结点或事件）。箭线的出发和交汇处画上圆圈用来表示节点，节点标志着工作的结束和开始的瞬间，起着连接工作的作用。

（3）紧前工作、紧后工作和平行工作见表3-2-6。

表3-2-6　紧前工作、紧后工作和平行工作

紧前工作	相对于某工作而言，紧排在该工作之前的工作称为该工作的紧前工作
紧后工作	相对于某工作而言，紧排在该工作之后的工作称为该工作的紧后工作
平行工作	相对于某工作而言，可以与该工作同时进行的工作即为该工作的平行工作

2. 双代号网络图的绘制原则：

（1）除多目标网络计划外，网络图应只有一个起点节点和一个终点节点。

（2）网络图中所有节点都必须编号，且箭尾节点的代号应小于箭头节点的代号。

（3）在网络图中不允许出现重复编号的节点。每条箭线只能代表一项工作，不允许代表多项工作。

（4）网络图中不允许出现没有箭尾节点的箭线或没有箭头节点的箭线。

（5）严禁在箭线上引入或引出箭线。

（6）应尽量避免网络图中工作箭线的交叉。当交叉不可避免时，可以采用过桥法或指向法处理。

（7）网络图中不允许出现从一个节点出发、顺箭线方向又回到原出发点的循环回路。

（8）网络图中的箭线应保持自左向右的方向，不应出现箭头向左或偏向左方的箭线。若遵循该规则绘制网络图，就不会出现循环回路。

（9）网络图必须按照已定的逻辑关系绘制。

（二）双代号时标网络图法

双代号时标网络图是指以水平时间坐标为尺度绘制的网络计划，通过水平标尺使双代号网络图中代表工作的箭线可以用长度标示工作时间，既能标明计划的时间过程，又能在图上显示出各项工作开始和完成的时间、关键线路和关键工作所具有的时差。

时标单位可以是小时、天、周、月、季、年等，应根据需要在编制网络计划之前确定。

1. 双代号时标网络计划图的表示方法。主要工作要素的表示方法同双代号网络图一致，区别主要体现在以下几点：

（1）在时标网络计划中，以实箭线表示工作，实箭线的水平投影长度表示该工作的持续时间。

（2）以虚箭线表示虚工作，由于虚工作的持续时间零，因此虚工作只能垂直安排，也就是说虚箭线只能垂直画。

（3）以波形线表示工作与其紧后工作之间的时间间隔（以终点节点为完成节点的工作除外，当计划工期等于计算工期时，这些工作箭线中波形线的水平投影长度表示其自由时差）。

2. 时标网络图的绘制方法。时标网络图应按项目各项工作的最早开始时间编制，从左往右顺序推进项目工作，因此，不能出现从右向左的逆向箭线，各项目工作应尽量往左靠。

一般先绘制无时标的网络计划草图，然后按间接绘制法或直接绘制法绘制时标网络图。

（1）间接绘制法。即先根据无时标的网络计划草图计算其时间参数并确定关键线路，然后在时标网络计划表中进行绘制。其绘制步骤是先将所有节点按其最早时间定位在时标网络计划表中的相应位置，然后再用规定线型（实箭线和虚箭线）按比例绘出工作和虚工作，当某些工作箭线的长度不足以达到该工作的完成节点时，须用波形线补足，箭头应画在与该工作完成节点的连接处。

（2）直接绘制法。直接绘制法是指，在不计算时间参数的情况下，直接按无时标的网络计划草图绘制时标网络计划。

三、进度计划优化的方法

（一）关键路线法

关键路线法是计划中工作与工作之间的逻辑关系肯定，且每项工作只估计一个肯定的持续时间的网络计划方法。

1. 相关概念。

（1）工作持续时间（D_{ij}）。工作持续时间是指一项工作从开始到完成的时间。

（2）工期。泛指完成一项任务所需要的时间。在网络计划中，工期一般有三种，见表3-2-7。

表3-2-7 工 期

计算工期 T_c	根据网络计划时间参数计算而得到的工期
要求工期 T_r	任务委托人所提出的指令性工期
计划工期 T_p	根据要求工期和计算工期所确定的作为实施目标的工期

①当已规定了要求工期时，计划工期不应超过要求工期，即 $T_p \leqslant T_r$。

②当未规定要求工期时，可令计划工期等于计算工期，即 $T_p = T_r$。

（3）关键线路。在关键线路法（CPM）中，线路上所有工作的持续时间之和称为该线路的总持续时间。总持续时间最长的线路称作关键线路（在项目工作不多的情况下，可以根据这个方法来确定关键线路）。关键线路的长度就是网络计划的总工期。

在网络计划中关键线路可能不止一条，而且在网络计划执行过程中，关键线路还会发生转移。

（4）关键工作。位于关键线路上的工作称为关键工作。在网络计划的实施过程中，关键工作的实际进度提前或拖后，均会对总工期产生影响。因此，关键工作的实际进度是进度控制中的重点。

2. 网络图中的六个时间参数：

（1）最早开始时间 ES_{ij}（Earliest Start Time）：是指在其所有紧前工作全部完成后，本工作有可能开始的最早时刻。

（2）最早完成时间 EF_{ij}（Earliest Finish Time）：是指在其所有紧前工作全部完成后，本工作有可能完成的最早时刻，$EF_{ij} = ES_{ij} + D_{ij}$。

（3）最迟开始时间 LS_{ij}（Latest Start Time）：是指在不影响整个任务按期完成的前提下，本工作必须开始的最迟时刻，$LS_{ij} = LF_{ij} - D_{ij}$。

（4）最迟完成时间 LF_{ij}（Latest Finish Time）：指在不影响整个任务按期完成的前提下，本工作必须完成的最迟时刻。

（5）总时差 TF_{ij}（Total Float Time）：指在不影响总工期的前提下，本工作可以利用的机动时间。

（6）自由时差 EF_{ij}（Free Float Time）：指在不影响其紧后工作最早开始时间的前提下，本工作可以利用的机动时间。

在网络计划中，总时差最小的工作为关键工作。特别地，当网络计划的计划工期等于计算工期时，总时差为零的工作就是关键工作。由于工作的自由时差是总时差的构成部分，所以，当工作的总时差为零时，其自由时差必然为零，即关键工作：

$$\begin{cases} TF_{ij} = 0 \\ FF_{ij} = 0 \end{cases}$$

3. 关键路线法的计算步骤。

（1）计算工作的最早时间。从左向右逐项工作进行计算。先定计划的开始时间，起始节点一般取相对时间为第 0 天，则第一项工作的最早开始时间为第 0 天，将它与第一项工作的持续时间相加，即为该工作的最早完成时间；逐项进行计算，一直算到最后一项工作，其最早完成时间即为该计划的计算工期。

（2）确定网络计划的计划工期。如果项目的总工期没有特殊的规定，一般取项目的计划工期为计算工期。

（3）计算工作的最迟时间。从右向左逐项进行计算。先定计划工期，最后一项工作的完成时间即为所定的计划工期时间，将它与其持续时间相减，即为最后一项工作的最迟开始时间；逆方向逐项进行计算，一直算到第一项工作。

（4）计算工作的总时差。每一工作的最迟时间与最早时间之差，即为该工作的总时差。

（5）计算工作的自由时差。某一工作的自由时差为其紧后工作的最早开始时间最小值减去本工作的最早完成时间。

（6）将各参数按规定标至网络图上。

（7）找出总时差为零的工作为关键工作，将这些关键工作首尾相连在一起即为关键线路，一般用粗箭线或双箭线表示。

以上计算可以在网络图上直接进行，称为图上计算法。

（二）工期优化

1. 工期优化。工期优化也就是在一定条件下尽可能压缩工期，使工期最短满足要求的优化过程。一般通过压缩关键工作的持续时间，从而缩短关键路线持续时间，达到压缩工期的目的，计算步骤：

（1）计算网络计划中的时间参数，并找出关键线路和关键工作。

（2）按要求工期计算应缩短的时间。

$$\Delta T = T_c - T_r$$

式中：T_c——网络计划的计算工期；

T_r——要求工期。

（3）逐项确定各关键工作能缩短的持续时间。

（4）选择应缩短持续时间的关键工作，将其持续时间压至最短，并重新计算网络计划的计算工期和关键线路。若被压缩的工作变成非关键工作，则应延长其持续时间，使之仍为关键工作。选择应缩短的关键工作时一般遵循以下原则：

①缩短持续时间对质量和安全影响不大的工作。

②有充足备用资源的工作。

③缩短持续时间增加费用最少的工作。

（5）若计算工期仍超过要求工期，则重复上述（2）~（4）步骤，直到满足工期要求或工期已不能再缩短为止。

（6）当所有关键工作的持续时间都已达到其能缩短的极限而工期仍不满足要求时，应对计划的原技术、组织方案进行调整或对要求工期重新审定。

2. 费用优化。费用优化并不是单纯的只压缩项目费用，而是在满足要求的最短工期要求的基础上寻求最低成本，因此又叫工期成本优化。

一般把工程费用分为直接费和间接费两个部分，见表3-2-8。

表3-2-8 工程费用的组成

工程费用	费用内容	费用与工期的关系
直接费用	人工费、材料费、施工机械使用费等	反比，即为了缩短工期，必须加大资源投入，从而导致直接费用增加
间接费用	企业管理费等	正比，即工期缩短间接费用减少

由于每缩短一个单位的工期（如日、周、月等）导致的直接费用的增加量和间接费用的减少量是不一致的，因此，总能找到总费用最少的工期，达到费用优化的目标，此时得到的项目工期称为最优工期。

因此，费用优化的基本思路是从网络计划的各工作持续时间和费用的关系中，依次找出每缩短一单位工期增加的直接费用最少的工作，不断地缩短其持续时间，同时考虑其间接费用叠加，即可求出工程总费用最低时的最优工期和工期指定时相应的最低费用。计算步骤：

（1）按工作的正常持续时间确定计算工期和关键线路。

（2）计算各项工作的直接费用率，即一项工作每缩短一个单位时间所需增加的直接费。它等于最短时间直接费和正常时间直接费之差，再除以正常持续时间与最短持续时间之差的商值，即：

$$\Delta C_{i-j} = \frac{CC_{i-j} - CN_{i-j}}{DN_{i-j} - DC_{i-j}}$$

式中：ΔC_{i-j}——工作 $i-j$ 的直接费用率；

CC_{i-j}——工作 $i-j$ 持续时间为最短时间时所需的直接费用；

CN_{i-j}——工作 $i-j$ 持续时间为正常时间时所需的直接费用；

DN_{i-j}——工作 $i-j$ 的正常持续时间；

DC_{i-j}——工作 $i-j$ 的最短持续时间。

（3）确定间接费率。间接费用率是指一项工作间接费用率是指一项工作每缩短一个单位时间所减少的间接费。工作 $i-j$ 的间接费率表示为 ΔC_{i-j}，它一般都是由各单位根据工作的实际情况而加以确定的。

（4）计算工程总费用。

（5）确定缩短持续时间的关键工作。当只有一条关键线路时，应找出直接费用率最小的一项关键工作，作为缩短持续时间的对象；当有多条关键线路时，应找出组合直接费用率最小的一组关键工作，作为缩短持续时间的对象。

（6）确定持续时间的缩短值。判断原则是：缩短时间的工作不得变为非关键工作，其持续时间也不能小于其最短持续时间。

（7）计算关键工作持续时间缩短后增加的总费用。

$$C_t = C_{t+\Delta t} + \Delta t(\Delta C_{i-j} - \Delta CI_{i-j})$$

式中：C_t——将工期缩至 t 时的总费用；

$C_{t+\Delta t}$——工期为 $t+\Delta t$ 时的总费用；

Δt——工期缩短值；

ΔC_{i-j}——缩短持续时间工作的直接费用率；

ΔCI_{i-j}——缩短持续时间工作的间接费用率。

（8）重复上述（5）～（6）步骤，直至计算工期满足要求工期或总费用不可降低为止。

（9）计算优化后的工程总费用。

3．资源优化。项目投入的资源包括人力、材料、动力、设备、机具、资金等，资源的有限性是约束项目建设的主要因素，因此，在编制进度计划时一定要以现有的资源条件为基础，通过改变工作的开始时间，使资源按时间的分布符合优化目标。

资源优化包括两类，即资源有限—工期最短的优化及工期固定—资源均衡的优化。

（1）资源有限—工期最短的优化。即在满足资源限制条件的前提下，通过调整工作计划安排并使工期延长最少。

调整步骤：

①计算网络计划每天资源需用量。

②从计划开始日期起，逐日检查每天资源需用量是否超过资源限量，如果在整个工期内每天均能满足资源限量的要求，优化方案就编制完成，否则必须进行计划调整。

③调整网络计划。对资源冲突的诸项工作做新的顺序安排。顺序安排的选择标准是工期延长的时间最短；延长的工期等于

$$\Delta T_{m-n,i-j} = EF_{m-n} - LS_{i-j}$$

式中：$\Delta T_{m-n,i-j}$——将工作 $i-j$ 安排在工作 $m-n$ 之后进行时网络计划的工期延长值；

EF_{m-n}——工作 $m-n$ 的最早完成时间；

LS_{i-j}——工作 $i-j$ 的最迟开始时间。

④重复以上步骤，直至出现优化方案为止。

（2）工期固定—资源均衡的优化。即在保持工期不变的条件下，调整项目工作计划安排使资源需用量尽可能均衡的过程。

①方差（σ^2）或标准差（σ）评价资源均衡性

判别方式：方差值越小越均衡。

基本思路：用网络计划所得到的局部时差改善进度计划的安排，使资源动态曲线的方差值减到最小，从而达到均衡的目的。

方差和标准差计算公式：

$\sigma^2=\frac{1}{T}\sum_{t=1}^{T}(R_t-R_m)^2$，展开计算后得到：$\sigma^2=\frac{1}{T}\sum_{t=1}^{T}R_t^2-R_m^2$

标准差：

$$\sigma=\sqrt{\frac{1}{T}\sum_{t=1}^{T}R_t^2-R_m^2}$$

②因为工期是固定的，所以求 σ^2 或 σ 的最小值问题只能在各工作总时差范围内调整其开始和结束时间，从而找出使 σ^2 或 σ 为最小的优化方案。

四、进度控制的基本方法

（一）S 形曲线比较法

S 形曲线比较法就是利用时间（横轴）和工作量完成百分比（纵轴）组成的坐标空间，用时点对应的累计工程量（计划累计工程量和实际累计工程量）标示工程的计划进度和实际进度曲线，从而进行进度比较控制的方法。

（二）S 形曲线法的作用

项目实施过程中，每隔一段时间就应将实际进展情况绘制在原计划的三 S 形曲线上进行直观比较（见图 3-2-6）。

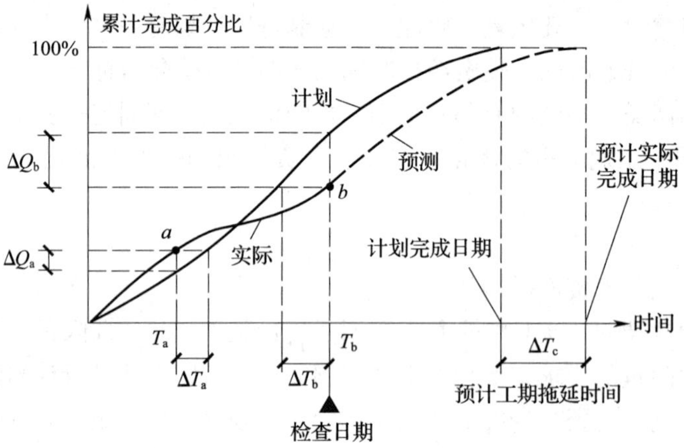

图 3-2-6 S 形曲线示意

通过比较可以获得如下信息：

（1）实际进度与计划进度的比较。若工程实际进展点落在原计划 S 形曲线左侧，图 3-2-6 中的 *a* 点，则表示此刻实际进度比计划进度超前；若落在右侧，图 3-2-6 中的 *b* 点，则表示拖后；若刚好落在其上，则表示实际进度和计划进度一致。

（2）实际进度比计划进度超前或拖后的时间。ΔT_a 表示 T_a 时刻实际进度超前的时间，ΔT_b 表示 T_b 时刻实际进度拖后的时间。

（3）实际进度比计划进度超前或拖后的任务量。

（4）后续工程进度预测。若后期工程按原计划速度进行，则总工期拖延的预测值为 ΔT_c。

第三章 费用管理方法

核心考点

- ◆ S形曲线绘制法
- ◆ 赢得值法

复习指导

本章是项目管理的重点内容，也是出题重点之一，应当熟练掌握常用的费用管理方法，特别是赢得值法的参数、思路和应用，这部分内容容易与项目进度管理结合出题，复习过程中要特别注意对方法的理解掌握。历年考题情况见表3-3-1。

表3-3-1 历年考题情况

年份	考核方式	考核知识点
2012年	计算进度偏差和费用偏差	赢得值法

题·解析

案例1.（自编题）某工程咨询公司参加一项亚行咨询服务项目的投标，通过评标委员会基于质量和费用的评标方法的评审后，该咨询公司中标，与委托方签订了咨询服务合同。

项目组在工作正式启动前，编制了工作进度网络计划（各工作均按最早时间安排，见图3-3-1）和咨询工作时间及费用表（见表3-3-2）。

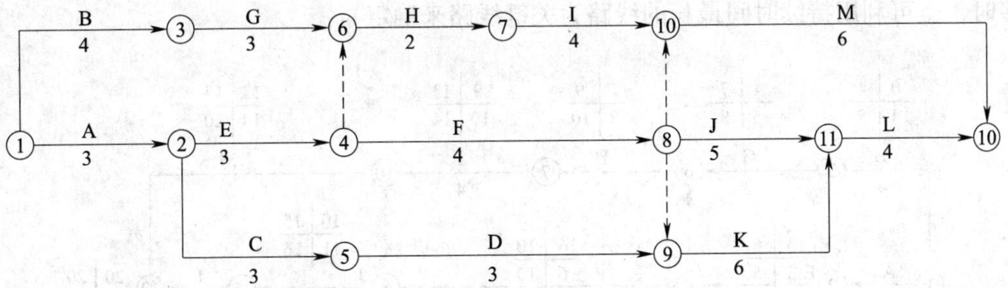

图3-3-1 项目工作进度网络计划

表3-3-2 咨询工作时间及费用表

工作名称	A	B	C	D	E	F	G	H	I	J	K	L	M
持续时间（周）	3	4	3	3	3	4	3	2	4	5	6	4	6
费用（万元）	1.0	1.2	0.8	1.6	2.4	4.0	2.2	1.0	2.8	1.9	3.0	2.3	2.5

实际咨询服务过程中工作完成进度检查情况如下：

1. 当咨询非服务工作进行到第 9 周末时，检查发现 A、B、C、E、G 工作均全部完成，D、F 和 H 三项工作实际完成的资金用量分别为 1.6 万元、1 万元和 0.5 万元，且前 9 周各项工作的实际支出费用均与计划支出费用相符（支出费用与完成工作量成正比例）。

2. 当咨询服务工作进行到第 15 周末时，统计的咨询工作完成情况如图 3-3-2 所示。

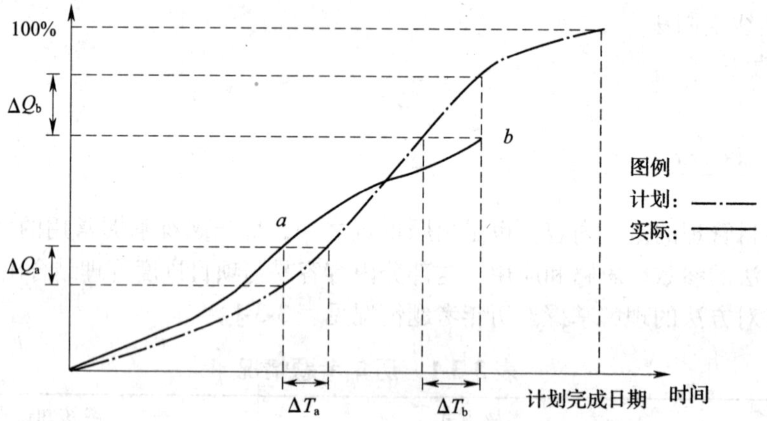

图 3-3-2 咨询工作完成情况

【问题】

1. 该咨询工作计划的完成时间为多少周？为保证合同按期完成，应重点控制哪些关键工作？

2. 分析第 9 周末的费用偏差（列出计算过程），并分析 D、H、F 工作的进度偏差。该咨询合同能否按期完成？简述理由。

3. 说明图 3-3-2 中 a、b 两点对应的 ΔQ 和 ΔT 的含义。

【答案】

1.（1）应用双代号网路图计算时间参数，确定关键工作，见图 3-3-3（当工作数不是很多时，也可利用持续时间最长的线路为关键线路来确定）。

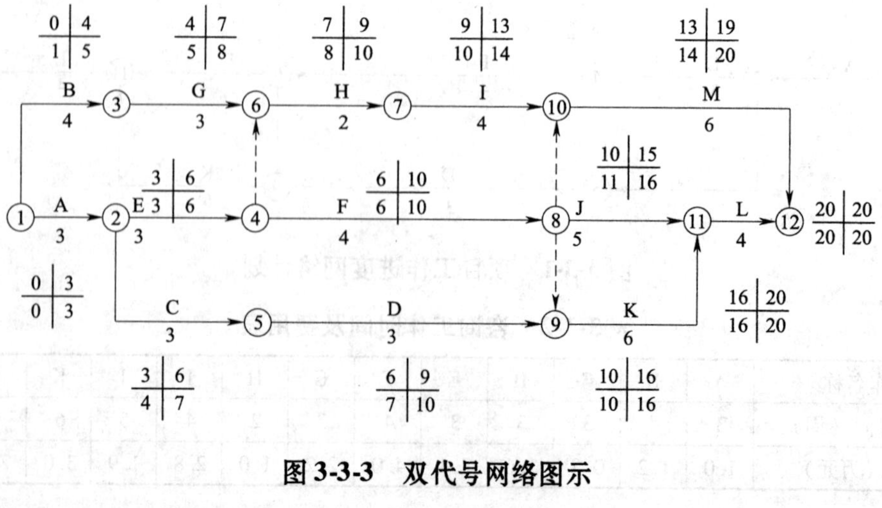

图 3-3-3 双代号网络图示

根据图 3-3-3，该咨询工作计划的完成时间为 20 周。

（2）根据上下参数相同即为关键工作可得，为保证合同按期完成，应重点控制网络图中的关键工作，即 A、E、F、K、L 工作。

2.（1）因为支出费用与完成工作量成正比，所以费用不分已完工程和计划工程（题干有专门说明，注意此类题干信息）。

第 9 周末按计划应是完成工作 A、B、C、D、E、G、H，F 完成 3/4；

第 9 周末计划费用 = 1.0 + 1.2 + 0.8 + 2.4 + 2.2 + 1.6 + 3.0 + 1.0 = 13.2（万元）；

第 9 周末实际费用 = 1.0 + 1.2 + 0.8 + 2.4 + 2.2 + 1.6 + 1.0 + 0.5 = 10.7（万元）；

费用偏差 = 13.2 − 10.7 = 2.5（万元）。

（2）工作 D 的进度偏差 = 计划 − 实际 = 1.6 − 1.6 = 0，说明 D 工作全部按期完成；

工作 H 的进度偏差 = 1.0 − 0.5 = 0.5（万元），说明 H 工作完成了一半，比预期要拖延一周；

工作 F 的进度偏差 = 4.0 − 1.0 = 3.0（万元），说明还剩 3/4 未完成，只完成了 1 周的工作量，比预期要拖延 2 周。

（3）根据以上分析可以判断，该咨询工作不能按期完成。工作 H 虽然拖延 1 周，但是它有 1 周的总时差，所以总工期不变；而工作 F 是关键工作，拖延 2 周则影响总工期也拖延 2 周。

3. 在 a 点，实际工作进度比计划超前了 ΔT_a，累计工作量比计划超前完成了 ΔQ_a；

在 b 点，实际工作进度比计划推迟了 ΔT_b，累计工作量比计划拖延了 ΔQ_b。

题例 2.（2007 年真题，2008 年以前的教材较目前有非常大的差异，这里只作为出现过的考点的体现，不做解析，答案也以旧教材为准）世界银行某咨询工服务项目通过公开招标方式择优选择咨询单位。最终 A 咨询公司中标，咨询服务合同工期为 17 周。

项目经理编制了咨询服务进度计划，如图 3-3-4所示。

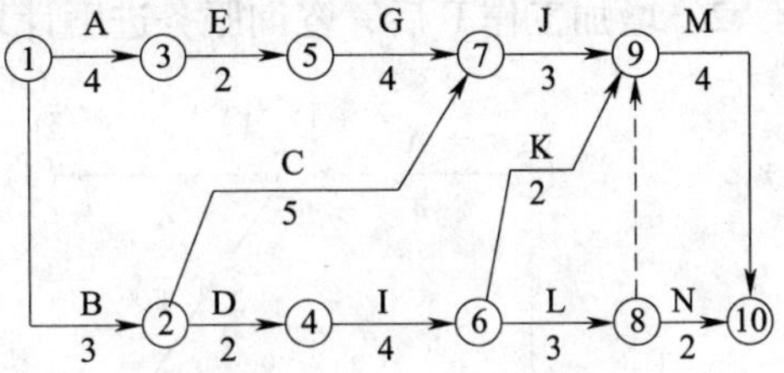

图 3-3-4　咨询服务进度计划

由于 A、I、J 工作均为现场考察，项目组织安排甲专业咨询工程师按 A—I—J 顺序通过实地考察完成，并相应调整了咨询服务进度计划。

调整后的咨询服务进度计划执行 2 周后，委托方提出增加一项新的 F 工作。根据咨询工作内容的要求，F 工作必须安排在 A 工作完成之后开始，并在 I 工作开始之前完成。经过项目经理确认，F 工作的持续时间为 3 周。

该计划执行到第 15 周末时检查发现，项目拟完工作计划费用为 13 万元，已完工作计划费用为 10 万元，已完工作实际费用为 11 万元。

【问题】

1. 为使甲专业咨询工程师按 A—I—J 顺序工作，咨询服务进度计划应如何调整？调整后的咨询服务进度计划能否满足咨询合同的工期要求？甲专业工程师在现场考察的窝工时间为多少周？

2. 确定增加 F 工作后咨询服务进度计划的计算工期和关键线路。

3. 分析该项目第 15 周末的进度偏差和费用偏差。

【答案】

1.（1）需要安排虚工作才能使甲工程师按 A—I—J 顺序工作，调整进度计划如下图（也可以不画图，直接用文字描述，如在 A 工作之后、I 工作之前增加一项虚工作③—④等）：

（2）计算调整后的咨询服务进度计划的计算工期可以利用双代号网络图的时间参数计算方法，也可以用枚举法或简单标号法。简单标号法相对简单些，只计算最早开始时间和最早结束时间，每个节点上标注“（节点号，最早完成时间）”，其中节点号为紧前工作中最早结束时间最大的工作的箭头节点，如图 3-3-5 所示。

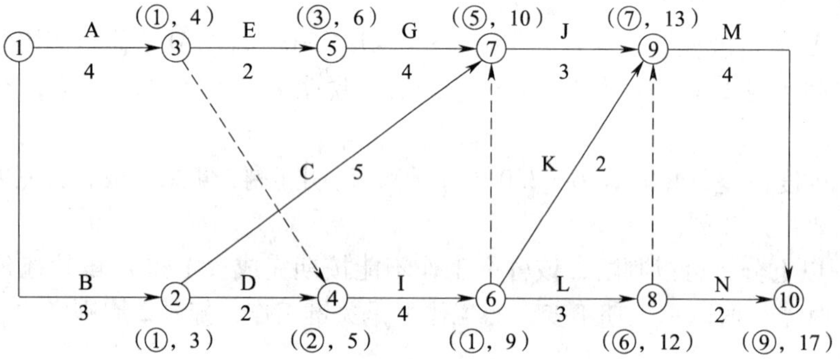

图 3-3-5　咨询服务进度计划一

由图 3-3-5 可以计算得到调整后的工期仍然为 17 周，满足合同工期要求。

（3）甲专业咨询工程师按 A—I—J 顺序在现场考察，工作线路为 A—I—J—M，根据标号法（上图），A 之后 I，自由时差为 1 周；I 之后 J，自由时差有 1 周，所以共计总时差为 2 周。

2. 增加工作 F 后，咨询服务进度计划调整如图 3-3-6，利用标号法计算：

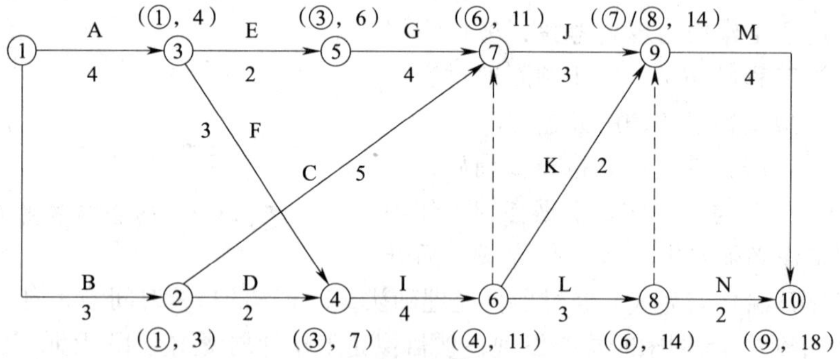

图 3-3-6　咨询服务进度计划二

由标号法计算可以得出，增加工作 F 后，咨询服务总工期延长到 18 周。关键路线为 A—F—I—J—M 或 A—F—I—L—M。

3. 第 15 周末：

进度偏差 = 已完工作预算费用 - 计划工作预算费用 = 10 - 13 = -3（万元），说明工作拖延了 3 万元的工程量；

费用偏差 = 已完工作预算费用 - 已完工作实际费用 = 10 - 11 = -1（万元）；说明费用超支了1万元。

★相关知识点

一、时间 - 费用累积曲线

第二章的S形曲线比较法同样可以用来绘制时间 - 费用累积曲线，也就是在费用（纵轴）和时间（横轴）标识的空间中，用S形来标识费用情况（计划费用和实际费用），从而进行费用管理。

时间 - 费用累积曲线的绘制步骤包括：

（1）确定工程项目进度计划，编制进度计划的横道图（或时标网络图）。

（2）根据每单位时间内完成的实物工程量或投入的人力、物力和财力，计算单位时间（月或旬）的费用，在横道图上按时间编制费用支出计划。

（3）计算规定时间 t 计划累计完成的费用额，其计算方法为：各单位时间计划完成的费用额累加求和，可按下式计算：

$$Q_t = \sum_{n=1}^{t} q_n$$

式中：Q_t——时间 t 计划累计完成费用额；

q_n——单位时间 n 的计划完成费用额；

t——规定时间。

（4）按各规定时间 Q_t 的值，绘制S形曲线。

二、赢得值法

在结合了S形曲线法进行进度控制和时间 - 费用累积曲线法进行费用控制的基础上，进一步发展了赢得值法作为工程项目费用控制的主要方法。赢得值法利用三个基本费用参数进行费用、进度的综合分析控制，可以克服过去进度和费用分开控制的缺点，定量地判断进度和费用的执行效果。

（一）三个基本参数

1. 已完工作预算费用（Budgeted Cost for Work Performed，*BCWP*）。指在某一时间已经完成的工作（或部分工作），以批准认可的预算为标准所需要的资金总额（即已完成工作对应的预算费用）。业主正是根据这个值为承包商完成的工作量支付相应的费用。

$$BCWP = \text{已完成工作量} \times \text{预算单价}$$

2. 计划工作预算费用（Budgeted Cost for Work Scheduled，*BCWS*）。指根据进度计划，在某一时刻应当完成的工作（或部分工作），以预算为标准所需要的资金总额（即计划完成共组的预算费用）。一般来说，除非合同有变更，BCWS在工作实施过程中应保持不变。

$$BCWS = \text{计划工作量} \times \text{预算单价}$$

3. 已完工作实际费用（Actual Cost for Work Performed，*ACWP*）。指到某一时刻为止，已完成的工作（或部分工作）所实际花费的总金额。

$$ACWP = \text{已完成工作量} \times \text{实际单价}$$

（二）四个评价指标

1. 费用偏差 *CV*（Cost Variance）。

费用偏差（*CV*）= 已完工作预算费用（*BCWP*）- 已完工作实际费用（*ACWP*）

当 $CV<0$ 时，表示项目运行超出预算费用；当费用偏差 $CV>0$ 为正值时，表示项目运行节支，实际费用没有超出预算费用。

2. 进度偏差 SV（Schedule Variance）。

进度偏差（SV）= 已完工作预算费用（$BCWP$）- 计划工作预算费用（$BCWS$）

当 $SV<0$ 时，表示进度延误，即实际进度落后于计划进度；当 $SV>0$ 时，表示进度提前，即实际进度快于计划进度。

3. 费用绩效指数 CPI。

费用绩效指数（CPI）= 已完工作预算费用（$BCWP$）/ 已完工作实际费用（$ACWP$）

当 $CPI<1$ 时，表示超支，即实际费用高于预算费用；

当 $CPI>1$ 时，表示节支，即实际费用低于预算费用。

4. 进度绩效指数 SPI。

进度绩效指数（SPI）= 已完工作预算费用（$BCWP$）/ 计划工作预算费用（$BCWS$）

当 $SPI<1$ 时，表示进度延误，即实际进度比计划进度拖后；

当 $SPI>1$ 时，表示进度提前，即实际进度比计划进度快。

费用（进度）偏差（CV、SV）反映的是绝对偏差，有助于费用管理人员了解项目费用出现偏差的绝对数额，并采取一定措施，制定或调整费用支出计划和资金筹措计划。但是，绝对偏差有其局限性，无法反映偏差的严重程度，因此，发展出了费用（进度）绩效指数（CPI、SPI）用于反映项目费用和进度的偏差程度。

总体而言，费用（进度）偏差（CV、SV）仅适合于对同一项目作偏差分析，而费用（进度）绩效指数（CPI、SPI）反映的是相对偏差，不受项目层次的限制，也不受项目实施时间的限制，因而在同一项目和不同项目比较中均可采用。

（三）偏差分析表达法

偏差分析常用的方法主要包括横道图法、表格法和曲线法。

1. 横道图法。即用不同的横道标识已完工作预算费用、计划工作预算费用和已完工作实际费用，横道的长度与其金额成正比。

优点：形象、直观、一目了然等，能准确表达出费用的绝对偏差；

缺点：反映的信息量少，一般在项目的较高管理层应用。

2. 表格法。该法是最常用的一种方法，将项目编号、名称、各费用参数以及费用偏差数综合归纳入一张表格中，并且直接在表格中进行比较。

优点：灵活、适用性强；信息量大，能综合地了解并处理数据；可借助计算机处理大量数据，既节约人力又提高速度。

3. 曲线法。在一个时间（横轴）和费用或百分比（纵轴）组成的坐标空间中，绘制 $BCWP$、$BCWS$、$ACWP$ 三个基本参数的三条曲线，如图 3-3-7 所示，从中可以得到：

（1）$CV=BCWP-ACWP$。比较已完工作的预算费用和实际费用，从而得到已完工作的费用偏差。图中表示项目运行超出预算费用。

（2）$SV=BCWP-BCWS$。比较实际完成工作的预算费用和计划应完成工作的预算费用，从而得到按预算费用计算的进度偏差。

（3）采用赢得值法进行费用和进度综合控制，还可以根据当前的进度和费用偏差情况，通过原因分析，对趋势进行预测，预测项目结束时的进度和费用情况。

①*BAC*（Budget At Completion）——项目完工预算，是编计划时预计的项目完工费用。

②*EAC*（Estimate At Completion）——预测的项目完工估算，是计划执行过程中根据当前的进度和费用偏差情况预测的项目完工总费用。

③*ACV*（At Completion Variance）——预测项目完工时的费用偏差。

$$ACV = BAC - EAC$$

④ΔH 表示预测完工时间与计划完工时间的差额。

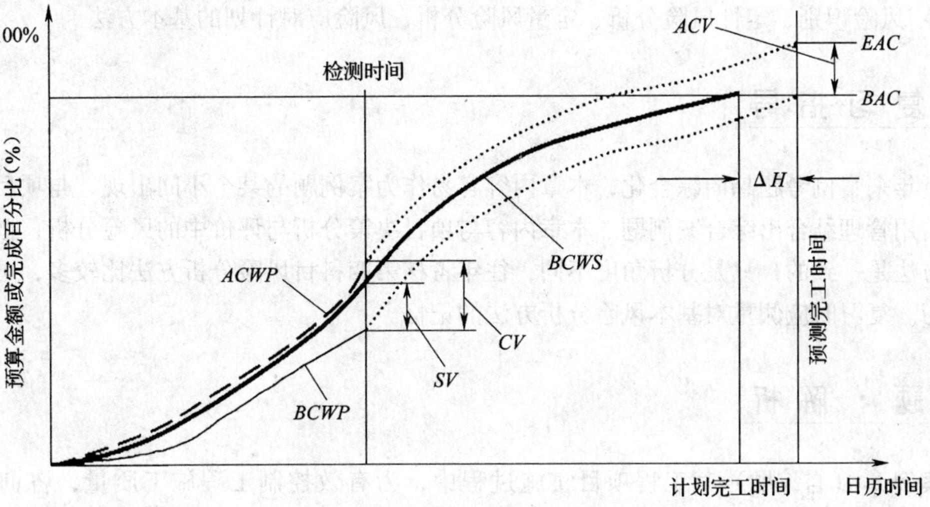

图 3-3-7　赢得值法评价曲线

第四章　工程项目风险管理

核 心 考 点

◆ 工程项目风险管理的基本任务

◆ 风险识别、定性风险分析、定量风险分析、风险应对计划的基本方法

复 习 指 导

近年来案例考题趋向综合化，本章内容容易作为案例题的某个小问出现，与项目进度管理和费用管理结合出综合案例题。本章内容与项目决策分析与评价中的风险分析，概念、原理、方法是一致的，只是分析角度不同，往年考核第四科目风险分析方法比较多，可结合起来复习。复习时应侧重对基本风险分析方法的记忆。

题 · 解 析

案例 1.（自编题）某工程项目实施过程中，为有效控制工程施工质量，咨询工程师对其中的并行工作 A－C－D－F 进行了初步风险分析，风险对项目工作产生的影响见表 3-4-1。

表 3-4-1　风险对项目产生的影响

工 作 名 称	A	C	D	F
质量事故发生的可能性（%）	16	30	40	14
质量事故的损失量（万元）	5	18	45	70
质量事故使工作持续时间预计延长值（月）	0.5	0.5	1.5	2

【问题】 计算该项目的质量事故损失量的期望值。

【答案】

该项目质量事故损失量的期望值

$=5\times16\%+18\times30\%+45\times40\%+70\times14\%$

$=34$（万元）

【解析】 考核的是风险量的概念。明确风险发生的概率和风险事件发生对项目产生的影响，求它们的乘积之和即可，计算简单，关键是理解风险量的含义。

★相关知识点

一、工程项目的风险因素及风险事件

（一）工程项目风险分类（见表 3-4-2）

表 3-4-2　工程项目风险分类

技术性风险	设计技术风险、施工技术风险、生产工艺及其他风险
非技术性风险	自然环境风险、政治法律风险、经济风险、组织协调风险、合同风险、人员风险、材料及设备风险等

（二）风险事件

风险事件指的是任何影响项目目标实现的可能发生的事件，由一种或几种风险因素相互作用而发生。

风险事件的发生具有不确定性，这种不确定性表现在两个方面，一是是否发生，二是风险事件发生对项目目标实现的所造成的影响也是不确定的，只是一种潜在的损失或收益。

二、风险管理基本概念

（一）工程项目风险管理的目标

风险管理是对项目风险进行识别、分析和应对的全过程，以实现活动主体总目标的科学管理。风险管理在掌握有关资料、数据的基础上，对风险进行分析，运用各种管理方法和技术手段对项目活动的风险进行有效的控制。

项目风险管理的目标是：

1. 使项目获得成功。

2. 为项目实施创造安全的环境。

3. 降低工程费用或使项目投资不突破限度。

4. 减少环境或内部对项目的干扰，保证项目按计划有节奏地进行，使项目实施时始终处于良好的受控状态。

5. 保证项目质量。

6. 使竣工项目的效益稳定。

风险管理是一种主动控制的手段，它最主要的目标就是使项目的三大目标，即成本、质量、工期能够得以实现。

（二）工程项目风险管理的基本任务

一般由项目经理牵头组织风险管理领导小组，配备若干风险管理专职人员，建立风险管理体系，制订风险管理计划，不断地监控风险发生的可能性。

其基本任务是：

1. 建立风险管理体系，明确风险管理制度和风险管理办法。

2. 识别风险来源和风险状况。

3. 分析风险，评估风险影响或损失程度。

4. 制订风险对策和风险应对计划，估算风险应对成本，确定风险等级和处理权限。

5. 对风险进行监测和控制。

6. 确定投保范围，进行保险管理。

7. 落实安全与卫生措施。

三、风险识别

（一）概念

风险识别包括确定风险的来源和风险产生的条件，描述风险特征和确定哪些风险会对本项目产生影响，是项目风险管理中最重要的环节。

风险识别的参与者应尽可能包括：项目队伍、风险管理小组、来自公司其他部门的某一问题专家、客户、最终使用者、其他项目经理、项目相关者、外界专家等。

（二）风险识别的基本步骤

1. 在调查研究的基础上列出初步风险清单。根据企业对过去项目管理的历史资料整理，也包括搜集同类项目、同地区项目的档案资料或者其他公开资料，包括商业数据库、学术研究、行业标准、规章制度等，然后结合本项目的特点，列出初步风险清单。

2. 对列入清单的风险进行分析评价。初步风险清单列出后，要对产生这些风险的源泉、促成风险产生的条件、风险发生概率、风险影响面和危害程度进行分析评价。

3. 在风险分析评价的基础上，对各项风险进行分类排队。为了对不同类型的风险采取不同的对策和措施，需要对风险进行分类排队。一般可以从不同的角度进行分类，如按影响程度分类以便确定管理的重点；按可能发生的概率的时段和部门分类，以利于有关部门加强风险管理；也可以按风险处理途径分类等。

（三）风险识别的基本方法

风险识别的基础在于对项目风险的分解，并需要进一步判断是哪些风险因素、在何种条件下、以何种方式导致风险的发生。

1. 项目风险的分解途径。项目风险的分解就是根据项目风险的相互关系将其分解成若干个子系统，而且分解的程度足以使人们较为容易地识别出项目的风险，使风险识别具有较好的准确性、完整性和系统性。

主要途径包括：

（1）目标维。按项目目标进行分解，即考虑影响项目费用、进度、质量和安全目标实现的风险。

（2）时间维。按项目建设的阶段分解，即考虑工程项目进展不同阶段的不同风险。

（3）结构维。按项目结构组成分解，同时相关技术群也能按其并列或相互支持的关系进行分解。

（4）环境维。按项目与其所在环境的关系分解。这里的环境指的是自然环境和社会、政治、军事、社会心理等非自然环境中一切同项目建设有关的联系。

（5）因素维。按项目风险因素的分类分解。

需要注意的是风险分解往往需要几种方法的结合使用，通常采用的组合方式是时间维、目标维和因素维的组合。

2. 几种风险识别方法。

（1）文件审查。对项目文件（包括计划、假设、以前项目档案和其他信息）进行系统和结构性的审查。

项目计划的质量，各个计划之间以及计划与项目需求和假设之间的一致性，都可能是项目的风险指标。

（2）信息采集技术，主要有以下几种方法：

①头脑风暴法。通过会议的方式，在一位主持人的推动下，促使与会人员产生许多有关项目风险的想法，最终得到一份项目风险的综合清单。

②德尔菲技术。即通过问卷调查，达成专家一致意见的方法。该技术有助于减少数据中的偏移，并防止任何个人对结果造成不当的影响。

③访谈。访问有经验的项目参与者、有关当事人或专题事务专家可以识别风险。访谈是收集风险识别数据的主要方法之一。

④根本原因识别。这是对项目风险的本质原因的调查，加强了风险的定义并且能够按照成因给风险分组。如果找出了风险的根源，就可以制订有效的风险应对措施。

⑤SWOT 分析（优势、弱点、机会与威胁）。利用 SWOT 分析模型，从四个角度对项目进行审议，以扩大所考虑风险的广度。

（3）核对表分析。风险识别所用的核对表可以根据历史资料、以往类似项目所积累的知识以及其他信息来源为基础制订。风险分解结构的最底层可以作为风险核对表使用。

主要优点：风险识别过程迅速简便；

主要缺点：所制订的核对表有其局限性，应该注意探讨核准表上未列出的事项。

（4）假设分析。假设分析是一种把假设用于项目时检验假设有效性的工具，从假设的错误、矛盾或不完整当中识别项目风险。

（5）图形技术。图形技术首先要建立一个工程项目的总流程图与各分流程图，它们要展示项目实施的全部活动。流程图可用网络图来表示，也可利用 WBS（工作分解结构）来表示。

其他图形技术包括：

①因果分析图。也称“鱼刺图”或“石川图”，用于确定风险的起因。

②影响图。是一种图解表示问题的方法，反映了变量和结果之间因果关系的相互作用、事件的时间顺序及其他关系。

四、定性风险分析

（一）概念

定性风险分析是利用已识别风险的发生概率、风险发生对项目目标的影响以及其他因素，例如时间框架和项目费用、进度、范围、质量等制约条件的承受度，对已识别风险的优先级进行评价。定性风险分析一般是一种为风险应对计划建立优先级的快捷、有效的方法，也为定量风险分析奠定基础。

（二）风险量和风险坐标

风险识别只是对项目风险的初步认识，还需要进一步掌握风险量、各种不同规模的损失出现的概率等信息。

1. 风险量。风险量是衡量风险大小的一个变量，可被定义为：

$$R=f(p,q)$$

式中：R——风险量；

p——风险事件可能发生的概率；

q——风险事件发生对项目目标的影响（损失量）。

风险量的确定能为选择处理项目风险的方式提供所需信息。但是，风险量的量化具有很大主观性，受到人的评价标准以及对于风险事件发生的预测能力和对其后果的控制能力的影响。

2. 风险坐标。风险坐标是描述风险量大小的一种形象方法，它分别以风险的两个特征值——p、q 为纵、横坐标，如图 3-4-1 所示。

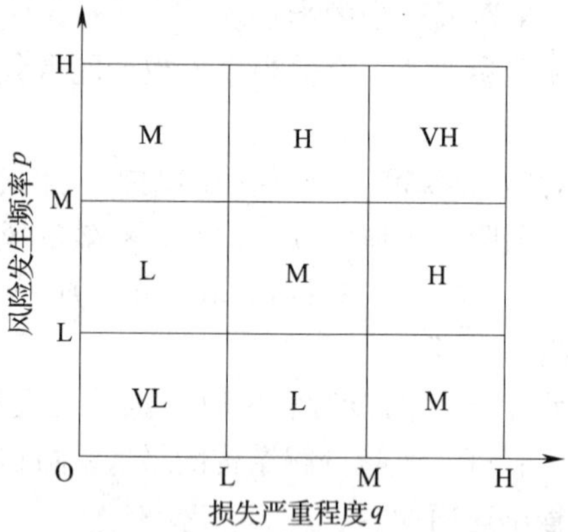

图 3-4-1 风险坐标

将风险的发生概率及其后果描述为极高（VH）、高（H）、中（M）、低（L）、极低（VL）5 级。

风险的这两个维度适用于描述具体的风险事件，可以帮助我们甄别出那些需要强有力地加以控制与管理的风险，但不适用于描述项目整体。

（三）定性风险分析的方法

1. 风险概率和影响评价。风险概率即每个具体风险发生的可能性；风险影响评价研究风险对项目工期、费用、范围或质量目标的可能影响，既包括威胁的消极影响，也包括机会的积极影响。

通常采用访谈或开会的方式评价风险概率和影响，访谈和开会需要尽可能包括风险参与者、项目团队成员、相关专业人士等，同时也需要有经验丰富的主持人引导讨论过程。

根据风险管理体系文件中的定义对风险概率和影响确定等级，那些明显很低的风险不需要确定等级，而放在观察清单中用于以后的监测。

2. 概率和影响矩阵。根据风险概率和影响的组合结果，可以列出概率和影响矩阵，通过矩阵将风险分成低（概率低且危害低）、中（概率和危害均为中等）、高（概率高且危害高）三个等级，从而得出风险分级结果，这个结果为进一步的定量分析和风险应对排出了优先排序，同时，也帮助指导风险应对措施的制订，通常优先处理高风险，低风险则只需放入观察清单以备监测。

概率和影响矩阵一般根据组织的偏好，可以使用描述性术语或使用数值表示。

3. 风险数据质量评价。包括检查人们对风险的了解程度，以及风险数据的质量、精确性、可靠性和完整性。

4. 风险分类方法。包括按照风险来源（利用风险分解矩阵）分类、受影响的项目部位（使用工作分解结构）分类或其他分类办法（如项目阶段）分类，从而确定项目中最易受不确定性影响的领域。

5. 风险紧迫性评价。可以把近期需要采取应对措施的风险视为更迫切的风险。评价风险紧迫性的指标可以包括采取一种风险应对措施的时间、风险征兆、预警信号和风险等级。

（四）定性风险分析的结果

定性风险分析的结果是产生更新的风险名单，包括：

1. 项目风险的相对排序或优先级名单。

2. 按种类分组的风险。

3. 需要在近期才去应对措施的风险清单。

4. 需要补充分析和应对的风险清单。

5. 低优先级风险观察清单。

6. 定性风险分析结果中的趋势。

五、定量风险分析

（一）概念

定量风险分析是对通过定性风险分析排出优先顺序的风险进行量化分析。定量风险分析一般在定性风险分析之后进行，有的风险经理在风险识别之后直接进行定量分析。

定量风险分析一般应当在确定风险应对计划之后再次进行，以确定项目总风险是否已经减少到满意。重复进行定量风险分析反映出来的趋势可以指出需要增加还是减少风险管理措施，是风险应对计划的一项依据，并作为风险监测和控制的组成部分。

（二）定量风险分析的方法

1. 数据收集和表示技术。

（1）访谈。通过专家访谈对风险概率及其对项目目标的影响进行量化。例如对有些常用的分布，会搜集乐观（低）、悲观（高）与最可能情况的相关资料，而对其他分布，则会搜集平均值和标准差的资料。

（2）概率分布。风险事件发生的概率和概率分布是风险分析的基础。连续概率分布表现活动的持续时间和费用数值的不确定性、离散分布可以用来表现不确定事件，如测试结果的某种可能选项。

2. 定量风险分析与建模技术。

（1）灵敏度分析。灵敏度分析帮助确定项目对哪些风险因素反应最灵敏。它研究当把所有其他不确定因素都保持在基准值的条件下，某个项目元素的不确定性对正被考察的目标的影响程度。灵敏度分析最常用的显示方式是龙卷风图，它有助于了解具有高不确定性的变量对于更稳定变量的相对重要性。

（2）期望值分析。期望值（EMV）是一个统计概念，用于计算未来事件发生或不发生的可能性（即不确定状态下的分析）的平均结果。机会的期望值一般表示为正值，而风险的期望值表示为负值。期望值是通过将每个可能结果的值与其发生概率相乘，再把它们相加起来计算的。一个常用用途是用于决策树分析。

（3）建模和模拟。项目模拟利用一个模型将详细规定的项目不确定性换算成它们对项目目标的可能影响。项目模拟一般采用蒙特卡洛技术。对于费用风险分析，模拟可用传统的项目工作分解结构或费用分解结构作为模型；对于进度风险分析，可以使用单代号网络图（PDM）进度计划。

（三）定量风险分析的结果

在定性风险分析的基础上产生进一步更新的风险清单，包括：

1. 项目的概率分析。

2. 实现费用和时间目标的概率。

3. 已量化的风险优先清单。

4. 定量风险分析结果中的趋势。

六、制订风险应对计划

（一）概念

风险应对计划是确定增加对项目目标的机会以及减少对项目目标的危害的措施。风险应对计划在定性风险分析和定量风险分析之后进行，它确认和指定一个或多个人（风险应对措施的所有人）承担已商定且已得到资金的风险应对措施的责任。

风险应对计划根据风险的优先级处理风险，在需要时将资源和活动加入到预算、进度计划和项目管理计划中。所计划的风险应对措施必须与风险的重要性相符，通常需要从几个方案中选择一项最佳的风险应对措施。

（二）制订风险应对计划的方法

1. 消极风险或危害的应对策略。

（1）回避。回避风险包括改变项目管理计划以消除有害风险造成的危害，使项目目标不受风险的影响。一些在项目早期出现的风险可以通过澄清需求、取得信息、改善沟通或获取专门技术来避免。

（2）转移。风险转移需要将威胁的消极影响连同应对的权利转给一个第三方。转移风险实际上只是把风险管理的责任给了另一方，而并非将其消除。转移风险几乎总是伴随着向承担风险的一方支付风险费用。

常用的措施有：①转移债务是处理财务风险的最有效方法；②利用合同将特定风险的责任转移给另一方；③使用保险、履约保证（金）、保证和担保等。

（3）减轻。风险减轻指的是提前采取措施把不利风险事件的概率和影响，单独或一起降低到一个可以接受的程度。如采用不太复杂的工艺、进行更多的测试、选择比较稳定的供货商等。

2. 积极风险或机会的应对策略。

（1）利用。在组织希望确保某个机会得以实现的情况下，可以为那些有积极影响的风险选择这个策略。直接利用措施包括为了缩短完成时间或得到高于原计划的质量，给项目分配更多有能力的人员。

（2）分享。分享一个积极风险就是将风险的所有权分配给最有能力抓住对项目有利的机会的第三方，分享的实例包括组建风险分享的合伙契约、团队、带有特殊目的公司或为处理风险的特殊目的建立的联合体。

（3）增加。这个策略往往是单独或一起增加概率和积极影响，或通过识别这些有积极影响风险的关键促成因素，而使机会最大化。

3. 同时应对危害和机会的策略。同时应对危害和机会的策略是接受。

采用这一策略的原因是很少有可能消除项目的所有风险。这种策略预示项目团队已经决定不为处置某个风险而改变项目计划，或者无法找到任何其他应对良策。这个策略可以是被动的也可以是主动的，被动地接受不需要采取任何行动，当危害或机会出现时让项目团队去处理它们；最常用的主动接受策略是建立一项不可预见事件储备，包括一定的时间、资金或资源，用于处理已知或只是有时可能的未知危害或机会。

4. 应急应对策略。对于有些风险，项目团队可以制订一个只在某些预定条件下才执行的应对计划，这样做的前提条件是相信有实施这个计划需要的足够的预警信息。

七、风险监测与控制

项目应对计划中的应对措施要得以执行，需要连续地监测项目工作，以及时发现新风险和变化着的风险。

（一）概念

风险监测与控制的过程是识别、分析和预测新风险，保持对已识别风险和“观察清单”中的风险的跟踪，重新分析现存的风险，监测不可预见事件的引发条件，监测残留风险，评审风险应对策略的实施效果。

（二）风险监测与控制的方法

1. 风险再评价。
2. 风险审核。
3. 偏差和趋势分析。
4. 技术绩效测定。
5. 储备分析。
6. 状况检查会。

第四科目 项目决策分析与评价

第一章 市场分析与战略分析

核心考点

- 市场调查方法
- 一元线性回归、弹性系数法、移动平均法、一次指数平滑法和德尔菲法
- 竞争态势矩阵、SWOT 分析、波士顿矩阵和通用矩阵

复习指导

本章容易出定量计算与定性分析的综合考题，或者市场分析和战略分析单独考核，不管哪种题型，关键是按照所给问题的顺序，形成清晰的解题思路。复习时不能只顾练习计算而忽略对定性内容的记忆，尤其是战略分析部分，定性内容比较多。各种预测方法的特点是本章复习的重点。定量的市场预测方法一定要记牢公式，清楚各变量之间的关系，掌握计算步骤；计算方法中的特点、适用范围等定性内容也在考核之列，答题时只要写出要点即可得分；战略分析案例通常要先对企业的竞争能力进行分析，在此基础上利用 SWOT 分析、产品投资组合分析（波士顿矩阵和通用矩阵）等工具，判断产品所处的特征区域，从而确定企业的战略应用。

历年考题情况见表 4-1-1。

表 4-1-1 历年考题情况

年份	考核方式	考核知识点
2008 年	（1）移动平均法和回归分析法的特点； （2）一元线性回归中的区间预测； （3）根据波士顿矩阵图，判断业务类型，说明其特点及应采用的策略	移动平均法； 一元线性回归； 波士顿矩阵
2010 年	（1）用能源弹性系数预测能源消耗量； （2）价格弹性系数预测销售量； （3）移动平均法的特点； （4）专家调查法的组织实施； （5）产品生命周期的判断； （6）画出 SWOT 分析图，选择战略	价格弹性； 能源弹性； 移动平均法； 专家调查法（德尔菲法）； 产品生命周期； SWOT 分析
2011 年	（1）计算相对市场份额，画出波士顿矩阵图，分析业务类型和战略选择； （2）用简单移动平均法预测销售额； （3）对市场调查和市场预测的定性判断	市场调查方法； 市场预测的内容和方法； 简单移动平均法； 波士顿矩阵
2012 年	用能源弹性系数预测能源消费量	能源弹性系数

续表 4-1-1

年份	考核方式	考核知识点
2013 年	（1）产品所处生命周期的判断； （2）市场预测方法的适用条件； （3）SWOT 分析图内容及相应战略	产品生命周期； 市场预测方法； SWOT 分析
2014 年	（1）市场调查的主要方法； （2）市场预测方法及分析； （3）波士顿矩阵分析及战略选择	市场调查方法； 消费系数法； 德尔菲法； 移动平均法； 战略分析

题·解析

案例 1.（2011 年真题）某企业拟投资建设生产 C 产品的项目，委托甲工程咨询公司提供相关咨询服务。工作过程中，甲咨询工程师提出如下观点：

（1）要获得市场相关数据，只能采用实地调查和问卷调查方法；

（2）对 C 产品进行市场分析时，主要分析市场需求即可；

（3）对 C 产品进行短期市场预测时，宜采用定性预测方法。

【问题】指出甲咨询工程师的三个观点是否正确，并说明理由。

【答案】

1. 观点（1）不正确，理由：市场调查的方法除了实地调查和问卷调查外，还有文案调查法和实验调查法。

2. 观点（2）不正确，理由：市场调查除了对市场需求进行调查外，还要进行市场供应调查、消费者调查和竞争者调查。

3. 观点（3）不正确，理由：定性预测方法适用于长期预测，要进行短期市场预测宜采用定量分析方法。

【解析】此题考核的是市场调查和市场预测的内容，题型相对比较容易，记忆起来比较简单。各种预测方法的特点是本章复习的重点。答题一定要条理清楚，要点明确。

★相关知识点：市场调查和市场预测的内容

（一）市场调查

1. 市场调查的内容。

（1）市场需求调查：包括有效需求、潜在需求、需求的增长速度三个方面。

（2）市场供应调查：主要调查供应现状、供应潜力以及正在或计划投资建设的相同产品项目的生产能力。

（3）消费者调查：包括消费群体、消费者购买能力和习惯、消费演变历史和趋势等。

（4）竞争者调查：包括提供同类及替代产品或服务的企业数量、市场占有率、生产能力、消费数量、销售渠道、成本水平、管理能力、盈利水平等，可能的潜在竞争者的情况等。

2. 市场调查的方法。

（1）文案调查：一切调查方法中最简单、最一般和常用的方法，同时也是其他调查方法的基础。

（2）实地调查：能够控制调查对象，应用灵活，调查信息充分，但调查周期长、费用高，调查对象容易受调查者的心理暗示影响，存在不够客观的可能性。

（3）问卷调查：常用的方法，尤其在消费者行为调查中；适用范围广泛、操作简单易行、费用相对较低。

（4）实验调查：最复杂、费用较高、应用范围有限的方法，但调查结果可信度较高。主要应用于消费行为的调查。

（二）市场预测的内容

1．预测内容侧重三个方面。

（1）市场需求预测：预测需求量和消费量。

（2）产品出口和进口替代分析。

（3）价格预测。

2．市场预测的基本方法。一般可以分为定性预测和定量预测两大类。定性预测方法可以分为直观判断法和集合意见法两大类，其核心都是专家预测，其中直观判断法主要有类推预测法，集合意见法包括专家会议法和德尔菲法等。定量预测方法分为因果性预测、延伸性预测和其他方法三大类，因果性预测方法包括回归分析法、消费系数法和弹性系数法；延伸性预测方法包括移动平均、指数平滑、成长曲线分析、季节变动分析等。

3．不同预测方法的特点见表4-1-2。

表4-1-2　不同预测方法的特点

预测方法	定性方法			因果性预测			延伸性预测		
	专家会议法	德尔菲法	类推预测法	回归分析法	消费系数法	弹性系数法	移动平均法	指数平滑法	趋势外推法
适用范围	长期预测	长期预测	长期预测	短、中长期预测	短、中长期预测	中长期预测	近期或短期预测	近期或短期预测	短、中长期预测
数据资料需求	多年历史资料			需要多年数据			数据最低要求5～10个		至少5年数据
精确度	较好	较好	尚好	很好	很好	较好	尚好	较好	较好

案例2.（2008年真题）某产品过去5年的销售额与目标市场人均收入的数据见表4-1-3。

表4-1-3　2007—2011历年产品销售额与目标市场人均收入表

年　份	2007	2008	2009	2010	2011
产品销售额y（万元）	30	35	36	38	40
人均收入x（元）	1000	1200	1250	1300	1400

已知数据：2007—2011年的$\sum y^2=6465$，$\sum x^2=7652500$，$\sum xy=222400$，$\sum(x_i-\bar{x})^2=88000$，$\sum(y_i-\bar{y})^2=56.8$，$\sum(x_i-\bar{x})(y_i-\bar{y})=2230$。预计2014年该产品的目标市场人均收入为1800元。

【问题】

1. 建立一元线性回归模型（参数计算结果小数点后保留3位）。

2. 进行相关系数检验（取 $\alpha=0.05$，R 值小数点后保留3位，相关系数临界值见附表）。

3. 对2014年可能的销售额进行点预测。

4. 假定 t 检验系数，$t(\alpha/2,\ n-2)=2.04$，$S_0=1.56$（其中 $\alpha=0.025$），请分析2014年该产品销售额的置信区间及其可能的概率。

【答案】

1. 设该产品销售额为因变量 y，设人均收入为自变量 x，可以建立一元回归模型：

$y=a+bx$

$\sum x_i=6150$，$\sum y_i=179$，$\bar{x}=1230$，$\bar{y}=35.8$，则

$$b=\frac{222400-1230\times179}{7652500-1230\times6150}=0.025$$

$a=\bar{y}-b\bar{x}=35.8-0.025\times1230=5.05$

得到一元回归模型：$y=5.05+0.025x$。

2. 相关系数 $R=\dfrac{\sum(x_i-\bar{x})(y_i-\bar{y})}{\sqrt{\sum(x_i-\bar{x})^2\cdot\sum(y_i-\bar{y})^2}}=\dfrac{2230}{\sqrt{88000\times56.8}}=0.997$

$$b=\frac{\sum x_iy_i-\bar{x}\sum y_i}{\sum x_i^2-\bar{x}\sum x_i}$$

查相关系数检验表得，$R_{0.05}=0.878$

$R=0.997$ 大于 $R_{0.05}$，在 $\alpha=0.05$ 的显著性检验水平上，产品销售额与目标市场人均收入的线性关系合理。

3. $y'_{2014}=5.05+0.025\times1800=50.05$（万元）

4. 2014年该产品销售额的置信区间为：

$y'_{2014}\pm t(\alpha/2,\ n-2)\ S_0=50.05\pm2.04\times1.56=50.05\pm3.18$

即2014年产品销售额的预测区间在（46.87，53.23）内，其可能的概率为 $100(1-\alpha)\%=97.5\%$。

【解析】这是考核一元线性回归的一道完整考题，答题时一定要按照预测步骤、写明计算公式，然后再代入数据计算。计算题的分值一般包括公式分和结果分，即便计算错误或未能写出所有计算结果，也一定要把所有公式写全，得到公式分。因此记住公式尤为重要。

★相关知识点：一元线性回归分析

1. 建立回归模型：$y=a+bx$

2. 输入数据计算：回归系数 $b=\dfrac{\sum x_iy_i-\bar{x}\sum y_i}{\sum x_i^2-\bar{x}\sum x_i}$，$a=\bar{y}-b\bar{x}$

3. 回归检验：

（1）相关系数检验：计算 $R=\dfrac{\sum(x_i-\bar{x})(y_i-\bar{y})}{\sqrt{\sum(x_i-\bar{x})^2\cdot\sum(y_i-\bar{y})^2}}$

查相关系数检验表，若 R 大于 $R(\alpha,\ n-2)$，则线性关系成立；否则，不存在线性关系。

（2）t 检验：$t_b=\dfrac{b}{S_b}=b\cdot\sqrt{\dfrac{\sum(x_i-\bar{x})^2}{\sum(y_i-y_i')^2/(n-2)}}$

其中，S_b 是参数 b 的标准差，$\sum(y_i - y_i')^2/(n-2) = S_y^2$

所以，$t_b = \frac{b\sqrt{(x_i - \bar{x})^2}}{S_y}$

查 t 分布表，若 t_b 的绝对值大于 t（$\alpha/2$，$n-2$），则说明线性假设合理；否则，线性假设不合理。

4．点预测：计算 $y_0' = \alpha + bx_0$

5．区间预测：置信水平为 100（$1-\alpha$）% 的 y_0'的预测区间为 $y_0' \pm t(\alpha/2, n-2)S_0$

其中，$S_0 = S_y \cdot \sqrt{1 + \frac{1}{n} + \frac{(x_0 - \bar{x})^2}{\sum(x_i - \bar{x})^2}}$

注：n 很大时，置信度在 68.2%，95.4%，99.7% 的条件下，预测区间可分别简化为：$(y_0' - S_y, y_0' + S_y)$，$(y_0' - 2S_y, y_0' + 2S_y)$，$(y_0' - 3S_y, y_0' + 3S_y)$

案例 3.（2010 年真题）某企业委托咨询公司对生产的 A 产品进行市场分析和行业分析，咨询工程师收集整理资料如下：

（1）收集了 2005 年至 2009 年 A 产品在 B 地区的平均销售价格和销售量，见表 4-1-4。

表 4-1-4　A 产品在 B 地区的销售价格和销售量

年份	销售价格（元/台）	销售量（万台）	价格弹性系数
2005	8100	80	
2006	7800	85	-1.69
2007	7600	89	-1.84
2008	7300	95	-1.71
2009	7100	100	-1.92

（2）2009 年 B 地区该行业的产值为 750 亿元，估计未来 2 年以年均 12% 的速度增长；2009 年该行业能耗折合标准煤为 1020 万吨；预测该行业 2010 年至 2011 年的行业产值能耗弹性系数为 0.65。

【问题】

1．如果 B 地区 2010 年 A 产品的销售价格下降到 7000 元/台，用价格弹性系数法预测 2010 年 A 产品在 B 地区的销售量。

2．用能源弹性系数法预测 2011 年该行业的能源消耗量。

【答案】

1．2010 年的价格弹性系数取 2005 年至 2009 年价格弹性系数的平均值

= -（1.69 + 1.84 + 1.71 + 1.92）/4 = -1.79

则，2010 年 A 产品在 B 地区的销售量增长率

= -1.79 ×（7000 - 7100）/7100 = 2.52%

则，2010 年 A 产品的销售量 = 100 ×（1 + 2.52%）= 102.52（万台）

2．能源弹性系数 =（$\Delta E/E$）/（ΔGDP/GDP）

2010 年至 2011 年的年均能源消费变化率为：$\Delta E/E$ = 0.65 × 12% = 7.8%

2011 年该行业的能源消耗量 = 1020 ×（1 + 7.8%）^{2} = 1185.33（万吨）

【解析】弹性系数的题目相对比较简单，该题把各年的价格弹性系数给出来了，如果没给就需要大家逐年计算。做此类题时还要特别注意变化率对应的年份，是年均变化率还是几年总的变化率；用到的数值是哪一年的数值也要看清，避免计算错误。

★相关知识点：弹性系数法

1. 收入弹性＝购买量变化率/收入变化率，一般为正值。

收入变量可以是国民收入，也可以是人均收入或其他收入。

2. 价格弹性＝购买量变化率/价格变化率，一般为负值。

3. 能源需求弹性＝能源消费量变化率/国内生产总值变化率，一般为正值。

能源可以是电力、煤炭、石油、天然气等，国内生产总值也可以变为工农业总产值、国民收入、主要产品产量等。

案例 4.（2010 年、2011 年真题）某企业主要生产 A、B 两种产品，近期拟投资建设生产 C 产品的项目。相关咨询业务有：

（1）为进一步预测 A 产品的市场销售量，公司咨询人员讨论了各种预测方法。其中甲咨询工程师认为：移动平均法是一种因果分析方法，可用于长期预测；一元回归分析是一种时间序列方法，适合近期或短期预测。

（2）采用移动平均法预测了 2010 年至 2019 年 B 产品在某地区的销售量，见表 4-1-5。

表 4-1-5　2010 年至 2019 年 A 产品在 B 地区预测销售量

年　　份	2010	2011	2012	2013	2014	2015	2016	2017	2018	2019
A 产品预测销售量（万台）($n=3$)	95	97	97	96	97	97	96	97	97	96

（3）2010 年 7 月至 12 月与 C 产品类似的 X 产品的销售额数据，见表 4-1-6。

表 4-1-6　2010 年 7 月至 12 月 X 产品的销售额

月　　份	7	8	9	10	11	12
X 产品销售额（万元）	110	135	160	200	230	270

【问题】

1. 甲咨询工程师对移动平均法和回归分析法的看法是否正确？说明理由。

2. 咨询工程师选择移动平均法预测 B 产品的销售量是否恰当？说明理由。

3. 用简单移动平均法预测 2011 年前 2 个月 X 产品的市场销售额（$n=3$）。

【答案】

1. 甲咨询工程师对两种方法的看法均不正确。理由：移动平均法是一种时间序列方法，适合近期或短期预测，而一元线性回归分析是一种因果分析方法，可用于短、中、长期预测。

2. 不恰当，理由：移动平均法一般适用于以月份或周为单位的短期预测，以年为单位的长期预测精确度不够；而且只适用于处理水平数据，呈上升或下降趋势的情况不适用。

3. 预测 2011 年 1 月份 X 产品的销售额$=\dfrac{200+230+270}{3}=233.33$（万元）

预测 2011 年 2 月份 X 产品的销售额 $=\frac{230+270+233.33}{3}=244.44$（万元）

2011 年前 2 个月 X 产品的市场销售额 $=233.33+244.44=477.77$（万元）

【解析】各种预测方法的特点、适用范围也是考核的要求。

★相关知识点：简单移动平均法

1. 特点：一般只适用于以月份或周为单位的短期预测；另外一个用途是对原始数据进行预处理，以消除数据中的异常因素或除去数据中的周期变动成分。

缺点是：只是在处理水平型历史数据时才有效。

2. 选择移动时段的长度 n：

n 越小，表明对近期观测值预测的作用越重视，但修匀程度较低；n 越大，表明预测值的修匀程度越高，但对数据变化的反映程度较慢。

历史序列的基本发展趋势变化不大，则 n 取大一点；数据具有趋势性或阶跃性特点，或预测目标的趋势正在不断发生变化，则 n 应取小一点。

3. 计算公式：将来某时期的预测值 = 过去某时段的数据平均值

案例 5.（自编题）甲公司根据本公司的行业统计信息库，统计了所在地区 2012 年 10 月至 2013 年 3 月的 A 产品销售量，见表 4-1-7。

表 4-1-7　公司所在地区 A 产品销售量　　单位：万台

时间	2012 年 10 月	2012 年 11 月	2012 年 12 月	2013 年 1 月	2013 年 2 月	2013 年 3 月
销售量	5.54	5.75	5.59	5.33	6.06	6.57

【问题】请采用一次指数平滑法，预测该地区 2013 年 4 月的 A 产品销售量（平滑系数取 0.3，初始值取前 3 个观测值的平均值；列出计算过程，中间结果保留到小数点后三位，最终结果保留到小数点后两位）。

【答案】

1. 计算初始平滑值：

$$F_0=\frac{x_1+x_2+x_3}{3}=(5.54+5.75+5.59)/3=5.627$$

2. 由指数平滑法公式得出：

$F_1=0.3\times5.54+(1-0.3)\times5.627=5.601$

$F_2=0.3\times5.75+(1-0.3)\times5.601=5.646$

$F_3=0.3\times5.59+(1-0.3)\times5.646=5.629$

$F_4=0.3\times5.33+(1-0.3)\times5.629=5.539$

$F_5=0.3\times6.06+(1-0.3)\times5.539=5.695$

$F_6=0.3\times6.57+(1-0.3)\times5.695=5.958$

因此，2013 年 4 月的 A 产品销售量为 5.96 万台。

【解析】一次指数平滑法最关键的就是每期指数平滑值的计算，本期的指数平滑值就是下期的预测值。

★相关知识点：一次指数平滑法

1. 特点：它解决了移动平均法需要 n 个观测值和不考虑 $t-n$ 前时期数据的缺点，通过某种平均方式，消除历史统计序列中的随机波动，找出其中的主要发展趋势。

该法适用于市场观测呈水平波动，无明显上升或下降趋势情况下的预测。

2. 计算步骤：

（1）确定平滑系数 α：较大的 α 值导致较小的平滑效果，而较小的 α 值会产生客观的平滑效果。一般情况下：

①观测值呈现较稳定的水平发展时，α 取 0.1～0.3。

②观测值波动较大时，α 取 0.3～0.5。

③观测值波动很大时，α 取 0.5～0.8。

（2）确定初始值 F_0：

①时间序列期数在 20 个以上时，可取 $F_0 = x_1$。

②时间序列期数在 20 个以下时，可取前 3～5 个观测值的平均数代替，如 $F_0 = \frac{(x_1 + x_2 + x_3)}{3}$。

（3）计算每期平滑值：$F_t = \alpha x_t +（1-\alpha）F_{t-1}$

（4）下期的预测值等于本期的指数平滑值：$x'_{t+1} = F_t$

案例 6.（自编题）某咨询公司用专家调查法（德尔菲法）对某地区 2020 年的私人轿车市场需求进行预测，从研究部门、经销商和行业知名企业选择了 30 名专家实施调查。

【问题】 该咨询公司应如何组织实施专家调查法？该法适用于哪些领域？

【答案】

1. 专家调查法应该按下列步骤组织：

（1）建立工作组；

（2）选择专家；

（3）设计调查表；

（4）组织调查实施；

（5）汇总处理调查结果。

2. 适用领域有：缺乏足够的资料；长远规划或大趋势预测；影响预测事件的因素太多；主观因素对预测事件的影响较大。

★相关知识点： 德尔菲法

广泛应用在市场预测、技术预测、方案比选、社会评价、风险分析等众多领域。

1. 德尔菲法的程序：

（1）建立工作组。

（2）选择专家：是关键步骤，人数在 20 人左右。

（3）设计调查表。

（4）组织调查实施：一般经过 2～3 轮。

（5）汇总处理调查结果：对数据进行进一步的统计分析和处理。

2. 优点：便于专家独立思考和判断；低成本实现集思广益；多轮征询法有利于探索性解决问题；应用范围广泛。

3. 缺点：缺少思想沟通交流；易忽视少数人的意见；存在组织者主观影响。

4. 运用范围：

（1）缺乏足够的资料，如新产品的市场预测。

（2）长远规划或大趋势预测。

（3）影响预测事件的因素太多。

（4）主观因素对预测事件的影响较大，如政策、方针、个人意志等。

案例7.（2010年真题）某咨询公司接受甲企业的委托，完成了下列咨询服务工作：

（1）主要产品A的成熟度分析：A产品的技术趋于稳定，市场需求迅速增加，生产规模逐步提高，生产该产品的企业数量也在迅速增加，生产成本呈下降趋势。

（2）为进一步拓展业务范围，甲公司考虑进入B产品市场，咨询报告提出：B产品目前具有技术成熟、质量稳定、企业间竞争日趋激烈等特征，目前是甲公司进入B产品市场的最佳时机，建议尽快进入。

【问题】

1. 根据咨询公司对A产品的市场分析结论，判断A产品处于产品生命周期的哪个阶段？
2. 根据咨询公司对B产品的市场调查结论，判断B产品处于产品生命周期的哪个阶段？
3. 甲公司是否应接受咨询公司的建议？说明理由。

【答案】

1. A产品处于产品生命周期的成长期。
2. B产品处于产品生命周期的成熟期。
3. 甲公司不应接受咨询公司的建议，理由：进入某产品市场最佳时期是成长期，而B产品处于成熟期，市场竞争激烈，此时企业不宜进入，除非有强大的资金和技术实力，否则难以取得成功。

【解析】战略的选择有两方面决定：一是行业长期盈利能力及其行业吸引力；二是企业在行业内的相对市场地位。产品生命周期模型就属于一种观察、分析行业成长性的方法，它的分析路径是：根据产品市场特征明确行业所处的生命阶段，然后选择企业战略。

★相关知识点：产品生命周期

产品生命周期传统上可分为四个阶段：导入期、成长期、成熟期和衰退期。

各阶段的主要特点见表4-1-8。

表4-1-8 产品生命周期各阶段的主要特点

生命阶段	市场特征	战略特征
导入期	产品开始逐步被市场所认同和接受；行业开始形成并初具规模；企业很少；市场需求低；产品质量不稳定、批量不大、成本高、发展速度慢等	需要付出极大的代价来培育市场、完善产品，随着企业发展和行业发展，可能会在行业中树立先入优势
成长期	市场需求急剧膨胀；行业内的企业数量迅速增加；行业在经济结构中的地位得到提高；产品质量提高，成本下降	此时是进入该行业的理想时机
成熟期	产品定型、技术成熟、成本下降、利润水平高；需求逐渐满足，行业增长速度减慢，企业竞争日趋激烈	企业进入门槛很高，除非有强大的资金和技术实力，否则难以取得成功
衰退期	可替代的新产品出现，原有产品的市场迅速萎缩；各企业的产品无差异，质量差别小；各企业开始转移生产领域，并逐步退出该领域	此时不宜选择进入此行业

案例 8.（自编题）某公司为了制定自身的发展战略，采用五因素模型对所处行业的竞争结构进行分析。部分因素分析如下：

（1）本行业的新进入者来自国内、国外两个方面。本行业是资本和技术密集型的行业，对国外进入者，国家有一定限制以对本行业进行必要的保护。

（2）本公司产品的主要原材料供应商十分集中，采购量在各供应商之间分布较均匀，主要原材料暂无替代品。

（3）由于本行业中各企业提供的产品差异性越来越小，因此顾客选择机会较多。

（4）由于科技进步加快，市场上已开始出现性能更高的同类产品，只是目前的价格还略高于传统产品。

【问题】上述四方面因素分别属于五因素模型中的哪个方面？说明每个因素对该行业竞争强度的影响是增强还是减弱。

【答案】因素 1 属于新的进入者的威胁因素，它会使行业的竞争强度削弱。因素 2 属于供应商讨价还价的能力因素，它会使行业的竞争强度增强。因素 3 属于客户讨价还价的能力因素，它会使行业的竞争增强。因素 4 属于替代品的威胁因素，它会使行业的竞争强度逐渐增强。

【解析】理解各因素的含义，从而结合市场实际分析各因素对行业竞争格局的影响。能通过分析得出结论的知识点不用死记硬背，以理解为主。

★相关知识点：行业竞争能力分析——五因素模型

一个行业中的竞争，存在五种基本的竞争力量，即潜在的进入者、替代者的威胁、客户讨价还价的能力、供应商讨价还价的能力以及现有竞争对手之间的抗衡。五种竞争力量共同决定行业的竞争强度和获利能力。主要的分析内容是：

（1）行业新进入者的威胁：可能是挤占现有企业的一部分市场份额，减少了原有的市场集中度；可能是带来行业资源供应的竞争，引起行业生产成本上升，导致现有企业利润下降。

（2）现有竞争对手之间的竞争：五因素中最重要的竞争力量。

（3）替代品的威胁：包括三个方面：替代品在价格上的竞争力；替代品质量和性能的满意度；客户转向替代品的难易程度。

（4）供应商讨价还价的能力：包括供应商的数量、品牌、产品特色和价格，企业在供应商的战略地位，供应商之间的关系，从供应商中转移的成本，各买方之间是否有联合等。

（5）客户讨价还价能力：取决于客户的集中程度、产品市场的集中程度、客户自身垂直整合能力、客户对产品的了解、市场供求状况等因素。

对同一行业或不同行业的不同时期，各种力量的作用是不同的。最危险的环境是进入壁垒低、存在替代品、由供应商或客户控制、行业内竞争激烈的产业环境。

案例 9.（自编题）甲公司目前主营产品为 A，A 产品所在行业竞争者众多，甲公司同两个主要竞争对手乙公司和丙公司的竞争态势矩阵见表 4-1-9。

【问题】与竞争对手乙公司和丙公司相比，甲公司的综合竞争能力如何？

【答案】甲公司的竞争态势矩阵分析见表 4-1-10。

表 4-1-9　竞争态势矩阵

序号	关键竞争因素/强势指标	权重	得分		
			甲公司	乙公司	丙公司
1	生产规模	0.20	4	3	5
2	技术实力	0.15	2	5	3
3	产品质量	0.20	5	4	5
4	成本优势	0.15	3		4
5	客户服务能力	0.20	5	3	3
6	财务实力	0.10	1	5	2

表 4-1-10　甲公司竞争态势分析

序号	关键竞争因素/强势指标	权重	甲公司		竞争者乙		竞争者丙	
			得分	加权值	得分	加权值	得分	加权值
1	生产规模	0.20	4	0.80	3	0.60	5	1.00
2	技术实力	0.15	2	0.30	5	0.75	3	0.45
3	产品质量	0.20	5	1.00	4	0.80	5	1.00
4	成本优势	0.15	3	0.45	1	0.15	4	0.60
5	客户服务能力	0.20	5	1.00	3	0.60	3	0.60
6	财务实力	0.10	1	0.10	5	0.50	2	0.20
	加权强势总评分	1.00		3.65		3.40		3.85

由于甲公司的加权强势总评分为 3.65，竞争对手乙的加权强势总评分为 3.40，竞争对手丙的加权强势总评分为 3.85，因此，甲公司的综合竞争能力比竞争对手乙公司强，比竞争对手丙公司弱。

【解析】竞争态势矩阵主要基于企业内部要素进行分析，其关键是计算加权评分制，这是打分制的核心。

★**相关知识点：**竞争态势矩阵

分析步骤如下：

（1）首先确定行业中的关键战略因素；

（2）根据每个因素对在该行业中成功经营的相对重要程度，确定每个因素的权重，从 0（最不重要）到 1（最重要），权重和为 1；

（3）筛选出关键竞争对手，按每个指标对企业进行评分（一般是 1 表示最弱，2 表示较弱，3 表示相同，4 表示较强，5 表示最强）；

（4）将各要素的评价值与相应的权重相乘，得出各竞争者在相应战略要素上的相对竞争力强弱的加权评分值；

（5）加总得到企业的总加权分，比较总加权分就可以确定处于竞争能力最强和最弱地位的公司，以及公司之间的竞争优势的差异。

案例10.（自编题）某公司市场部人员分析了本公司所处的家电行业以及拟进入的游戏软件开发行业的企业竞争成功关键因素，认为：家电行业的成功关键因素是生产成本低、劳工技能高；而软件开发行业的成功关键因素则是既定技术应用能力和网络营销能力。

【问题】除了上述因素外，这两个行业分别还有哪些成功关键因素？

【答案】除了题目所给的因素之外，家电行业的成功关键因素还包括生产能力利用率高、产品设计能力强等；而软件行业的成功关键因素还包括科研专家、工艺创新能力、产品创新能力等。

【解析】根据行业特点来记忆企业竞争成功关键因素。

★相关知识点：核心竞争力分析——企业竞争成功关键因素

1. 技术类行业（如软件开发）：科研专家、工艺创新能力、产品创新能力、在既定技术上的应用能力、网络营销能力等。

2. 制造类行业（汽车、家电）：生产成本低、生产能力利用率高、劳工技能高、产品设计能力强等。

3. 资源加工类（石油、煤炭、造纸）：自然资源的控制能力、财务融资能力、成本控制能力等。

4. 日用消费品制造（食品、饮料）：品质管理、品牌建设、成本控制和销售网络等。

5. 分销类：强大的批发网/特约经销商网络、公司控制的零售点、拥有自己的分销渠道和网点、低销售成本、快速配送等。

6. 服务类（航空客运、旅游）：有利的公司形象/声誉、总成本很低、便利的设施选址、礼貌的员工、融资能力等。

案例11.（2010年真题）咨询公司运用评价矩阵对甲企业的内部和外部因素进行了综合评价，评价矩阵见表4-1-11。

表4-1-11　甲企业的企业内部和外部因素评价

	关键内部因素	权重	得分		关键外部因素	权重	得分
优势	研发能力强	0.20	4	机会	政策扶持	0.20	4
	管理规范	0.25	4		信贷环境宽松	0.15	3
	产品性能处于行业中等水平	0.15	3		行业技术进步	0.15	2
劣势	流动资金紧张	0.10	−3	威胁	新的替代产品出现	0.25	−2
	生产设备较落后	0.10	−2		竞争对手结盟	0.25	−1
	销售渠道不畅通	0.20	−3				

【问题】根据对甲企业的内部及外部因素评价结果，画出SWOT分析图；指出甲企业应选择何种战略，并说明理由。

【答案】

1. 甲企业的优劣势得分 = $(0.20\times4+0.25\times4+\cdots-0.20\times3)=1.15$

甲企业的机会威胁得分 = $(0.20\times4+0.15\times3+\cdots-0.25\times1)=0.8$

甲企业的 SWOT 分析图如图 4-1-1，☆为甲企业所在位置。

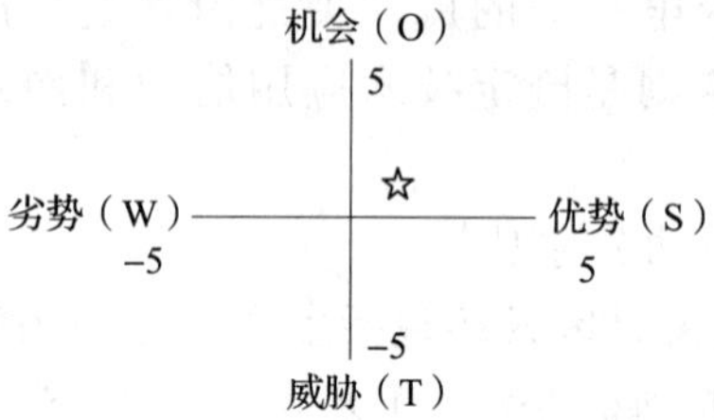

图 4-1-1　甲企业 SWOT 分析图

2. 甲企业应采取增长性战略，理由：根据 SWOT 分析，甲企业内部因素评分为 1.15，有内部优势；外部因素评分为 0.8，面临一定外部机遇，所以应采取增加投资、扩大生产，提高市场占有率的增长性战略。

【解析】 SWOT 分析的关键是根据优劣势得分和机会威胁分判断企业所在位置，然后相应选择应采取的战略。

★相关知识点： SWOT 分析

SWOT 分析图划分为四个象限，根据企业所在的不同位置，应采取不同的战略，见图 4-1-2。

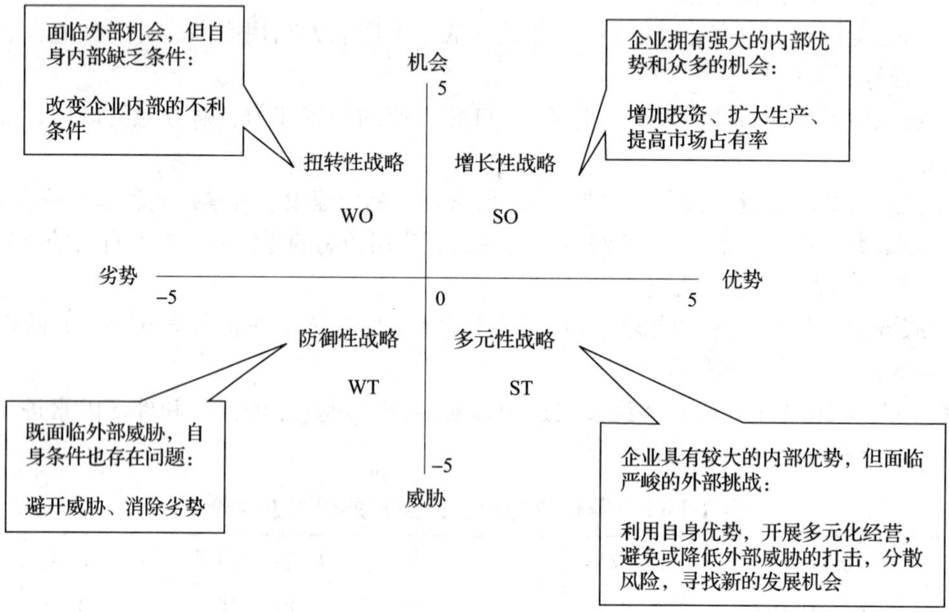

图 4-1-2　SWOT 分析图及相应战略

案例 12.（2011 年真题）某企业主要生产 A、B 两种产品，该企业委托某工程咨询公司提供相关咨询服务。咨询公司收集了 2010 年 A、B 产品的市场数据，见表 4-1-12。

表 4-1-12　2010 年 A、B 产品的市场数据

指　　标	A 产品	B 产品
本企业销售额（万元）	1000	1000
最大竞争对手销售额（万元）	1200	800
全国市场销售总额（万元）	16000	10500
近年市场平均增长率（%）	12	1

【问题】

1. 计算 A、B 产品的相对市场占有率。

2. 根据计算结果画出 A、B 产品的波士顿矩阵图，说明 A、B 产品分别属于何种业务，该企业对 A、B 产品应分别采取何种战略？

【答案】

1. A 产品的相对市场占有率 = 1000/1200 = 0.83

B 产品的相对市场占有率 = 1000/800 = 1.25

2. A、B 产品的波士顿矩阵图见图 4-1-3。

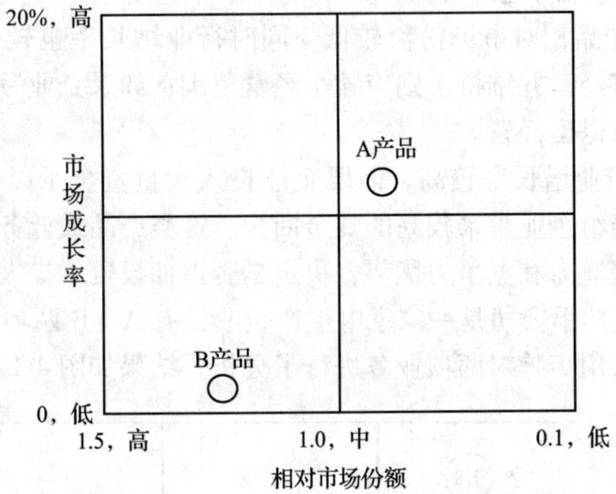

图 4-1-3　两产品的波士顿矩阵图

A 产品属于问题业务，要深入分析企业是否具有发展潜力和竞争力优势，决定是否追加投资、扩大企业市场份额。

B 产品属于金牛业务，企业的策略是维持其稳定生产，不再追加投资，以便尽可能地回收资金，获取利润。

★相关知识点：波士顿矩阵

1. 方法内容见图 4-1-4。

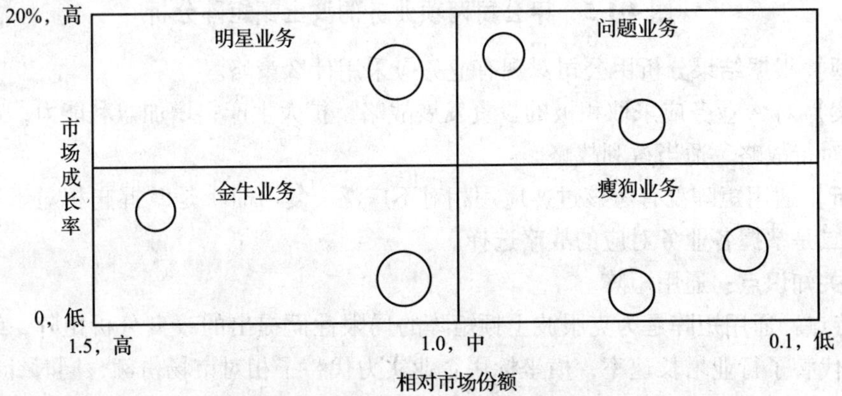

图 4-1-4　波士顿矩阵图

横坐标表示企业相对市场占有率，是指企业的某项产品或服务的市场份额与最大竞争对手的市场份额的比率；纵坐标表示企业所在行业的成长性，表示该行业过去 2 年和今后 2 年的平均市场销售增长速度。

2．战略应用。

（1）明星业务：产品的市场相对占有率和行业增长率都较高，行业处于生命周期中的成长期，应是企业重点发展的业务或产品。应采取追加投资、扩大业务的策略。

（2）金牛业务：产品的相对市场份额较高，但行业增长率较低，行业可能处于生命周期中的成熟期，能够带来大量稳定的现金收益。企业的策略是维持其稳定生产，不再追加投资，以便尽可能地回收资金，获取利润。

（3）瘦狗业务：产品相对市场份额较低，同时行业增长率也较低，可能处于成熟期或衰退期。如果业务能够经营并维持，则应缩小经营范围；如果企业亏损难以为继，则应采取措施，进行业务整合或退出经营。

（4）问题业务：行业增长率较高，需要企业投入大量资金予以支持，但企业产品的相对市场份额不高，不能给企业带来较高的资金回报。这类产品或业务有发展潜力，但要深入分析企业是否具有发展潜力和竞争力优势，决定是否追加投资、扩大企业市场份额。

案例 13.（自编题）甲公司是一家家电生产企业，有 A、B 两项业务，为提高企业资源利用率，该公司采用通用矩阵对两项业务进行了分析，结果如图 4-1-5 所示。

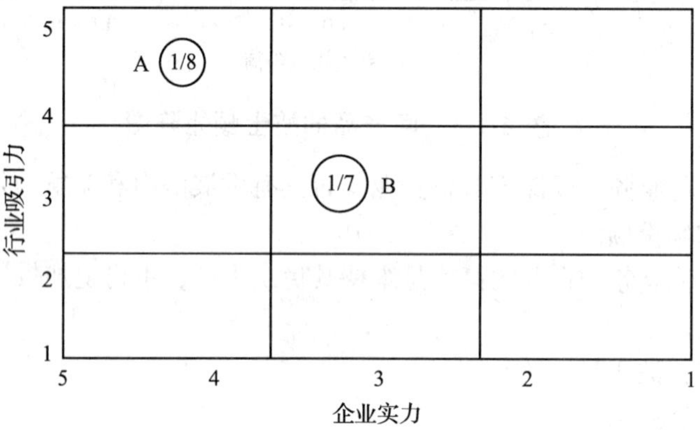

图 4-1-5 甲公司两项业务的波士顿矩阵分析

【问题】根据结果分析甲公司对现有业务应采用什么策略。

【答案】对 A 业务应采取积极的投资发展战略，扩大生产，增加盈利能力；对 B 业务可采取区别对待战略、适当盈利战略。

【解析】通用矩阵没有考核过，应用相对不广泛，复习时一是掌握它相对于波士顿矩阵的优势，二是掌握各业务对应的战略选择。

★相关知识点：通用矩阵

1．特点：通用矩阵是为克服波士顿矩阵的局限性而提出的改良分析矩阵，纵坐标用行业吸引力代替了行业增长速率，横坐标用企业实力代替了相对市场份额，同时针对波士顿矩阵坐标尺度过粗的缺陷增加了中间等级。一般采用行业吸引力分析方法和企业内部评价矩阵，对行业吸引力和企业实力进行评价。

2. 战略应用：通用矩阵可以划分为三部分、9 个方格，如图 4-1-6 所示。

企业实力

行业吸引力	强	中	弱
大	投资发展	选择重点投资发展	区别对待
中	选择重点投资发展	区别对待	利用或退出
小	区别对待	利用或退出	退出

通用矩阵的企业战略选择

图 4-1-6　通用矩阵示意

右下角格子里的产品吸引力很低，企业因此采取利用或退出战略，迅速获利，收回投资，放弃该业务；右上角到左下角对角线的格子里的产品吸引力中等，企业可采取区别对待战略、适当盈利策略；左上角格子里的产品最具有发展前途，企业应采取积极的投资发展战略、选择重点投资发展战略，扩大生产，增加盈利能力。

第二章　建设方案研究

核心考点

- 场（厂）址比选的内容
- 地质灾害危险性评估
- 总图运输方案的内容
- 用地预审

复习指导

本章节知识点主要包括场（厂）址比选、地质灾害危险性评估和总图运输方案，其中场（厂）址比选、地质灾害危险性评估与用地预审（参见教材项目决策分析与评价第4章第1节）是关联性比较强的三块内容，容易出论述型的综合性案例，在2008年、2009年、2012年和2013年考试中均有涉及，属于间隔性考点，需要考生对大纲中涉及的定性内容加强记忆，答题简明扼要。复习过程中要重点掌握各知识点类型及内容。

历年考题情况见表4-2-1。

表4-2-1　历年考题情况

年份	考核方式	考核知识点
2008年	简述场（厂）址比选的内容	场址比选
2009年	（1）简述场（厂）址比选的内容； （2）简述总图运输方案的内容； （3）计算投资强度和容积率； （4）简述地震安全性评价报告的内容	场址比选； 总图运输； 工程方案
2012年	（1）给水工程中的水资源论证程序； （2）厂址比选中环境保护条件的比选内容、简述地质灾害的类型； （3）计算建筑系数、绿地率，判断是否符合规定；分析某项目用地指标的合理性	给水工程（水资源论证的内容，结合后面第三章有关内容复习）； 厂址比选； 工业项目建设用地控制指标
2013年	（1）厂址比选考虑的因素 （2）总图运输方案的内容	厂址比选内容； 总图运输方案的内容

题·解析

案例1.（2008年真题）某外商拟在某地投资建设一基础设施项目，有多个场址方案可供选择。因项目前期工作的需要，该外商需要选聘咨询单位，经过资格预审，有A、B、C、

D、E 五家咨询单位进入短名单，咨询工作中发生以下事件：

事件 1：最终 D 咨询单位中标，并接受委托开展项目场址比选，D 咨询单位认为项目选址应从建设条件和建设费用等方面进行综合比选。

【问题】事件 1 中，D 咨询单位对该项目进行场址比选时，除考虑建设条件和建设费用外，还需考虑哪些方面的内容?

【答案】事件 1 中，D 咨询单位对该项目进行场址比选时，除了考虑建设条件和建设费用外，还需要考虑运营费用比较、环境保护条件比较和安全条件比较。

案例 2.（2012 年真题）西北某黄河沿岸城市拟新建一工业项目，项目业主委托甲咨询单位进行项目的可行性研究。甲咨询单位首先从项目建设条件、投资和运营费用、环境保护条件、安全条件等方面进行比较，选择并确定厂址。由于项目厂址地处黄土高原，沟壑较多，易发生多种地质灾害，业主委托有相关资质的单位对项目进行了地质灾害危险性评估。

【问题】在厂址选择论证中，环境保护条件包括哪几方面的内容？地质灾害包括哪些类型（或种类）?

【答案】

1．环境保护条件包括场（厂）址位置与城市规划关系、与环境敏感区关系、与土地关系、与环境条件关系、与气象的关系、与公众利益的关系。

2．地质灾害包括崩塌、滑坡、泥石流、地面塌陷、地裂缝、地面沉降等。

【解析】此题考核的是场（厂）址选择，属于简述型题目，需要考生对大纲中涉及的定性内容加强记忆。

★相关知识点：重点了解场（厂）址比选内容

场（厂）址选择是指根据地区规划、城市规划等的要求，结合拟选项目的性质、功能、条件研究等选择建设地点或地址的工作。

1．影响项目选址的区域因素。

（1）自然因素：包括自然资源条件和自然条件。

（2）运输因素：即交通运输设施及能力。

（3）市场因素：包括产品销售市场、原材料市场、动力供应市场。

（4）劳动力因素：包括劳动力市场与分布、劳动力资源、劳动力素质、劳动力费用等。

（5）社会和政策因素。

（6）集聚因素。

2．场（厂）址比选。场（厂）址比较的主要内容包括建设条件比较、投资费用比较、运营费用比较、环境保护条件比较和安全条件比较五个部分。但项目不同，所选的比较内容和侧重点也应有所不同，比较内容通常是以“比较表”的形式列出（见表 4-2-2）。

表 4-2-2 场（厂）址比选内容列表（简略）

类　别	内　容
建设条件比较	场（厂）址地理位置、土地资源、地势条件、工程地质条件、土石方工程量条件、动力供应条件、资源及燃料供应条件、交通运输条件、生活设施及协作条件
投资费用比较	场地开拓工程、基础工程、运输工程、动力供应及其他工程等费用
运营费用比较	原材料、燃料运输费，产品运输费、动力费、排污费和其他运营费用

续表 4-2-2

类　别	内　容
环境保护条件比较	场（厂）址位置与城镇规划关系、与环境敏感区关系、与土地关系、与环境条件关系、与气象条件关系、与公众利益关系
安全条件论证比较	场（厂）址地理位置、对周边环境的影响、周边环境对建设项目的影响、建设条件对建设项目影响

其中生产、储存有危险化学品的项目，按照《危险化学品生产储存建设项目安全审查办法》规定，建设场（厂）址应位于“直辖市及设区的市、地区、盟、自治州人民政府批准的规划区域内”。

应在可行性研究阶段，对拟建场（厂）址进行安全条件论证；在场（厂）址选择阶段，可以以比较表的形式进行初步论证，在可行性研究阶段形成“安全条件论证报告”。

3．地质灾害危险性评估。根据有关要求，有可能导致地质灾害（主要包括崩塌、滑坡、泥石流、地面塌陷、地裂缝、地面沉降等）发生的工程项目建设和在地质灾害易发区内进行工程建设，在申请建设用地之前必须进行地质灾害危险性评估。地质灾害危险性评估应在项目决策分析与评价阶段进行，并将评估报告作为可行性研究报告的组成部分。

（1）地质灾害危险性评估报告的内容，包括：

①工程建设可能诱发、加剧地质灾害的可能性；

②工程建设本身可能遭受地质灾害危害的危险性；

③拟采取的防治措施等。

（2）“三同时”规定。经评估认为可能引发地质灾害或可能遭受地质灾害危害的建设工程，应当配套建设地质灾害治理工程。地质灾害治理工程的设计、施工和验收应当与主体工程同时进行。

案例 3.（2009 年真题）某上市公司拟投资新建一个生产项目，委托甲咨询公司开展可行性研究，通过对 A、B 两个厂址方案比选，甲咨询公司推荐了 B 方案。B 方案占用总建设用地面积 100000m^2，建设投资为 9000 万元，总建筑面积 150000m^2，建（构）筑物及堆场总占地面积 30000m^2。根据项目建设规模、场地、物流、安全等条件，甲咨询公司深入研究了项目的总图运输方案。

【问题】

1．总图运输方案中应包括哪些主要内容？

2．计算 B 方案的投资强度、建筑系数和容积率。

【答案】

1．总图运输方案应包括总体布置与厂区总平面布置、竖向布置、运输、厂区道路、绿化布置、总图技术经济指标等主要内容。

2．B 方案的投资强度 = 项目固定资产总投资（万元）/项目总用地面积（万 m^2） = 9000 ÷ 10 = 900（万元/万 m^2）

B 方案的建筑系数 = （建筑物占地面积 + 构筑物占地面积 + 堆场用地面积）/项目总用地面积 × 100% = 30000/100000 × 100% = 0.3

B 方案的容积率 = 总建筑面积 ÷ 总用地面积 = 150000 ÷ 100000 = 1.5

【解析】此题考核的是总图运输方案相关知识，基本是隔年考核。虽然往年考核的比较全面了，但复习时不可麻痹大意，重点掌握总图运输方案的主要内容和用地控制指标的计算。

★相关知识点：总图运输

一、总图运输方案

总图运输方案研究主要是依据确定的项目建设规模，结合场地、物流、环境、安全、美学等条件和要求，对工程总体空间和设施进行的合理布置。

（一）总体布置与厂区总平面布置

1．总体布置的要求。应满足生产工艺过程要求，满足厂内外运输的要求，适应自然条件和城市规划的要求，符合防火、安全、环境保护和卫生规划的要求。

2．厂区总平面布置的要求。厂区总平面布置是在总体布置基础上，根据工厂性质、规模、生产流程等各方面要求，结合场地自然条件及厂外配套设施分布，进行合理布置，比选择优。

（二）竖向布置

厂区竖向布置主要是根据工厂的生产工艺要求、运输要求、场地排水以及厂区地形、工程地质、水文地质等条件，确定建设场地上的高程（标高）关系，合理组织场地排水。竖向布置应与总体布置和总平面布置相协调；充分利用地形，选择相适应的竖向布置形式；保证场地排水通畅，不受潮水、内涝、洪水的威胁。

（三）运输

企业物流系统由原料供应物流、生产物流和销售物流组成。运输是物流活动的核心。运输活动包括供应和销售过程中用车、船、空运及管道、传送带方式对物资的输送。可行性研究阶段要通过经济技术比较，确定原料供应物流和销售物流的运输方案（即厂外运输方案），同时确定生产物流的运输方案（即厂内运输方案）。

厂外运输方案的经济技术比较因素一般包括：运输距离、包装方式、线路能力、运费、运输工具来源、运力、运输可靠程度、安全程度、承运公司资质等。

（四）厂区道路

可行性研究阶段的厂区道路方案设计的内容包括道路形式、路面宽度和纵坡的确定，以及路面的选择。其深度须满足总平面布置、土石方量计算和投资估算的要求。

（五）绿化

厂区绿化布置是总平面布置的内容之一，也是环境保护的重要措施之一。工业项目绿化应按照国土资源部现行《工业项目建设用地控制指标》（国土资发〔2008〕24 号）的规定，严格控制厂区绿化率；用地范围内不得建造“花园式工厂”；同时工厂的绿地率应符合有关标准和规范，绿化率不得超过 20% 。

厂区绿化系数 =（厂区绿化用地计算面积/厂区占地面积）×100%

（六）总图技术经济指标

1．概述。厂区总平面布置的技术经济指标应执行国土资源部现行《工业项目建设用地控制指标》的规定。它是贯彻国家供地政策，集约用地、节约用地及对土地资源合理利用的需要，是土地预审报告、项目申请报告中的重要内容。总图技术经济指标可用于多方案比较或与国内、外同类先进工厂的指标对比，以及进行企业改、扩建时与现有企业指标对比，还可用于衡量设计方案的经济性、合理性和技术水平。

2．几个重要的用地控制指标计算见表 4-2-3。

表 4-2-3 几个重要的用地控制指标

指　标	计算公式
投资强度	项目固定资产总投资（万元）/项目总用地面积（万 m^2）式中，项目固定资产总投资包括厂房、设备和地价款、相关税费
建筑系数	（建筑物占地面积 + 构筑物占地面积 + 堆场用地面积）/项目总用地面积 ×100%
场地利用系数	建筑系数 + ［（道路、广场及人行道占地面积 + 铁路占地面积 + 管线及管廊占地面积）/项目总用地面积 ×100%］
容积率	总建筑面积/总用地面积
行政办公及生活服务设施用地所占比重	行政办公、生活服务设施占用土地面积/项目总用地面积 ×100%

注：建筑系数和场地利用系数是衡量项目总平面布置水平的重要指标。一般工业项目建筑系数应不低于 30%；当建筑物层高超过 8m，在计算容积率时该层建筑面积加倍计算；当无法单独计算行政办公和生活服务设施占用土地面积时，可以采用行政办公和生活服务设施建筑面积占总建筑面积的比重计算得出的分摊土地面积代替；工业项目所需行政办公及生活服务设施用地面积不得超过工业项目总用地面积的 7%。

二、总图运输方案比选

应对总图布置方案从技术经济指标和功能方面进行比选，择优推荐，见表 4-2-4。

表 4-2-4 总图运输方案比选方式

方　式	内　容
1. 技术指标比选	厂区占地面积、厂区占地面积、道路和广场占地面积、露天堆场占地面积、铁路占地面积、绿化面积、投资强度、建筑系数、容积率、行政办公及生活服务设施用地所占比重、绿化系数、场地利用系数、土石方挖填工程量、地上地下管线工程量、防洪措施工程量、不良地质处理工程量
2. 总图布置费用的比选	土石方费用、地基处理费用、地下管线费用、防洪抗震设施费用
3. 其他比选内容	
（1）功能比选	生产流程的短捷、流畅、连续程度，项目内部运输的便捷程度以及安全生产满足程度
（2）拆迁方案比选	拟建项目占用土地内的原有建筑物、构筑物的数量、面积、类型、可利用的面积、需拆迁部分的面积、拆迁后原有人员及设施的去向、项目需支付的补偿费用
（3）运输方案的比选	运输方案主要是在满足生产的功能条件前提下，进行技术经济比选

案例 4.（2009 年、2012 年真题）西北某黄河沿岸城市拟新建一工业项目，该项目需要从黄河取水，年用水量约为 1200 万立方米，用水指标拟通过水权转让方式获得。某咨询机构受政府投资主管部门委托，对该项目进行核准评估。经过现场调查和分析论证，咨询机构

认为该项目申请报告存在以下缺陷：项目位于地震断裂带附近，该申请报告没有附地震安全性评价意见。

【问题】

1. 该项目是否需要开展水资源论证？说明理由。通过水权转让方式获得用水指标，应当经过什么程序？

2. 地震安全性评价报告应该包括哪些内容？

【答案】

1.（1）该项目需要开展水资源论证，理由：根据规定，对于直接从江河、湖泊或地下取水并需申请取水许可证的新建、改建、扩建项目，应按规定进行建设项目水资源论证。

（2）通过水权转让获得用水指标，应编制水权转让可行性研究报告，签订水权转让协议并获得水资源流域主管部门审批。

2. 地震安全性评价报告应该包括：工程概况和地震安全性评价的技术要求；地震活动环境评价；地震地质构造评价；设防烈度或者设计地震动参数；地震地质灾害评价；其他有关技术资料。

【解析】此题考核的是工程方案及配套工程方案的内容，这个知识点在复习时容易被忽略，要求考生加强记忆。

★**相关知识点**：工程方案及配套工程方案

（一）工程方案选择的基本要求

（1）满足生产使用功能要求。

（2）适应已选定的场（厂）址（线路走向）。

（3）符合工程标准规范要求。

（4）经济合理。

（二）防震抗震与地震安全性评价

1. 防震抗震。根据所在区域地震历史概况，结合工程特点，制订切实可行的防震抗震措施，力求把地震灾害和造成的次生灾害减少到最小程度。可行性研究阶段，应当按照抗震设防要求和抗震设计规范，提出抗震设计措施。

2. 地震安全性评价。地震安全性评价报告应当包括：工程概况和地震安全性评价的技术要求；地震活动环境评价；地震地质构造评价；设防烈度或者设计地震动参数；地震地质灾害评价；其他有关技术资料。

3. 配套工程。建设项目的配套工程系指公用工程、辅助工程和厂外配套工程。这里只介绍给水排水工程，其他工程内容可见教材。

（1）给水工程。

①水源选择：包括城市自来水水源、地表水水源、地下水水源。

②水资源论证：对于直接从江河、湖泊或地下取水，国际跨界河流、国际边界河流和跨省内陆河流取水，并需申请取水许可证的新建、改建、扩建的建设项目，建设项目业主单位应按规定进行建设项目水资源论证，并获得水资源主管部门审批。资源性缺水地区如果通过水权转让获得用水指标，应编制水权转让可行性研究报告，签订水权转让协议并获得水资源流域主管部门审批。

③净水厂及给水泵站。

④用水量。

⑤给水系统：包括生产（低压消防）给水系统、生活给水系统、化学水给水系统。

⑥节水指标：

➢ 重复利用率：重复利用水量与生产过程中总用水量之比，生产过程中总用水量为重复利用水量与取用的新水量之和。

➢ 单位产品耗水量：年生产用新水量综合与产品总量之比。

➢ 新水利用系数：（新水量－外排水量）/新水量。

（2）排水工程。排水工程一般按照清污分流、分质排放的原则设置。排水系统一般包括清净废水系统、生活污水系统、生产污水系统（含污染区的初期雨水）、雨水排水系统等。

（3）污水处理。电力、化工、石化等高用水企业应设置回用水处理系统。水的回收率应保持在80%左右。

第三章　循环经济与资源合理利用

核心考点

- 循环经济的3R原则、循环经济评价指标体系
- 项目用地预审
- 项目节能分析评价
- 水资源论证和项目节水

复习指导

本章多为定性内容，考核方式比较简单，以案例中小问题的形式出现，其中循环经济评价指标有些简单的计算公式，也是经常考核的章节。其中，最重要的指标是单位国内生产总值能源消费。

历年考题情况见表4-3-1。

表4-3-1　历年考题情况

年　份	考核方式	考核知识点
2008年	项目占用土地的许可程序	项目用地预审
2011年	循环经济的基本原则	循环经济
2012年	项目节能评估报告的内容	项目节能评估

注：2010年至2012年都考核了能耗指标的计算；2012年结合工程方案考核了水资源论证的程序，本章侧重水资源论证报告的内容。

题・解析

案例1.（2010年真题）甲咨询公司接受某企业委托，编写某种矿产资源开发项目的申请报告。通过相关调查，收集整理资料如下：（1）2009年该行业产值为750亿元，（2）2009年该行业能耗折合标准煤为1020万吨（目前该行业单位产值能耗的国际先进水平为0.85吨标准煤/万元）。

【问题】2009年该行业的单位产值能耗是多少？是否达到国际先进水平？

【答案】2009年该行业的单位产值能耗＝1020/750＝1.36（吨标准煤/万元），小于0.85吨标准煤/万元，说明还未达到国际先进水平。

案例2.（2011年真题）某拟建工业项目生产M产品，设计生产规模为200万吨/年。该产品的生产过程由A、B、C三道工序组成。达产年M产品的能源消耗见表4-3-2。甲咨询公司在编制该项目申请报告时，从循环经济的角度对资源节约、节能减排等进行了分析。

表4-3-2 生产M产品的能源消耗表

序号	能源名称	单　位	年消耗量		
			A工序	B工序	C工序
1	原煤	万吨	20	24	10
2	焦炭	万吨	—	34	—
3	电力	万千瓦小时	2500	3000	1500

经调查，生产M产品的国内先进能耗水平是375千克标准煤/吨，国际先进能耗水平是320千克标准煤/吨。

【问题】

1. 指出甲咨询公司从循环经济的角度对资源节约、节能减排等进行分析时，应遵循的基本原则，并说明其内涵。

2. 计算M产品的综合能耗指标（千克标准煤/吨），并据此分析说明该项目能源消耗达到什么水平（计算结果保留两位小数）。

注：①1千克标准煤热值=7000千卡。②本项目使用的各类能源平均低位发热量：1千克原煤热值=5000千卡；1千克焦炭热值=6800千卡；1千瓦小时电=2500千卡（按火力发电煤耗计算）。

【答案】

1. 应遵循减量化、再利用、资源化的原则。

减量化是指在生产、流通和消费等过程中减少资源消耗和废物产生。

再利用是指将废物直接作为产品或者经修复、翻新、再制造后继续作为产品使用，或者将废物的全部或者部分作为其他产品的部件予以使用。

资源化是指将废物直接作为原料进行利用或者对废物进行再生利用。

2. A工序的能源消耗量 $=\frac{20\times10^3\times5000+2500\times2500}{7000}=15178.57$（万千克标准煤）

B工序的能源消耗量 $=\frac{24\times10^3\times5000+34\times10^3\times6800+3000\times2500}{7000}=51242.86$（万千克标准煤）

C工序的能源消耗量 $=\frac{10\times10^3\times5000+1500\times2500}{7000}=7678.57$（万千克标准煤）

M产品的综合能耗指标 $=\frac{15178.57+51242.86+7678.57}{200}=370.5$（千克标准煤/吨）

该项目产品单位能源消耗高于国内先进能耗水平，但低于国际先进能耗水平。

【解析】以上两题考核的是循环经济的3R原则、循环经济评价指标体系的内容，多与项目申请报告、环境影响分析等其他相关联的知识点出综合性案例，内容比较简单，其中循环经济评价指标涉及多项指标的计算，应熟记各评价指标的计算公式。2010年和2011年考试中均有相关知识点涉及，2012考试中未出现相关知识点。

★相关知识点：循环经济与资源综合利用

一、循环经济的3R原则

我国《循环经济促进法》规定，循环经济是指在生产、流通和消费等过程中进行的减量化、再利用、资源化活动的总称。循环经济是一种生态型的闭环经济，形成合理的封闭循环，要求在项目建设和运营中遵循循环经济的3R原则，即资源利用的减量化原则、再利用原则、资源化原则，见表4-3-3。在资源利用的各个环节做到合理利用资源、最大限度地减少废弃物排放，力争做到排放的无害化，实现资源再循环利用。

表4-3-3 3R原则

原 则	内 涵
减量化原则	是指在生产、流通和消费等过程中减少资源消耗和废物产生
再利用原则	是指将废物直接作为产品或者经修复、翻新、再制造后继续作为产品使用，或者将废物的全部或者部分作为其他产品的部件予以使用
资源化原则	是指将废物直接作为原料进行利用或者对废物进行再生利用

二、循环经济评价指标体系

该体系由资源产出指标、资源消耗指标、资源综合利用指标、废物排放（处置）指标四大部分构成，分为宏观层面的评价指标体系和工业园区的评价指标体系，使用中要结合循环经济运行特点，分别选取相应的具体评价指标。

1. 宏观层面的评价指标（18个）。这里重点介绍几个考试中常出现的指标，见表4-3-4。

表4-3-4 几个宏观层面的评价指标

评价指标	计算公式
主要矿产资源产出率	国内生产总值（亿元，不变价）/主要矿产资源消耗总量（万吨）
能源产出率	国内生产总值（亿元，不变价）/能源综合消耗总量（万吨标准煤）
单位国内生产总值能耗	能源消耗总量（吨标准煤）/国内生产总值（万元，不变价）
单位工业增加值能耗	工业能源消耗总量（吨标准煤）/工业增加值（万元，不变价）
重点行业主要产品单位综合能耗	生产钢（铜、铝、水泥、化肥、纸）能源消耗量（吨标准煤）/钢（铜、铝、水泥、化肥、纸）产量（吨）

2. 工业园区的评价指标（14个）。与宏观层面的评价指标含义相同，只是所使用的数据范围界定为工业园区，这里重点介绍几个指标，见表4-3-5。

表4-3-5 几个宏观层面的评价指标

评价指标	计算公式
土地产出率	工业园内生产总值（万元）/园区用地面积（公顷）
水资源产出率	国内生产总值工业园内生产总值（万元）/取水总量（立方米）
单位生产总值能耗	能源消耗总量（吨）/工业园内生产总值（万元，不变价）
重点产品单位能耗	能源消耗量（吨标准煤）/产品产量（吨）
重点产品单位水耗	用水（新鲜水）量（亿立方米）/产品产量（吨）

案例 3. （2008 年真题）某外商拟在某地投资建设一基础设施项目，委托咨询单位进行可行性研究工作。项目占用的是荒地，咨询单位建议外商征求当地规划部门和土地管理部门的意见。外商认为项目不占用耕地，只需得到规划部门的批准而不必向土地管理部门申请用地许可。

【问题】 指出上面外商的意见是否妥当，并简述理由。

【答案】 外商的意见不妥当，理由：根据《建设项目用地预审管理办法》，要项目占用国有土地，必须经过当地土地管理部门的评估和审查。

【解析】 项目用地预审是审批项目可行性研究报告、核准项目申请报告的主要前置条件和必备文件。

★相关知识点： 项目土地预审

国家规定，在建设项目审批、核准、备案阶段，国土资源管理部门应依法对建设项目涉及的土地利用事项进行审查，这是必要的前置条件。项目用地预审见表 4-3-6。

表 4-3-6　项目用地预审涉及内容

类　别	内　容
项目用地预审的申请	（1）需审批的建设项目在可研阶段，由建设用地单位提出预审申请； （2）需核准的建设项目在核准前，由建设单位提出预审申请； （3）需备案的建设项目在办理备案手续后，由建设单位提出预审申请
项目用地预审原则	（1）应遵循的原则符合土地利用总体规划； （2）保护耕地，特别是基本农田； （3）节约和集约利用土地； （4）符合国家供地政策
项目用地预审内容	（1）项目选址是否符合土地利用总体规划，是否符合国家供地政策和土地管理法律、法规规定的条件； （2）用地规模是否符合有关建设用地指标的规定； （3）项目占用耕地的，补充耕地补充方案是否可行； （4）征地补偿费和矿山项目土地复垦资金的拟安排情况； （5）项目用地需修改土地利用总体规划的，规划的修改方案、规划修改对规划实施影响评估报告等是否符合法律、法规的规定
项目用地预审申请报告的内容	（1）拟建项目的基本情况； （2）拟选址占地情况； （3）拟用地面积确定的依据和适用建设用地指标情况； （4）补充耕地初步方案； （5）征地补偿费用和矿山项目土地复垦资金的拟安排情况等； （6）项目建议书批复文件或项目备案批准文件
项目用地预审有效性	（1）项目用地预审文件有效期为两年，自批准之日起计算； （2）未经预审或预审未通过的，不得批复可行性研究报告、核准项目申请报告；不得批准农用地转用、土地征收；不得办理供地手续

注意：项目选址位于地质灾害易发区的，还要提交地质灾害危险性评估报告（见前面第2章有关表述）。场（厂）址选择、地质灾害危险性评估、用地预审是关联性比较强的四块内容，容易出综合性案例。

案例4.（2012年真题）某境外企业拟在国内投资建设设备制造项目，采用公开招标方式选择D工程咨询单位开展项目可行性研究工作。D咨询单位编写了该项目节能评估报告，主要内容包括：评估依据；项目概况；项目能源情况评估（包括项目能源消耗量、项目所在地的能源资源条件以及项目对所在地能源影响的评估）；项目节能措施评估；结论、问题和建议。

【问题】D咨询单位编制的节能评估报告还应补充哪些内容？

【答案】补充内容：项目建设方案节能评估、能源消费结构和能源利用效率评估，及附图、附表。

【解析】此题考核的是项目节能评估与审查，在第一科目项目前期阶段咨询内容中有详细阐述。与本章介绍的项目节能分析评价分析的角度不一样，项目节能分析评价与审查是从政府行政程序的角度出发进行的，项目节能分析评价是从项目可行性分析角度，应进行的评价内容。

★相关知识点：项目节能分析评价

项目节能评价主要是评价项目产品生产工艺技术、工艺流程等的能源利用是否科学合理，所采用的提高能源回收率、提高能源效率等节能技术的水平以及节能措施。

项目可行性研究应当包括合理用能的专题论证，可研报告“节能篇（章）”的主要内容见表4-3-7。

表4-3-7　项目可行性研究节能专篇主要内容

指　　标	内　　容
项目概况	建设单位基本情况；项目基本情况；项目建设方案
项目所在地能源供应条件	项目使用能源品种的选用原则；项目所在地能源供应条件
用能标准和节能设计规范	相关法律、法规、规划和产业政策；工业类相关标准及规范；建筑类相关标准及规范； 交通类相关标准及规范；相关终端用能产品能效标准；同行业国内先进水平以及国际先进水平
项目能源消耗种类、数量及能源使用分布情况	项目能源消耗种类、来源及年总消耗量；单项工程能源消耗种类、来源及年消耗量；对改、扩建项目原有生产工艺、设备和建筑物的能耗分析，年耗能种类和数量，用能存在的主要问题；能源加工、转换、贮存和利用情况
项目节能措施及效果分析	节能措施：节能措施综述、相关专业的节能措施；能耗指标；效果分析

★相关知识点：项目水资源论证

对于直接从江河、湖泊或地下取水并需申请取水许可证的新建、改建、扩建项目，应按规定进行建设项目水资源论证，编制项目水资源论证报告书。

项目水资源论证报告书的内容包括：

（1）总论；

（2）建设项目概况；

（3）建设项目所在流域或区域水资源开发利用现状；

（4）建设项目取水水源论证：地表水源论证、地下水源论证、其他水源论证；

（5）项目用水合理性分析：用水过程及水平衡分析、退（排）水情况及对水环境的影响分析、对水资源状况及其他取水户的影响分析；

（6）水资源保护措施；

（7）影响其他用水户权益的补偿方案；

（8）水资源论证报告。

第四章　环境影响评价

核心考点

- 建设项目环境影响评价的内容
- 规划环境影响评价的内容
- 环境影响的经济损益分析

复习指导

此章属于重要内容，在经济分析中经常应用到，可能会与经济分析、社会分析等结合出综合案例。重点是有关报批程序和有关文件的内容，难点是环境影响经济损益分析和环境价值评估方法，要熟记各环境价值评估方法的含义和应用条件。

历年考题情况见表4-4-1。

表4-4-1　历年考题情况

年　份	考核方式	考核知识点
2008年	（1）建设项目环境影响评价的分类管理； （2）建设项目环境影响评价文件的报批时限	建设项目环境影响评价
2009年	（1）建设项目环境影响评价文件的报批时限； （2）环境影响报告书的内容； （3）环境影响经济损益分析的步骤	建设项目环境影响评价； 环境影响经济损益分析
2011年	（1）规划环境影响评价分析、预测和评估的内容； （2）环境影响经济损益分析的步骤	规划环境影响评价； 环境影响经济损益分析
2012年	建设项目环境影响评价文件的报批	建设项目环境影响评价

题・解析

案例1.（2008年真题）某外商拟投资建设一基础设施项目，可能会对环境造成轻度影响，因项目前期工作的需要，聘用咨询单位开展相关工作。咨询工作中发生如下事件：该外商要求咨询单位完成项目环境影响评价工作，并协助外商完成《环境影响登记表》的填报；外商认为该项目只需向当地政府备案即可，为获得备案需先得到环保部门的环评批准文件。

【问题】指出事件中外商的两个意见是否妥当，并简述理由。

【答案】

（1）意见一不妥当，理由：因为该项目会对环境造成轻度影响，按照有关规定，该项目应该编制《环境影响报告表》。

（2）意见二不妥当，理由：外商投资项目按《国务院关于投资体制改革的决定》，实行核准制；实行核准制的建设项目，建设单位应当在提交项目申请报告前完成环境影响评价文件报批手续。

案例 2.（2009 年真题）某咨询公司具有相应的工程咨询和环境影响评价资质，近期开展了以下咨询业务：受 A 企业委托，对其需报政府核准的某项目编制了环境影响报告书。报告书包括以下内容：（1）建设项目概况；（2）建设项目周围环境现状；（3）建设项目对环境可能造成影响的分析、预测和评估；（4）环境影响评价的结论。

【问题】除上述内容外，环境影响报告书还应包括哪些内容？

【答案】除上述内容外，环境影响报告书还应包括：建设项目环境保护措施及其技术、经济论证；建设项目对环境影响的经济损益分析；对建设项目实施环境监测的建议。

【解析】两题考核的是建设项目环境影响评价，内容简单，属于记忆性内容，多以小问题的形式出现，答题前要看清题目要求，解答条理清晰。

★相关知识点：建设项目环境影响评价

（一）建设项目环境影响评价的分类管理（见表 4-4-2）

表 4-4-2　建设项目环境影响评价分类管理的原则规定

分类原则	管理规定
可能造成重大环境影响的	应当编制环境影响报告书，对产生的环境影响进行全面评价
可能造成轻度环境影响的	应当编制环境影响报告表，对产生的环境影响进行分析或专项评价
对环境影响很小、不需要进行评价的	应当填报环境影响登记表

国家对建设项目的环境保护实行分类管理，对环境影响大的建设项目从严把关管理，坚决防止对环境的污染和生态的破坏；对环境影响小的建设项目适当简化评价内容和审批程序，促进经济的快速发展。

（二）建设项目环境影响评价的内容

1. 建设项目环境影响报告书应当包括的内容：

（1）建设项目概况。

（2）建设项目周围环境现状。

（3）建设项目对环境可能造成影响的分析、预测和评估。

（4）建设项目环境保护措施及其技术、经济论证。

（5）建设项目对环境影响的经济损益分析。

（6）对建设项目实施环境监测的建议。

（7）环境影响评价的结论。

2. 根据新要求，环境影响报告书的内容还应补充：风险评价、公众参与、总量控制、清洁生产和循环经济、水土保持、社会环境影响评价。

3. 环境影响报告表和登记表的内容：

（1）《建设项目环境影响报告表（试行）》必须由具有环境影响评价资质的单位填写。

填报内容主要有：建设项目基本情况、建设项目所在地自然环境社会环境简况、环境质量状况、主要环境保护目标、评价适用标准、工程内容及规模、与本项目有关的原有污染情况及主要环境问题、建设项目工程分析、项目主要污染物产生及预计排放情况、环境影响分析、建设项目拟采取的防治措施及预期治理效果、结论与建议等。需要注意，环境影响报告表如不能说明项目产生的污染及对环境造成的影响，应根据建设项目的特点和当地环境特征，选择1～2项进行专项评价，专项评价按照环境影响评价技术导则中有关要求进行。

(2)《建设项目环境影响登记表（试行)》的填写不要求是具备环境影响评价资质的单位，一般是建设单位自行填写。其填报内容包括四个表：表一为项目基本情况；表二为项目地理位置示意图和平面布置示意图；表三为周围环境概况和工艺流程与污染流程；表四为项目排污情况及环境措施简述。

（三）项目环境影响评价文件的审批（见表4-4-3）

表4-4-3　项目环境影响评价文件的审批

审批部门	有审批权的环境保护行政主管部门	
报批时限	实行审批制的建设项目	建设单位报送可行性研究报告前完成环境影响评价文件报批手续
	实行核准制的建设项目	在提交项目申请报告前完成环境影响评价文件报批手续
	实行备案制的建设项目	在办理备案手续后和项目开工前完成环境影响评价文件报批手续

案例3.（2011年真题）某咨询公司接受N市某主管部门委托，编制该市“十二五”期间住房建设规划，咨询公司完成住房建设规划方案（征求意见稿）后，N市某主管部门组织了论证会，为了落实建设“环境友好型社会”的要求，与会专家充分讨论了减轻环境影响的问题，提出根据有关规定，应对该规划进行环境影响评价。

【问题】根据《规划环境影响评价条例》，对该规划方案的环境影响评价应当分析、预测和评估哪些内容？

【答案】应当分析、预测和评估：（1）规划实施可能对相关区域、流域、海域生态系统产生的整体影响；（2）规划实施可能对环境和人群健康产生的长远影响；（3）规划实施的经济效益、社会效益与环境效益之间以及当前利益与长远利益之间的关系。

【解析】此题考核的是规划环境影响评价，内容简单，多加强记忆。

★相关知识点：规划环境影响评价

（一）规划环境影响评价的具体范围和要求

国务院有关部门、设区的市级以上地方人民政府及其有关部门，对其组织编制的土地利用的有关规划和区域、流域、海域的建设、开发利用规划（以下称综合性规划)，以及工业、农业、畜牧业、林业、能源、水利、交通、城市建设、旅游、自然资源开发的有关专项规划（以下称专项规划)，应当进行环境影响评价。

编制综合性规划，应当根据规划实施后可能对环境造成的影响，编写环境影响篇章或者说明；编制专项规划，应当在规划草案报送审批前编制环境影响报告书；编制专项规划中的指导性规划，应当编写环境影响篇章或者说明。

注意：指导性规划是指以发展战略为主要内容的专项规划。

（二）规划环境影响评价的内容

1. 规划环境影响评价的分析、预测和评估内容：

（1）规划实施可能对相关区域、流域、海域生态系统产生的整体影响。

（2）规划实施可能对环境和人群健康产生的长远影响。

（3）规划实施的经济效益、社会效益与环境效益之间以及当前利益与长远利益之间的关系。

2. 综合规划环境影响篇章或者说明的内容：

（1）规划实施对环境可能造成影响的分析、预测和评估。主要包括资源环境承载能力分析、不良环境影响的分析和预测以及与相关规划的环境协调性分析。

（2）预防或者减轻不良环境影响的对策和措施。主要包括预防或者减轻不良环境影响的政策、管理或者技术等措施。

3. 专项规划环境影响报告书的内容，除包括上述内容外，还应当包括环境影响评价结论。主要包括规划草案的环境合理性和可行性，预防或者减轻不良环境影响的对策和措施的合理性与有效性，以及规划草案的调整建议。

（三）规划环境影响评价文件的审查

规划编制机关在报送审批综合性规划草案、专项规划中的指导性规划草案时，应当将环境影响篇章或者说明作为规划草案的组成部门一并报送规划审批机关。

规划编制机关在报送审批专项规划草案时，应当将环境影响报告书一并附送规划审批机关审查。

案例 4.（2011 年真题）某拟建工业项目生产 M 产品，该产品的生产过程由 A、B、C 三道工序组成。甲咨询公司在编制该项目申请报告时，对项目建设可能造成的环境影响进行了经济损益分析。

【问题】写出甲咨询公司进行项目环境影响经济损益分析的主要工作步骤。

【答案】项目环境影响经济损益分析的工作步骤：（1）筛选环境影响；（2）量化环境影响后果；（3）评估环境影响价值；（4）将环境影响价值纳入项目的经济分析。

【解析】此题考核的是环境影响的经济损益分析的内容，回答该类问题，要简答扼要，复习时要加强知识点的记忆。

★相关知识点：环境影响的经济损益分析

（一）环境影响经济损益分析概述

环境影响的经济损益分析，也称为环境影响的经济评价，即估算某一项目、规划所引起的环境影响的经济价值，并将其纳入项目、规划的经济费用效益分析中去，以判断这些环境影响对该项目、规划的可行性会产生多大的影响。对负面的环境影响，应估算环境成本；对正面的环境影响应估算环境效益。

（二）环境影响经济损益分析的步骤

环境影响经济损益分析就是在费用效益分析中体现出环境影响的作用，即先把环境受到的损害货币化后计入费用（外部费用）、把得到的环境效果货币化后计入效益（外部效益），然后进行经济费用效益分析。

环境影响经济损益分析一般按以下四个步骤来进行：

1．筛选环境影响。环境影响被筛选为三大类，一类是被剔除、不再作任何评价分析的影响；另一类是需要作定性说明的影响；最后一类才是那些需要并且能够量化和货币化的影响。

2．量化环境影响后果。将前一阶段已经预测的环境受影响程度转化为易于进行价值评估的量化的环境功能损害后果。

3．评估环境影响价值。采用环境经济学的环境经济损益分析方法，对量化后的环境功能损害后果进行货币化估价，即对建设项目的环境费用或环境效益进行估价。

4．将环境影响价值纳入项目的经济分析。将货币化的环境影响价值纳入经济费用效益流量表，计算出费用效益经济净现值和经济内部收益率，以判断是否改变和多大程度上改变了原有的可行性评价指标，从而判断项目的环境影响在多大程度上影响了项目的可行性。

（三）环境价值的定义

1．环境总经济价值的组成。环境的价值称为总经济价值（TEV），包括环境的使用价值和非使用价值两个部分，详细内容见表4-4-4。

表4-4-4　环境总经济价值的组成

组成部分	内涵	
环境的使用价值	是指环境资源被生产者或消费者使用时，满足人们某种需要或偏好所表现出的价值，包括：	直接使用价值
		间接使用价值
		选择价值
环境的非使用价值	是指环境本身的内在价值，与人们是否使用它没有关系	
总经济价值的组成	环境总经济价值＝环境使用价值＋环境非使用价值 ＝（环境直接使用价值＋间接使用价值＋选择价值）＋环境非使用价值	

2．环境价值的度量。环境价值的恰当度量是人们的最大支付意愿。市场价格在有些情况下可以近似地衡量物品的价值，它通常低于消费者的最大支付意愿，二者之差是消费者剩余。三者的关系为：

$$价值=支付意愿=价格\times消费量+消费者剩余$$

环境物品或服务的价值等于人们享受这些环境物品或服务时所获得的消费者剩余。

（四）环境价值评估方法

环境价值评估方法主要有三类：直接市场评估法、间接市场评估法和意愿调查评估法，详细内容见表4-4-5。

表4-4-5　环境价值评估方法表

评估方法	内涵	分类
直接市场评估法	是把环境质量看作同劳动力、土地资源等一样的生产要素，通过测量环境质量的变动带来的产品价格和产出水平的变动来估算	生产力变动法
		疾病成本法与人力资源法
		机会成本法

续表 4-4-5

评估方法	内 涵	分 类
间接市场评估法	又称揭示偏好法，通过考察人们在与环境联系紧密的市场中所支付的价格或所获得的利益，间接推断出环境质量变化的估价	内涵资产定价法
		防护支出法
		旅行费用法
意愿调查评估法	是指通过调查等方法，让消费者直接表述出他们对环境物品或服务的支付意愿（或接受赔偿意愿），或者对其价值进行判断。用于评价环境资源的选择价值和存在价值	

注：①生产力变动法。是指环境质量的变化导致生产力和生产成本的变化。

②疾病成本法与人力资本法。环境污染引起人体健康的经济损失，分为直接经济损失（预防和医疗费用、死亡丧葬费）；间接经济损失（影响劳动工时造成的损失）。该方法一般用在对环境有明显毒害作用的特大型项目。

③机会成本法。把某资源投入特定用途后所放弃的在其他用途中所能获得的最大利益。适用于对自然保护区或具有唯一性特征的自然资源的开发项目。

④内涵资产定价法。是指人们赋予环境的价值可从他们购买的具有环境属性的商品价格中推断出来。如从房地产价格中分离出环境因素引起的那部分变化；不同工作环境带来的工资差异（工资差额比较法）。

⑤防护支出法。是指根据人们为防止环境退化所准备支出的费用来推断。多用于评估噪声、危险品和其他污染造成的损失，如采取防护措施发生的费用，购买环境替代品的费用；迁移发生的费用。

⑥旅行费用法。用于评价没有市场价格的自然景点或环境资源的价值。旅游者通过消费这些商品或服务所获得的效益，或对这些旅游场所的支付意愿。

第五章 投资估算

核心考点

- 建设投资估算方法
- 进口设备购置费、基本预备费、涨价预备费的估算方法
- 建设期利息的估算方法
- 流动资金的估算方法

复习指导

本章是重点复习章节，经常与第8章财务分析结合起来出综合案例题，一定要熟练掌握有关分项投资的估算方法，如进口设备购置费、涨价预备费、建设期利息等。计算难度不大，关键是通过研习案例来记牢估算公式，按照估算步骤逐项计算。

历年考题情况见表4-5-1。

表4-5-1 历年考题情况

年份	考核方式	考核知识点
2009年	计算项目总投资	项目总投资的构成
2010年	估算建设投资及建设期利息	建设投资的构成； 建设期利息的估算
2012年	计算项目的建设期利息，估算项目总投资	建设期利息的估算； 项目总投资的构成

题·解析

案例1.（自编题）某地拟新建一个制药项目，根据预可行性研究提供的工艺设备清单和询价资料，估算该项目设备购置费为4200万元。根据已建同类项目统计资料，建筑工程费占设备购置费的18%，安装工程费占设备购置费的12%，其他有关费用估计为800万元，调整系数均为1.1。

【问题】试估算该拟建项目的建设投资。

【答案】该项目的建设投资 $=E(1+f_1P_1+f_2P_2)+I$

$$=4200\times[1+(18\%+12\%)\times1.1]+800$$

$$=6386\text{（万元）}$$

【解析】此题考核的是建设投资估算法中的比例估算法，是以拟建项目的设备购置费为基数进行的估算。比较容易，记住估算方法的公式即可。

★**相关知识点**：建设投资估算方法

建设投资按概算法分类包括工程费用、工程建设其他费用和预备费用，其中：工程费用包括建筑工程费、设备购置费和安装工程费，预备费用包括基本预备费和涨价预备费；按形成资产法分类包括形成固定资产的费用、形成无形资产的费用、形成其他资产的费用和预备费四类。建设投资、建设期利息和流动资金构成项目总投资。

建设投资估算法包括单位生产能力估算法、生产能力指数法、比例估算法、系数估算法、估算指标法等。

1．单位生产能力估算法：最为粗略，一般仅用于投资机会研究阶段；估算简便迅速，但精确度较差；要求与所选取的已建项目仅存在规模大小和时间上的差异。

估算公式：$Y_2 = \frac{Y_1}{X_1} \times X_2 \times CF$

式中：Y_2——拟建项目的投资额；

Y_1——已建类似项目的投资额；

X_1——已建类似项目的生产能力；

X_2——拟建项目的生产能力；

CF——不同时期、不同地点的定额、单价、费用变更等的综合调整系数。

2．生产能力指数法：相比单位生产能力估算法准确度提高，在不同阶段都有一定应用，但范围受限；计算简单、速度快，但要求类似项目的资料可靠，条件基本相同，否则误差就会增大；对于建设内容复杂的项目，可研阶段有时也用于分项装置的工程费用估算。

估算公式：$Y_2 = Y_1 \times \left(\frac{X_2}{X_1}\right)^n \times CF$

式中：n——生产能力指数。

3．比例估算法。

（1）以拟建项目的设备购置费为基数进行估算：$C = E\ (1 + f_1P_1 + f_2P_2)\ + I$

式中：C——拟建项目的建设投资额；

E——拟建项目根据当时当地价格计算的设备购置费；

P_1、P_2——已建项目中建筑工程费和安装工程费占设备购置费的百分比；

f_1、f_2——由于时间、地点等因素引起的定额、价格、费用标准等综合调整系数；

I——拟建项目的其他费用，包括工程建设其他费用和预备费等。

（2）以拟建项目的工艺设备投资为基数进行估算：$C = E\ (1 + f_1P'_1 + f_2P'_2 + f_3P'_3 + \cdots)\ + I$

式中：E——拟建项目根据当时当地价格计算的工艺设备投资；

P'_1、P'_2、P'_3……——已建项目各专业工程费用占工艺设备投资的百分比。

4．系数估算法。

（1）朗格系数法：以设备购置费为基础，乘以适当系数来推算。

该方法比较简单，但由于没有考虑项目（或装置）规模大小、设备材质的影响以及不同地区自然、地理条件差异的影响，所以估算的准确度不高。

（2）设备及厂房系数法：在拟建项目工艺设备投资和厂房土建投资估算的基础上，其他专业工程参照类似项目的统计资料，与设备关系较大的按设备投资系数计算，与厂房土建关系较大的则按厂房土建投资系数计算，两类投资加起来，再加上拟建项目的其他有关费用，即为拟建项目的建设投资。

5．估算指标法：是一种比概算指标更为扩大的单项工程指标或单位工程指标，以单项工程或单位工程为对象，综合项目建设中的各类成本和费用，具有较强的综合性和概括性。

精确度比概算指标法低，主要适用于初步可行性研究；可研阶段也可采用，主要是针对建筑安装工程费以及公用和辅助工程等配套工程。

6．概算指标法：是以成套设备装置的台（组）或以整个建筑物和构筑物的建筑面积、体积等为计量单位而规定的人工、材料、机械台班的消耗量标准和造价指标。相对准确度较高，工作量较大，需要具备较为详细的工程量资料、材料价格和工程费用指标。

案例 2.（自编题）某新建高速公路项目总投资 95 亿元人民币，项目资金来源如下：某国际金融机构贷款 3 亿美元，国内商业银行贷款 50 亿元人民币，其余由交通部门和当地政府解决。该国际金融机构要求其部分贷款用于从国外采购 8 套相同的公路专用设备，且设备到达建设地点时的总金额不得超过其贷款总额的 10%。该设备的外贸手续费率为 1%，进口关税税率为 10%，进口环节增值税税率 17%，国内运杂费为 30 万元/套（假定不考虑其他税费，外汇牌价按 1 美元 =6.5 元人民币）。

【问题】每套公路专用设备的到岸价不高于多少美元，才符合国际金融机构的要求？

【答案】经分析，要求 8 套设备的购置费不得高于 30000 × 10% =3000（万美元），也就是说每套设备不得高于 3000 ÷ 8 =375（万美元）。

每套设备的购置费 = CIF + 进口关税 + 进口环节增值税 + 外贸手续费 + 国内运杂费≤375（万美元）

进口关税 = CIF × 10%

进口环节增值税 =（CIF + 关税）×17% = CIF ×（1 +10%）×17%

外贸手续费 = CIF × 1%

国内运杂费 =30 万元/套 =30 ÷6.5 =4.62（万美元/套）

即，[CIF + CIF × 10% + CIF ×（1 +10%）×17% + CIF × 1% +4.62]≤375

CIF≤285.57（万美元）

即每套公路专用设备的到岸价不高于 285.57 万美元才符合国际金融机构的要求。

【解析】该题是反向考核设备购置费的估算。各费用计算的关键是掌握计算基数用的是 CIF 价还是 FOB 价。题中还设置了一个小陷阱，要求的单位是美元，所以注意把用人民币表示的数据换算成美元。读题时即可先把题目中设置的细节要求标注出来，以防忽略。

★相关知识点：进口设备购置费的估算

进口设备购置费 = 进口设备货价 + 进口从属费用 + 国内运杂费

进口设备的货价：分为离岸价（FOB）与到岸价（CIF），CIF 价 = FOB 价 + 国外运费 + 国外运输保险费

进口从属费用 = 国外运费 + 国外运输保险费 + 进口关税 + 进口环节消费税 + 进口环节增值税 + 外贸手续费 + 银行财务费

国外运费 = 进口设备离岸价 × 国外运费费率，或单位运价 × 运量

国外运输保险费 =（进口设备离岸价 + 国外运费）× 国外运输保险费费率

注意：进口设备按到岸价计价时，进口从属费用不包括国外运费和国外运输保险费。

进口关税 = 进口设备到岸价 × 人民币外汇牌价 × 进口关税税率

$$进口环节消费税 = \frac{进口设备到岸价 \times 人民币外汇牌价 + 进口关税}{1 - 消费税税率} \times 消费税税率$$

进口环节增值税 =（进口设备到岸价 × 人民币外汇牌价 + 进口关税 + 消费税）× 增值税税率

外贸手续费 = 进口设备到岸价 × 人民币外汇牌价 × 外贸手续费费率

银行财务费 = 进口设备货价（一般视为离岸价）× 人民币外汇牌价 × 银行财务费费率

国内运杂费 = 进口设备离岸价 × 人民币外汇牌价 × 国内运杂费费率

案例 3.（2010 年真题）某企业拟投资建设的新项目有关情况如下：

项目计算期：建设期 2 年，生产期 10 年。

投资估算和资金使用计划：工程费用（含建筑工程费、设备购置费及安装工程费）为 10000 万元，工程建设其他费用为 1900 万元，基本预备费费率为 8%，建设期内年平均物价上涨指数为 5%。建设投资各年用款比例：第 1 年为 55%，第 2 年为 45%。流动资金估算为 800 万元。

【问题】估算项目的建设投资。

【答案】

工程费用 = 10000 万元

工程建设其他费用 = 1900 万元

基本预备费 =（10000 + 1900）× 8% = 952（万元）

涨价预备费：

第 1 年 = 10000 × 55% × 5% = 275（万元）

第 2 年 = 10000 × 45% × [(1 + 5%)^2 − 1] = 461.25（万元）

估算的涨价预备费 = 275 + 461.25 = 736.25（万元）

项目建设投资 = 10000 + 1900 + 952 + 736.25 = 13588.25（万元）

【解析】基本预备费的计算基数是工程费用和工程建设其他费用之和，而涨价预备费的计算基数是分年的工程费用。

★相关知识点：预备费的估算

基本预备费 =（工程费用 + 工程建设其他费用）× 基本预备费费率

涨价预备费 = $\sum_{t=1}^{n} I_t[(1+f)^t - 1]$，$I_t$ 是第 t 年的工程费用，f 是建设期价格上涨指数。

案例 4.（2010 年真题）接上题背景，资金筹措方案为：建设期各年资本金投入均占建设投资的 40%，其余为银行贷款，年内均匀投入。贷款宽限期 2 年（即建设期内不还本金），自投产后 5 年内采取等额还本方式还清全部贷款，贷款利息当年支付，贷款年利率 6%。流动资金全部来源于项目资本金。

【问题】估算项目的建设期利息。

【答案】建设期利息：

$$第1年 = \frac{13588.25 \times 55\% \times 60\%}{2} \times 6\% = 134.52（万元）$$

$$第2年 = \left[(13588.25 \times 55\% \times 60\%) + \frac{13588.25 \times 45\% \times 60\%}{2}\right] \times 6\% = 379.11（万元）$$

建设期利息 = 134.52 + 379.11 = 513.63（万元）

【解析】估算建设期利息要明确两个因素，一是借款是年内均衡使用还是年初发生，二是按单利还是按复利计息。这两点确定了建设期利息就会计算准确。

★相关知识点：建设期利息的估算

（1）借款额在建设期各年年初发生，建设期利息的计算公式为：

$$Q = \sum [(P_{t-1} + A_t) \times i]$$

式中：Q——建设期利息；

P_{t-1}——按单利计息，为建设期第 $t-1$ 年末借款累计；按复利计息，为建设期第 $t-1$ 年末借款本息累计；

A_t——建设期第 t 年借款额。

（2）借款额在建设期各年年内均衡发生，建设期利息的计算公式为：

$$Q = \sum \left[\left(P_{t-1} + \frac{A_t}{2} \right) \times i \right]$$

案例 5.（自编题）估算某项目经营期各年流动资金明细见表 4-5-2。

表 4-5-2 项目各年预计流动资金明细表 单位：万元

经营期年份	第 1 年	第 2 年	第 3 年	第 4 年	第 5 年
应收账款	700	1200	1200	1200	1200
存货	2000	3500	3500	3500	3500
现金	280	340	340	340	340
应付账款	300	600	600	600	600

【问题】计算项目各年的流动资金占用额和流动资金本年增加额。

【答案】

（1）计算各年流动资金占用额：

经营期第 1 年：流动资金 = 流动资产 − 流动负债

= （应收账款 + 存货 + 现金） − 应付账款

= （700 + 2000 + 280） − 300 = 2680（万元）

经营期第 2 ~ 5 年：流动资金 = （1200 + 3500 + 340） − 600 = 4440（万元）

（2）计算各年流动资金增加额：

流动资金本年增加额 = 本年流动资金 − 上年流动资金

经营期第 1 年：流动资金本年增加额 = 2680 万元

经营期第 2 年：流动资金本年增加额 = 4440 − 2680 = 1760（万元）

经营期第 3 ~ 5 年：流动资金本年增加额 = 4440 − 4440 = 0（万元）

【解析】流动资金本年增加额是一个很重要的概念，在第 8 章财务分析报表中“流动资金”一项内填入的数字就是流动资金本年增加额而非占用额。

★相关知识点：流动资金的估算

流动资金 = 流动资产 − 流动负债

流动资产 = 应收账款 + 预付账款（一般不考虑） + 存货 + 现金

流动负债 = 应付账款 + 预收账款（一般不考虑）

流动资金本年增加额 = 本年流动资金 - 上年流动资金

注意：项目投产初期所需流动资金在实际工作中应在项目投产前筹措，为简化计算，项目评价中流动资金可从投产第一年开始安排。

第六章　融资方案研究

核心考点

◆ 资本金筹措和债务资金筹措
◆ 资金成本分析
◆ 资金结构分析
◆ 融资风险分析

复习指导

本章复习难度不大，重点放在各自融资资金的资金成本计算上，理解公式含义，理清各项费用，代入公式计算。定性内容也是考核要点，如资金筹措渠道。

历年考题情况见表 4-6-1。

表 4-6-1　历年考题情况

年　份	考核方式	考核知识点
2008 年	给出资金筹措情况，计算融资方案的总体税后资金成本	资本资产定价模型； 所得税后的债务资金成本； 加权平均资金成本
2010 年	计算需筹措的项目资本金总额；简述资本金的筹措途径	项目资本金的含义； 资本金筹措途径
2013 年	特许经营项目融资优点 计算项目加权平均资金成本	特许经营项目融资 加权平均资金成本

题・解析

案例 1.（2010 年真题）某企业拟投资建设一新项目，建设期 1 年，生产期 10 年。估算工程费用（含建筑工程费、设备购置费及安装工程费）为 10000 万元，工程建设其他费用为 1900 万元，基本预备费为 952 万元，涨价预备费为 736 万元；流动资金估算为 800 万元。建设期各年资本金投入均占建设投资的 40%，其余为银行贷款。贷款宽限期 1 年（即建设期内不还本金），贷款利息当年支付，贷款年利率 6%。流动资金全部来源于项目资本金。

【问题】需要筹措的项目资本金总额是多少？筹措项目资本金可以有哪些途径？

【答案】

（1）建设投资 = 10000 + 1900 + 952 + 736 = 13588（万元）

用于建设投资的资本金 = 13588 × 40% = 5435.2（万元）

用于支付建设期利息的资本金 = 13588 × 60% × 6% = 489.17（万元）

用于流动资金的资本金 =800 万元

需要筹措的项目资本金总额 =5435.2 +489.17 +800 =6724.37（万元）

（2）筹措项目资本金的途径有：内部资金来源有企业的现金、未来生产经营中获得的可用于项目的资金、企业资产变现和企业产权转让；外部资金来源有发行股票和企业增资扩股，以及一些准资本金手段（如优先股）。

【解析】此题考核的是资本金筹措的内容，要准确理解资本金的概念，它是项目业主投入的权益投资，与债务资金相对。项目资金筹措表中的项目资本金有三个部分构成：用于建设投资、用于支付建设期利息、用于流动资金。

★相关知识点：资本金筹措、债务资金筹措、项目总投资使用计划与资金筹措表

（一）资本金筹措

根据国家实行的资本金制度，项目资本金是指在投资项目总投资中，由投资者认缴的出资额，是非债务性资金。

1. 既有法人项目的资本金筹措途径。

（1）内部资金来源：企业的现金、未来生产经营中获得的可用于项目的资金、企业资产变现和企业产权转让。

（2）外部资金来源：主要是既有法人通过在资本市场发行股票和企业增资扩股，以及一些准资本金手段（如优先股），来获取外部投资人的权益资金投入。

2. 新设法人项目的资本金筹措途径。

（1）在资本市场募集股本资金：私募和公开募集。

（2）合资合作：初期设立的项目法人在资本投资市场上寻找新的投资者。

（二）债务资金筹措

主要有信贷、债券和租赁三种融资方式。

1. 信贷方式：商业银行贷款、政策性银行贷款、出口信贷、外国政府贷款、国际金融机构贷款、银团贷款、股东借款；

2. 债券方式：企业债券、可转换债券；

3. 融资租赁方式。

（三）项目总投资使用计划与资金筹措表（见表4-6-2）

表4-6-2 项目总投资使用计划与资金筹措表

序号	项目	计算期		
		第1年	第2年	……
1	项目总投资			
1.1	建设投资			
1.2	建设期利息			
1.3	流动资金			
2	资金筹措			
2.1	项目资本金			
2.1.1	用于建设投资			
2.1.2	用于支付建设期利息			

续表 4-6-2

序号	项 目	计 算 期		
		第1年	第2年	……
2.1.3	用于流动资金			
2.2	银行借款			
2.2.1	用于建设投资			
2.2.2	用于流动资金			

案例 2.（2008 年真题）某新建项目设计生产能力为 550 万吨/年，总投资 140000 万元，其中建设投资 125000 万元，建设期利息 5300 万元，流动资金 9700 万元。根据融资方案，资本金占项目总投资比例为 35%，由 A、B 两个股东直接投资，其资金成本采用资本资产定价模型进行确定，其中社会无风险投资收益率为 3%，市场投资组合预期收益率为 8%，项目投资风险系数参照该行业上市公司的平均值取 1；项目其余投资来自银行长期贷款，贷款年利率为 7%。所得税税率为 25%。

【问题】计算本项目融资方案的总体税后资金成本。

【答案】

资本金的资金成本 $= R_f + \beta\ (R_m - R_f) = 3\% + 1 \times (8\% - 3\%) = 8\%$

债务资金的税后资金成本 $= 7\% \times (1 - 25\%) = 5.25\%$

总体税后资金成本 $= 8\% \times 35\% + 5.25\% \times 65\% = 6.2125\%$

【解析】此题考核的是资本金、债务资金的资金成本计算方法，一定要在理解资金成本概念的基础上，记牢公式。

案例 3.（2013 年真题）某市新建污水处理厂项目，预计总投资 10 亿元，拟采用特许经营方式。通过招标，A 公司与 B 公司组成的联合体中标。A 公司为国内一家污水厂运营公司，技术力量雄厚，但资金不足；B 公司为国内一家基础设施投资公司，资金实力雄厚。中标后，该联合体决定成立一个项目公司负责项目的融资、建设和运营。

该项目的资金筹措方案为：A、B 公司分别出资股本金 1 亿元和 3 亿元，项目公司从银行贷款 6 亿元，贷款利率为 7%。假设社会无风险投资收益率为 4%，市场投资组合预期收益率为 12%，污水处理行业投资风险系数为 1.1，所得税税率为 25%。

【问题】

1. 对于市政府而言，该项目采取特许经营项目融资具有哪些优点？

2. 列式计算该项目的加权平均资金成本。

【答案】

1. 对于市政府而言，特许经营项目融资的优点有：（1）拓宽资金来源，减少政府的财政支出和债务负担；（2）降低政府风险；（3）发挥外资和民营机构的能动性和创造性；（4）合理利用资源；（5）有利于发展国民经济、金融资本市场和法律体系。

2.（1）权益资金成本采用资本资产定价模型法：

$$K_s = R_f + \beta(R_m - R_f) = 4\% + 1.1 \times (12\% - 4\%) = 12.8\%$$

（2）所得税后的债务资金成本：

所得税前资金成本 ×（1 - 所得税税率）= 7% ×（1 - 25%）= 5.25%

（3）加权平均资金成本 = $\frac{1+3}{10}\times 12.8\% + \frac{6}{10}\times 5.25\% = 8.27\%$。

【解析】本题涉及考点有：特许经营项目融资、资金成本计算。特许经营项目融资的优点不容易记忆，可从减轻政府负担、有效利用外资或民间资本、提高项目成功度等方面来理解记忆。资金成本计算掌握权益资金、债务资金的不同计算方法，债务资金成本还要考虑税前税后问题。

★相关知识点：特许经营项目融资、融资方案设计与优化

特许经营项目融资主要是在基础设施建设领域使用，是由国家或地方政府将基础设施的投资和经营权通过法定的程序，有偿或无偿地交给选定的投资人投资经营。

（一）特许经营项目融资的优缺点（表 4-6-3）

表 4-6-3　特许经营项目融资的优缺点

项目特点	优　点	缺　点
对政府	（1）拓宽资金来源，减少政府的财政支出和债务负担； （2）降低政府风险，大多风险转移给项目公司承担； （3）发挥外资和民营机构的能动性和创造性，提高建设、经营、维护和管理效率，引进先进的管理和技术，带动国内企业水平的提高； （4）合理利用资源，避免无效益项目开工或重复建设； （5）有利于发展国民经济、金融资本市场和法律体系	（1）承担政治和外汇等风险； （2）使用价格较高，造成国民不满
对发起人	（1）充分利用项目经济状况的弹性，减少资本金支出，实现“小投入做大项目”； （2）拓宽项目资金来源，减少借款方的债务负担； （3）得到最有利的税收条件； （4）提高了项目发起人或项目公司的谈判地位； （5）转移特定的风险给放贷方，减少了风险危害但保留了投资收益； （6）项目公司可以独资，避免合资企业的风险； （7）创造发展商/承包商的商业机会	（1）融资成本较高，要求的投资回报率也高； （2）投资大、周期长，收益的不确定性大； （3）合同文件繁多、复杂； （4）有时融资杠杆能力不足，且母公司有时仍需承担部分风险； （5）适用范围有限，较适用于盈利性的公共产品、基础设施和自然资源开发项目

续表 4-6-3

项目特点	优　点	缺　点
对放贷方	（1）承担同样风险但收益率较高； （2）易于评估中等信用借款方风险，只需评估项目本身； （3）提供了良好的机会，而且较少竞争	（1）投资大、周期长，收益的不确定性大； （2）合同文件繁多、复杂

（二）几种融资模式

1. BOT 模式：通过特许权协议，授权私营商进行项目的融资、设计、建造、经营和维护，在规定的特许期内向使用者收取费用，特许期满后移交给政府。

2. PPP 模式：公共部门与私营部门为提供公共产品或服务而建立的合作关系，强调优势的互补、风险的分担和利益的共享。

3. PFI 模式：政府发起项目，私人企业负责建设与运营；政府的目的在于获得有效的服务，而并非为了最终取得建筑的所有权。

4. ABS 模式：通过项目收益资产证券化来为项目融资。

通过调查项目融资形式、融资结构、融资成本、融资风险，拟订几套融资方案，然后经过必选优化推荐资金来源可靠、资金结构合理、融资成本低、融资风险小的方案。

（一）资金结构分析

分析资本金和债务资金的比例、资本金结构和债务资金结构。

（二）资金成本分析（本章的复习重点）

资金成本 = 资金占用费 + 资金筹集费，资金占用费是指资金使用过程中发生的向资金提供者支付的代价，包括：借款利息、债券利息、优先股股息、普通股红利及权益收益等；资金筹集费是指资金筹集过程中所发生的各种费用，包括：律师费、资信评估费、公证费、证券印刷费、发行手续费、担保费、承诺费、银团贷款管理费等。

1. 通常以资金成本率来表示资金成本。资金成本率是指筹得的资金与筹资期及使用期所付出的代价等值时的收益率或贴现率，利用了资金时间价值的概念。

通用公式：$\sum_{t=0}^{n}\frac{F_t - C_t}{(1+i)^t} = 0$

式中：F_t——各年实际筹措资金流入额；

C_t——各年实际资金筹集费和对资金提供者的各种付款，包括贷款、债券等本金的偿还；

i——资金成本率；

n——资金占用期限。

2. 权益资金成本公式：

（1）优先股资金成本 = 优先股股息/（优先股发行价格 − 发行成本）

（2）普通股资金成本：可采用资本资产定价模型、税前债务成本加风险溢价法和股利增长模型法等进行估算。

①资本资产定价模型法：$K_s = R_f + \beta(R_m - R_f)$

式中：K_s——普通股资金成本；

R_f——社会无风险投资收益率；

β——项目的投资风险系数；

R_m——市场投资组合预期收益率。

②税前债务成本加风险溢价法：计算公式为：$K_s = K_b + RP_c$

式中：K_b——税前债务资金成本；

RP_c——投资者比债权人承担更大风险所要求的风险溢价。

③股利增长模型法：假定股票投资的收益以固定的增长率递增

$$K_s = \frac{D_1}{P_0} + G$$

式中：D_1——预期年股利额；

P_0——普通股市价；

G——股利期望年增长率。

3. 所得税前的债务资金成本分析，按照通用公式计算：

$$P_0(1-F) = \sum_{i=1}^{n} \frac{P_i + I_i}{(1+K)^i}$$

式中：K——税前债务资金成本；

P_0——债务的现值；

F——债务资金筹资费用率；

P_i——约定的第 i 年末偿还的债务本金；

I_i——约定的第 i 年末支付的债务利息。

可用来计算借款资金成本、债券资金成本、融资租赁资金成本，只是式中的有关数据的名称有所不同，融资租赁的资金占用费是租金。

4. 所得税后的债务资金成本：

$$P_0(1-F) = \sum_{i=1}^{n} \frac{P_i + I_i \times (1-T)}{(1+K_d)^i}$$

式中：K_d——税后债务资金成本；

T——所得税税率。

注意：(1) 要分别考虑利息和本金的不同抵税作用，利息在税前支付有抵税作用，公式中×（1－所得税税率）；本金偿还在税后支付无抵税作用，不作处理。

(2) 要考虑免征所得税年份的影响：项目建设期内、免税期内，利息支付不具有抵税作用，公式中不必×（1－所得税税率）。

(3) 可简化处理借款、债券等融资的所得税后资金成本：所得税后资金成本＝税前资金成本×（1－所得税税率）。

（三）融资风险分析

融资过程中产生的风险因素有：资金运用风险、项目控制风险、资金供应风险、资金追加风险和利率及汇率风险。

第七章　资金时间价值与方案比选

核心考点

- 资金等值换算公式
- 项目经济评价指标与评价方法
- 互斥方案的比选方法、效益费用比法

复习指导

资金时间价值是第八章、第九章现金流量分析方法的核心概念，资金会随着时间推移而增值，所以不能直接比较不同时点发生的现金流量，需要将它们转换到相同时点上进行分析计算。本章的复习重点有三个：一是六个常见的资金等值换算公式，如果题目未给出有关系数表，那只能靠公式计算，但这类题的计算一般不会太复杂；二是项目经济评价指标的计算，因为在财务分析、经济分析中也有提及，属于比较熟悉的知识点；三是方案比选方法的选择，题型一般是“利用什么方法做出什么判断”。

在计算各项经济评价指标（包括财务分析指标、经济分析指标）时，自然会用到资金等值换算系数，所以公式要熟练掌握；方案比选近几年均未考核过，难度不大。

题・解析

案例 1.（自编题）某农场拟于 2013 年初植树造林 500 公顷，需要各类投资共 5000 万元。农场拟于 2020 年初择伐林木后，将林地无偿移交给地方政府。预计所伐木材销售净收入为每公顷 12 万元。假设财务基准收益率为 6%。

【问题】在考虑资金时间价值的情况下，该农场 2020 年初所伐木材销售净收入能否回收全部投资？

【答案】在考虑资金时间价值的情况下，以财务基准收益率 6% 作为折现率：

2020 年初所伐木材销售净收入转换为 2013 年初的现值：

$=12\times500\times(1+6\%)^{-7}=3990.34$（万元）$<5000$ 万元

可见，在考虑资金时间价值的情况下，所伐木材销售净收入不能回收全部投资。

【解析】如果题目给出了现值系数（P/F，6%，7）$=0.6651$，也可利用 $12\times500\times$（P/F，6%，7）直接代入计算。要想计算准确，一是要明确用哪个换算系数，二是明确折现年数。此题中，净收入 F 发生在 2020 年年初，需要折 7 年才能折现到 2013 年初，可通过画现金流量图来准确判断（见图 4-7-1）。

★相关知识点：六个资金等值换算公式

1. 计算公式注意事项。

（1）0 点即第一期初，本期末即等于下期初；

（2）等额年值 A 发生在各期期末；现值 P 发生在第一个 A 的当期期初（前一期末）；最后一个 A 与 F 同时发生。

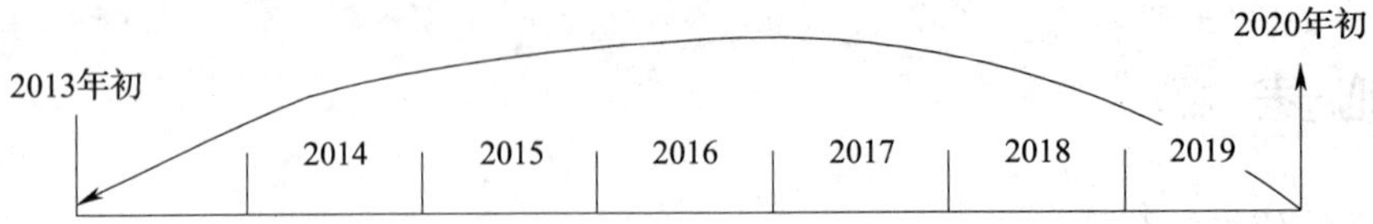

图 4-7-1　该项目现金流量图

2. 六个公式：各系数符号的斜线右下方表示已知因素，左上方表示未知待求因素。

（1）一次支付终值系数（F/P，i，n）——$F=P(1+i)^n$；

（2）一次支付现值系数（P/F，i，n）——$P=F(1+i)^{-n}$；

（3）年金终值系数（F/A，i，n）——$F=A\dfrac{(1+i)^n-1}{i}$；

（4）偿债基金系数（A/F，i，n）——$A=F\dfrac{i}{(1+i)^n-1}$；

（5）年金现值系数（P/A，i，n）——$P=A\dfrac{(1+i)^n-1}{i(1+i)^n}$；

（6）资金回收系数（A/P，i，n）——$A=P\dfrac{i(1+i)^n}{(1+i)^n-1}$。

案例 2.（自编题）某市政府拟建一座污水处理厂，委托某咨询机构负责项目的可行性研究工作。该咨询机构提出 A、B 两个方案，并测算了他们的财务净现金流量，见表 4-7-1。

表 4-7-1　A、B 方案财务净现金流量　　单位：万元

年　份	1	2	3	4～10
A 方案净现金流量	-42000	4000	5000	6600
B 方案净现金流量	-36000	3000	5000	5600

【问题】 计算 A、B 两个方案的财务净现值，判断在财务上是否可行（财务基准收益率取 6%）。

【答案】

A 方案的财务净现值

$= -42000\times(P/F, 6\%, 1) + 4000\times(P/F, 6\%, 2) + 5000\times(P/F, 6\%, 3)$
$+ 6600\times(P/A, 6\%, 7)\times(P/F, 6\%, 3)$

$= -929.86$（万元）

B 方案的财务净现值

$= -36000\times(P/F, 6\%, 1) + 3000\times(P/F, 6\%, 2) + 5000\times(P/F, 6\%, 3)$
$+ 5600\times(P/A, 6\%, 7)\times(P/F, 6\%, 3)$

= −846.56（万元）

因此，两个方案在财务上都不可行。

【解析】 各系数中的折现期数是关键，一定要确定准确。−42000 和 −36000 发生在 1 期末，而不是 1 期初（也就是 0 点），所以也要乘以现值系数。

★相关知识点： 项目经济评价指标与评价方法

项目经济评价主要解决两类问题：第一，评价项目是否满足一定的检验标准，这是对建设项目的"绝对效果"评价，用来筛选项目；第二，比较某一项目的不同方案优劣或确定不同项目的优先次序，这是"相对效果"评价，用来进行方案比选。下面是"绝对效果"评价分析。

（一）时间性指标与评价方法

1. 静态投资回收期。

定义：不考虑资金时间价值条件下以净收益抵偿投资所需要的时间。

公式：$\text{累计净现金流量开始出现正值的年份数} - 1 + \dfrac{\text{上一年累计净现金流量的绝对值}}{\text{当年净现金流量}}$

判据：项目投资回收期短，表明投资回收快，抗风险能力强。

特点：投资回收期不能反映回收期之后的现金流量情况，不考虑资金时间价值，所以无法用以正确地判断项目的优劣，只能用于粗略评价或作为辅助指标。

2. 动态投资回收期。

定义：考虑了资金时间价值的投资回收期，把各年现金流量折现到建设开始年初。

公式：

$$\text{累计净现金流量折现值开始出现正值的年份数} - 1 + \frac{\text{上年累计净现金流量折现值的绝对值}}{\text{当年净现金流量折现值}}$$

特点：计算相对复杂，仍不能反映投资回收之后的情况。

（二）价值性指标与评价方法

1. 净现值（NPV）。

含义：各年的净现金流量按某个给定的折现率，折算到计算期期初（即第一年初）的现值代数和。

公式：$NPV = \sum_{t=0}^{n}(CI - CO)_t(1+i)^{-t}$

注：无论公式中采用 $\sum_{t=0}^{n}$ 还是 $\sum_{t=1}^{n}$，都是将各年净现金流量折现到建设起点，即 1 年年初或称"0"点。计算时，一定要明确净现金流量发生的时点。

判据：若 $NPV \geqslant 0$，则该项目在经济上可以接受；反之，若 $NPV < 0$，则经济上可以拒绝该项目。当给定的折现率 $i = i_c$（基准收益率），若 $NPV(i_c) = 0$，表示项目达到了基准收益率标准，而不是表示该项目盈亏平衡；若 $NPV(i_c) > 0$，则意味着该项目可以获得比基准收益率更高的收益；而 $NPV(i_c) < 0$，仅表示项目不能达到基准收益率水平，不能确定项目是否会亏损。

2. 净年值（NAV）：净年金。

含义：把项目计算期内的净现金流量按设定的折现率折算成与其等值的各年年末的等额净现金流量值。

公式：$NAV(i)=NPV(i)(A/P, i, n)$

特点：用净现值 *NPV* 和净年值 *NAV* 对同一个项目进行评价，结论是一致的。

（三）比率性指标与评价方法

1. 内部收益率（*IRR*）。

含义：使项目净现值为零时的折现率。

公式：$\sum_{t=0}^{n}(CI-CO)_t(1+IRR)^{-t}=0$

特点：内部收益率的经济含义是项目占用资金的恢复能力（偿还能力），而不是用来计算初始投资收益的，所以不能直接用于互斥方案之间的比选，只可用来判断单个项目的可行性；不适用于只有现金流入或现金流出的项目。

2. 净现值率（*NPVR*）。

含义：按设定折现率求得的项目计算期的净现值与其全部投资现值的比率；

公式：$NPVR=\frac{NPV}{I_P}$，I_P 为项目投资现值；

判据：若 $NPVR\geqslant 0$，方案可行，可以考虑接受；若 $NPVR<0$，方案不可行，应予拒绝。

案例 3.（自编题）某车间现有 A、B 两种设备更新方案。方案 A，设备使用寿命期为 6 年，设备投资 10000 万元，年经营成本前三年均为 5500 万元，后三年均为 6500 万元，期末净残值为 3500 万元；方案 B，设备使用寿命期 6 年，设备投资 12000 万元，年经营成本前三年均为 5000 万元，后三年均为 6000 万元，期末净残值为 4500 万元。该项目投资财务基准收益率为 10%。

【问题】

1. 用费用年值法比较选择设备更新最优方案。

2. 如果方案 B 中设备使用寿命期为 9 年，最后三年经营成本均为 7000 万元，期末净残值为 2000 万元，其他数据不变，用费用现值法比较选择较优方案（以最短寿命期作为共同研究期）。

【答案】

1. 方案 A 的费用年值

$=10000\times(A/P, 10\%, 6)+5500\times(P/A, 10\%, 3)\times(A/P, 10\%, 6)$
$+6500\times(F/A, 10\%, 3)\times(A/F, 10\%, 6)-3500\times(A/F, 10\%, 6)$

=7771.62（万元）

方案 B 的费用年值

$=12000\times(A/P, 10\%, 6)+5000\times(P/A, 10\%, 3)\times(A/P, 10\%, 6)$
$+6000\times(F/A, 10\%, 3)\times(A/F, 10\%, 6)-4500\times(A/F, 10\%, 6)$

=7601.22（万元）

因 AC（A）>AC（B），所以方案 B 为较优方案。

2. 采用最短计算期法，计算期为 6 年。

方案 A 的费用现值

$=10000+5500\times(P/A, 10\%, 3)+6500\times(P/A, 10\%, 3)\times(P/F, 10\%, 3)$
$-3500\times(P/F, 10\%, 6)$

=33846.85（万元）

方案 B 的费用现值

=[12000+5000×（P/A，10%，3）+6000×（P/A，10%，3）×（P/F，10%，3）+7000×（P/A，10%，3）×（P/F，10%，6）-2000×（P/F，10%，9）]×（A/P，10%，9）×（P/A，10%，6）

=33746.89（万元）

因 PC（A）>PC（B），所以方案 B 为较优方案。

【解析】最短计算期法是以方案中最短的计算期作为共同计算期，此题中也就是 6 年，关键一步是将 B 方案 9 年的数据转换现值，再转换为年值，最终再转换为 6 年的现值。题目要求采用什么方法就用什么方法，用别的方法算对了也要扣分。

★相关知识点：互斥型方案的比选

这是不同方案之间的相对效果评价。

（一）计算期相同的情况

1. 净现值法。即比较各备选方案的财务净现值或经济净现值，净现值≥0 且净现值最大的方案为相对最优方案。

2. 费用现值法。对于仅有或仅需计算费用现金流量的互斥方案，只需进行相对效果检验，选择费用现值最小者为相对最优方案。

3. 差额投资内部收益率法：比率性指标必须分析不同方案之间的差额（追加）现金流量，前面讲投资内部收益率时已有阐述。

含义：是相比较的两方案各年净现金流量差额的现值之和等于零的折现率。

方法公式：$\sum_{t=0}^{n}[(CI-CO)_2-(CI-CO)_1]_t(1+\Delta IRR)^{-t}=0$

判别准则：若 $\Delta IRR \geq i_c$ 时，则投资多的方案为优；若 $\Delta IRR < i_c$，则投资少的方案为优。

几点注意事项：

（1）多个互斥方案相比选时，先按投资多少由少到多排列，然后再依次就相邻方案两两比较；经过不断的取舍判断，直至比较完所有方案，最后保留的方案即为相对最优方案。

（2）用差额投资内部收益率对多方案进行比选时，其前提是每个方案是可行的。

（3）用差额投资内部收益率比选与用价值性评价指标比选的结论是一致的。

（二）计算期不同的情况

1. 计算期统一法：选定一个共同的计算分析期，然后再用前述指标对方案进行比选。

（1）最小公倍数法：此法假定各备选方案在计算期结束后仍可按原方案重复实施若干次。选取各备选方案计算期的最小公倍数为共同分析期。

（2）最短计算期法：选取各备选方案中最短的计算期作为共同分析期。

2. 净年值法：此法最为简便，尤其是当备选方案数目众多时。

净年值≥0 且净年值最大的方案为相对最优方案。此法实际上隐含着一种假定：各备选方案在其计算期结束后均可按原方案或以与原方案经济效益水平相同的方案持续。

3. 费用年值法。若两种方案效益相同或基本相同，但又难以计算，可用费用年值指标进行比选。年费用最小的方案为相对最优方案。

（三）互斥方案比选方法的特点及适应范围

1. 在项目无资金约束的条件下，一般采用净现值比较法、净年值比较法和差额投资内部收益率法；差额投资内部收益率法计算最复杂，但无须事先确定一个精确的折现率。

2. 方案效益相同或基本相同时，可采用最小费用法，即费用现值比较法和费用年值比较法。

3. 计算期不同的情况下：

（1）采用最小公倍数法比较简单，但要求重复性假设并事先确定精准的基准收益率；且不适用于更新改造项目、技术更新快的产品和设备方案的比较；

（2）最短计算期法可避免重复性假设。

案例 4.（自编题）某地区拟建设一个针对特定灾害的防灾预警系统，以减少灾害损失。共有三个互相独立的建设方案，寿命期均为 20 年。根据统计资料分析及专家论证，如果不建造该预警系统，预期未来每年灾害经济损失为 120 亿元；如果建造该防灾预警系统，除需要初始投资外，每年还需要支付系统维护费用，但可降低每年预期灾害损失。各方案的初始投资、每年运营维护费用及预期年损失等资料见表 4-7-2。设定基准收益率为 8%。

表 4-7-2 各方案投资、费用及预期损失 单位：亿元

方案	初始投资	年运营维护费用	预期年损失
1	120	12	70
2	210	20	90
3	250	30	30

【问题】 请利用效益/费用分析法判断哪些方案不可行，哪些方案可行？并请从中选择出一个最优方案。

【答案】

1. 各方案初始投资的费用年值：

方案 1：120 ×（A/P，8%，20）=120 ×0.10185 =12.222（亿元）

方案 2：210 ×（A/P，8%，20）=210 ×0.10185 =21.3885（亿元）

方案 3：250 ×（A/P，8%，20）=250 ×0.10185 =25.4625（亿元）

各方案预期每年减少损失的效益：

方案 1：120 −70 =50（亿元）

方案 2：120 −90 =30（亿元）

方案 3：120 −30 =90（亿元）

2. 计算各方案效益/费用：

方案 1：50/（12.222 +12）=2.06 >1

方案 2：30/（21.3885 +20）=0.72 <1

方案 3：90/（25.4625 +30）=1.62 >1

可知，方案 1 和方案 3 是可取的，方案 2 是不可取的。

3. 要在方案 1 和方案 3 之间进行选择，计算两者的增量效益/增量费用：

（90 −50）/［（25.4625 +30）−（12.222 +12）］=1.28 >1

则，费用的增量是值得的，方案3优于方案1。

【解析】 该题考查了方案比较方法中的效益费用法。用效益费用法进行方案比选时，要注意计算的是增量效益和增量费用的比，而不是简单比较各方案效益费用的比值。考生要熟练掌握各种比选方法的计算公式及适用条件。

★相关知识点： 独立项目的比选

在资金约束条件下，选择一组独立项目组合，其$\sum NPV(i_c)$最大。

1. 互斥组合法。把各独立项目组合成相互排斥的方案，然后在符合资金约束条件下，选择净现值之和最大的组合方案。

2. 效益费用比法。该方法一般用于评价公共项目方案的经济效果。其标准是效益现值（或当量年效益）必须大于或等于费用现值（或当量年费用），这里的效益不一定是项目承办者得到的收益，可以是承办者收益与外部效果之和，也可能只是社会效益。

比选步骤：（1）计算每个方案的效益/费用比，比值大于1则这个方案在经济上可以接受；否则经济上不可取。（2）如果两个方案是互斥的，则计算两个方案之间的增量效益/增量费用，比值大于1，选择费用多的方案；反之，选择费用少的方案。

第八章 财 务 分 析

核 心 考 点

◆ 生产要素估算法中折旧、摊销、利息支出的计算
◆ 经营成本、固定成本、可变成本的含义
◆ 相关税金的估算（结合第二科目有关内容）
◆ 项目投资现金流量分析、项目资本金现金流量分析
◆ 静态分析指标中项目投资回收期、总投资收益率、项目资本金净利润率的计算
◆ 偿债能力分析
◆ 改扩建项目财务分析

复 习 指 导

本章是最重要的章节，是每年必考的内容，往往是结合投资估算、融资成本、经济分析出一道综合计算题。复习时重点掌握财务分析步骤，先是识别和测定财务效益和费用，然后编制财务现金流量表，最后计算财务分析指标判断项目可行性。复习时要特别注意以下方面：

（1）熟练掌握折旧、利息支出、经营成本、应纳增值税的计算；

（2）对项目各年现金流量的构成要牢记；

（3）注意项目投资现金流量表中“调整所得税”的计算基数为息税前利润，区别于利润与利润分配表、项目资本金现金流量表和财务计划现金流量表中的所得税；

（4）理解可抵扣固定资产进项税对财务现金流量分析的影响；

（5）对税前税后现金流量的理解要清晰，此处的“税”指所得税。

历年考题情况见表 4-8-1。

表 4-8-1　历年考题情况

年　份	考 核 方 式	考核知识点
2008 年	给出各年的净现金流量，计算财务净现值，判断财务可行性	财务分析指标
2009 年	给出“有项目”和“无项目”状态下的效益和费用数据，计算某一年的所得税前净现金流量	改扩建项目的财务盈利能力分析
2010 年	给出有关效益和费用数据，计算某一年的所得税前净现金流量	项目资本金现金流量分析
2011 年	分析项目投资现金流量分析中的现金流入、现金流出，计算各年的净现金流量，计算财务净现值	项目投资现金流量分析
2012 年	给出数据，通过计算应纳增值税、利息支出、折旧摊销、应还本付息额等，得到某年的偿债备付率	偿债能力分析

续表 4-8-1

年份	考核方式	考核知识点
2013 年	根据给定的项目投资现金流量表数据及相关取费系数，计算投产年及达产第一年的应纳增值税和营业税金及附加、调整所得税、现金流量计算及财务可行性判断	项目投资现金流量分析
2014 年	（1）计算项目方案盈亏平衡点，通过比较分析选择项目方案； （2）考核对盈亏平衡分析与项目抗风险能力的内在关联性的把握	项目盈亏平衡分析

题·解析

案例 1.（自编题）某新建项目建设期 1 年，运营期 5 年。估算建设投资 9000 万元，其中固定资产费用 8000 万元（含可抵扣固定资产进项税额 600 万元），无形资产费用为 800 万元，其他资产费用 200 万元。折旧年限 5 年，净残值率为 5%，按年限平均法计提折旧。无形资产按 10 年摊销，其他资产在运营期内摊销完毕。

【问题】计算各年的折旧额和摊销额、固定资产净残值。

【答案】该项目固定资产 $=8000-600=7400$（万元）

运营期各年折旧额 $=7400\times\dfrac{1-5\%}{5}=1406$（万元）

运营期各年摊销额 $=\dfrac{800}{10}+\dfrac{200}{5}=120$（万元）

固定资产净残值 $=7400\times5\%=370$（万元）

【解析】年限平均法相对于双倍余额递减法和年数总和法来讲，计算比较简单，关键是计算准确固定资产费用，这里出现了一个概念——可抵扣固定资产进项税，这是新版教材中一个很大的变化。目前，我国实行消费型增值税，允许从销项税额中抵扣部分固定资产增值税（仅包括设备、主要安装材料的进项税额）；投资估算时需单独列出，不得计入固定资产原值，同时用于计算应纳增值税。

★相关知识点：固定资产原值和折旧

固定资产原值包括：工程费用（设备购置费、安装工程费、建筑工程费）；工程建设其他费用中应计入固定资产原值的部分；预备费；建设期利息（项目资本金现金流量分析时计入）。其中要减去可抵扣固定资产进项税额。

固定资产折旧是总成本费用的一项内容，几种折旧方法的特点见表 4-8-2。

表 4-8-2 三种折旧方法特点对比表

指标 \ 折旧方法	年限平均法	双倍余额递减法	年数总和法
年折旧率	$\dfrac{1-\text{预计净残值率}}{\text{折旧年限}}\times100\%$	$\dfrac{2}{\text{折旧年限}}\times100\%$	$\dfrac{\text{折旧年限}-\text{已使用年数}}{\text{折旧年限}\times(\text{折旧年限}+1)\div2}\times100\%$
年折旧额计算基数	固定资产原值	年初固定资产净值	固定资产原值－预计净残值
备注		最后两年净额平均摊销	

注：年初固定资产净值＝固定资产原值－以前各年累计折旧。

案例 2.（自编题）某拟建工业生产项目，基础数据如下。

建设投资 5000 万元（其中含无形资产 600 万元）。建设期 2 年，运营期 8 年。

资金来源为银行贷款和项目资本金。贷款总额为 2000 万元，在建设期内每年均匀投入贷款资金 1000 万元，建设期内不支付利息。贷款年利率为 10%。贷款按照等额还本、利息照付方式在项目投产后 3 年内还清（年末支付）。

【问题】计算项目各年的还本和付息额。

【答案】

1. 先计算还款年年初的借款总额：

建设期第 1 年利息 $=\dfrac{1000}{2}\times 10\% =50$（万元）

建设期第 2 年利息 $=\left(1000+50+\dfrac{1000}{2}\right)\times 10\% =155$（万元）

建设期利息 $=50+155=205$（万元）

还款年年初的借款总额 $=2000+205=2205$（万元）

2. 计算各年的还本额和付息额：

每年偿还本金额 $=\dfrac{2205}{3}=735$（万元）

运营期第 1 年付息 $=2205\times 10\% =220.5$（万元）

运营期第 2 年付息 $=2205\times\dfrac{2}{3}\times 10\% =147$（万元）

运营期第 3 年付息 $=2205\times\dfrac{1}{3}\times 10\% =73.5$（万元）

案例 3.（自编题）某新建项目，建设期 2 年，建设投资第 1 年投入 60%，第 2 年投入 40%。银行贷款为 6000 万元，年利率为 6%，每年贷款比例与建设资金投入比例相同，每年贷款在各年年初发放。建设期内用资本金支付利息。与银行约定，从生产期的第 1 年开始，按 5 年等额还本付息方式还款（计算结果保留两位小数点）。

【问题】编制本项目的借款还本付息计划表。

【答案】还款年年初的借款总额 $=6000$（万元）

每年的还本付息额 $=6000\times(A/P,\ 6\%,\ 5)=6000\times\dfrac{6\%\times(1+6\%)^5}{(1+6\%)^5-1}=1424.38$（万元）

还款第 1 年付息：$6000\times 6\% =360$（万元）

还本：$1424.38-360=1064.38$（万元）

还款第 2 年付息：$(6000-1064.4)\times 6\% =296.14$（万元）

还本：$1424.38-296.14=1128.24$（万元）

还款第 3 年付息：$(6000-1064.38-1128.24)\times 6\% =228.44$（万元）

还本：$1424.38-228.44=1195.94$（万元）

还款第 4 年付息：$(6000-1064.38-1128.24-1195.94)\times 6\% =156.69$（万元）

还本：$1424.38-156.69=1267.69$（万元）

还款第 5 年付息：$(6000-1064.38-1128.24-1195.94-1267.69)\times 6\% =80.62$（万元）

还本：1424.38 - 80.62 = 1343.76（万元）

则，该项目的借款还本付息计算表见表4-8-3。

表4-8-3　借款还本付息计划表

序号	项　目	生产期				
		1	2	3	4	5
	借款及还本付息					
1	借款余额	6000	4935.62	3807.38	2611.44	1343.75
2	本年借款					
3	本年应计利息	360	296.14	228.44	156.69	80.62
4	本年还本付息	1424.38	1424.38	1424.38	1424.38	1424.38
	其中：还本	1064.38	1128.24	1195.94	1267.69	1343.76
	付息	360	296.14	228.44	156.69	80.62
5	年末借款本息累计	4935.62	3807.38	2611.44	1343.75	0

注：最后一年的借款余额和还本额应相等，因小数点保留问题会稍有差异。

【解析】建设投资借款的还本付息，首先就是计算还款年年初的借款总额（是否包含建设期利息），不管哪种还款方式，一定要逐年计算，这样不容易出错。用到的资金等值换算系数，如果题目给出系数表就直接查表代入数值计算，如果题目没给系数表就直接用换算系数的公式计算。

★相关知识点：利息支出

利息支出的估算包括长期借款利息（建设投资借款在投产后需支付的利息）、用于流动资金的借款利息和短期借款利息三部分。

（1）建设投资借款利息：还款起始年年初的建设投资借款余额（含未支付的建设期利息）应在运营期支付的利息。还本付息方式主要有等额还本付息和等额还本、利息照付两种。

①等额还本付息方式：每年还本付息的总额相同，每年支付的利息逐年减少，每年偿还的本金逐年增多。

$$每年还本付息额\ A = I_c \times \frac{i(1+i)^n}{(1+i)^n - 1}$$

式中：I_c——还款起始年年初的借款余额（含未支付的建设期利息）；

i——年利率；

n——预定的还款期；

$\frac{i(1+i)^n}{(1+i)^n - 1}$——资金回收系数。

每年支付利息 = 年初借款余额 × 年利率

每年偿还本金 = A - 每年支付利息

年初借款余额 = I_c - 本年以前各年偿还的本金累计

②等额还本、利息照付方式：每年等额还本的同时，支付逐年相应减少的利息。

每年偿还本金额 = $\frac{I_c}{n}$

每年支付利息 = 年初借款余额 × 年利率

年初借款余额 = $I_c \times \left(1 - \frac{t-1}{n}\right)$

（2）流动资金借款利息：年初流动资金借款余额 × 借款年利率，借款偿还一般设定在计算期最后一年。

（3）短期借款：按一年期利率计息，按照随借随还的原则处理，即当年借款尽可能于下年偿还。

案例 4.（自编题）某拟建工业生产项目，预计投产第 1 年生产负荷到 80%，第 2 年即实现达产。达产年份的销售收入为 5000 万元，经营成本为 2500 万元（其中原材料、燃料及动力等可变成本为 2000 万元），营业税金及附加为 40.5 万元。运营期内年折旧额估算为 547 万元，年摊销费为 75 万元，年利息支出用案例 2 中的数据。所得税税率为 25%（收入、成本均以不含税价格表示）。

【问题】 计算项目投产后第 1 年的利润总额和所得税。

【答案】 利润总额 = 销售收入 - 总成本费用 - 营业税金及附加

1. 投产第 1 年销售收入 = 5000 × 80% = 4000（万元）
2. 总成本费用 = 经营成本 + 折旧 + 摊销 + 利息支出
   经营成本 = 2000 × 80% + （2500 - 2000） = 2100（万元）
   总成本费用 = 2100 + 547 + 75 + 220.5 = 2942.5（万元）
3. 投产第 1 年的利润总额 = 4000 - 2942.5 - 40.5 = 1017（万元）
   投产第 1 年的所得税 = 1017 × 25% = 254.25（万元）

【解析】 销售收入按运营负荷进行核算，经营成本中只有可变成本按运营负荷核算，如果题目中未明确区分固定成本和可变成本，则经营成本可直接按运营负荷核算。

★相关知识点： 总成本费用、经营成本、固定成本、可变成本的概念

总成本费用（按照生产要素估算法）

= 外购原材料、燃料及动力费 + 工资或薪酬 + 修理费 + 其他费用
 + 折旧费 + 摊销费 + 利息支出

经营成本 = 外购原材料、燃料及动力费 + 工资或薪酬 + 修理费 + 其他费用
 = 总成本费用 - 折旧费 - 摊销费 - 利息支出

可变成本：随着产品产量增减而成正比变化的各项成本费用，主要包括外购原材料、燃料及动力费和计件工资等。

固定成本：不随产品产量变化而变化的各项成本费用，主要包括工资或薪酬（计件工资除外）、折旧费、摊销费、修理费和其他费用等，利息支出也作为固定成本处理。

案例 5.（2012 年真题）某新建项目，建设期 2 年，生产期 15 年。预计建设投资 10000 万元，其中含可抵扣固定资产进项税 910 万元。项目投产第 1 年达到设计生产能力的 70%，第 2 年起各年均达到设计生产能力。达产年销售收入为 15000 万元，经营成本为 4500 万元，其中 3600 万元为原材料、辅助材料和燃料动力等可变成本（均以含税价格表示）。

本项目适用增值税税率为 17%，营业税金及附加按增值税的 12% 计算。

【问题】计算投产第1年的应纳增值税和营业税金及附加。

【答案】应纳增值税 = 当期销项税额 - 当期进项税额

销项税额 $=\frac{15000\times70\%}{1+17\%}\times17\%=1525.64$（万元）

进项税额 $=\frac{3600\times70\%}{1+17\%}\times17\%=366.15$（万元）

应纳增值税 $=1525.64-366.15-910=249.49$（万元）

营业税金及附加 $=249.49\times12\%=29.94$（万元）

【解析】实行消费型增值税政策后，应纳增值税的计算中允许抵扣部分固定资产进项税，这是财务分析中最大的一个变化。

★相关知识点：相关税费估算

在估算销售收入的同时，一般还要完成相关流转税的估算，流转税主要指营业税、增值税、消费税及营业税金及附加。这里重点介绍增值税、营业税金及附加和所得税。可结合第二科目第二章内容复习。

1. 增值税的估算。

应纳增值税 = 当期销项税额 - 当期进项税额 - 可抵扣固定资产进项税

销项税额 $=\frac{\text{销售额（含税）}}{1+\text{税率}}\times\text{税率}=\text{销售额（不含税）}\times\text{税率}$

进项税额 $=\frac{\text{原材料、燃料及动力（含税）}}{1+\text{税率}}\times\text{税率}=\text{原材料、燃料及动力（不含税）}\times\text{税率}$

进项税额是运营期投入的原材料、辅助材料、燃料及动力等产生的。上述可抵扣部分不足以抵扣时，不足部分可以结转到下期继续抵扣。

2. 营业税金及附加：包括城市维护建设税、教育费附加和地方教育费附加，以实际缴纳的增值税、营业税和消费税税额为计税依据。

3. 所得税。

应纳税额 = 应纳税所得额 × 税率

应纳税所得额 = 利润总额 - 弥补以前年度亏损

利润总额 = 营业收入 - 总成本费用 - 营业税金及附加（均以不含税价格表示）

案例6.（2011年真题）甲企业拟投资建设某项目，项目的设计生产能力为20万吨/年，建设期1年，生产经营期5年且各年均达产。

项目建设投资20亿元，其中形成固定资产的投资占90%，可抵扣固定资产进项税为1.6亿元（注：此处为配合新政策进行了修改）。项目建设投资的60%为自有资金，其余由国内银行贷款解决，贷款年利率为10%；项目正常年份流动资金2亿元，全部使用国内银行贷款，贷款年利率为8%。

项目产品的市场销售价格为4000元/吨；各年的经营成本均为3.5亿元（其中原材料、辅助材料和燃料动力等为3亿元），年营业税金及附加按应纳增值税的12%估算。由于项目生产符合循环经济和节能减排鼓励政策，政府给予每吨产品700元的补贴。

项目固定资产折旧年限为5年，净残值率为10%；无形资产和其他资产在经营期全部摊销完毕。以上收入、成本等均以不含税价格表示，增值税税率为17%；企业所得税税率为20%；项目投资所得税后财务基准收益率取10%。

【问题】

1. 分项列出该项目投资现金流量表中的现金流入、现金流出的组成内容。

2. 分析该项目投资现金流量表中各年的所得税后净现金流量，计算项目投资所得税后财务净现值（要求列出计算过程，计算结果保留两位小数）。

【答案】

1. 该项目投资现金流量表中的现金流入包括：销售收入、补贴收入、销项税额、回收资产余值、回收流动资金；现金流出包括：建设投资、流动资金、经营成本、进项税额、应纳增值税、营业税金及附加、调整所得税。

2. 所有数据换算为亿元表示。

（1）第1年末净现金流量：

现金流入：0

现金流出：建设投资 =20 亿元

净现金流量 =0 - 20 = -20（亿元）

（2）第2年末净现金流量：

现金流入：

①销售收入 =0.4 ×20 =8（亿元）

②补贴收入 =0.07 ×20 =1.4（亿元）

③销项税额 =8 ×17% =1.36（亿元）

现金流出：

①流动资金 =2 亿元

②经营成本 =3.5 亿元

③进项税额 =3 ×17% =0.51（亿元）

计算应纳增值税 =1.36 - 0.51 - 1.6 = -0.75（亿元），应纳增值税为0，还剩0.75亿元结转下年抵扣

④营业税金及附加 =0

息税前利润 = 销售收入 - 经营成本 - 折旧 - 摊销 - 营业税金及附加

折旧 = $(20 \times 90\% - 2) \times \frac{1 - 10\%}{5} = 2.88$（亿元）

摊销 = 20 ×10% ÷5 =0.4（亿元）

⑤调整所得税 =（8 - 3.5 - 2.88 - 0.4 - 0）×20% =0.24（亿元）

净现金流量 =（8 +1.4 +1.36）-（2 +3.5 +0.51 +0 +0 +0.244）=4.51（亿元）

（3）第3年末净现金流量：无流动资金支出

现金流入：

①销售收入 =0.4 ×20 =8（亿元）

②补贴收入 =0.07 ×20 =1.4（亿元）

③销项税额 =8 ×17% =1.36（亿元）

现金流出：

①经营成本 =3.5 亿元

②进项税额 =3 ×17% =0.51（亿元）

③应纳增值税 = 1.36 - 0.51 - 0.75 = 0.1（亿元）

④营业税金及附加 = 0.1 × 12% = 0.01（亿元）

⑤调整所得税 = （8 - 3.5 - 2.88 - 0.4 - 0.01）× 20% = 0.24（亿元）

净现金流量 = （8 + 1.4 + 1.36）-（3.5 + 0.51 + 0.1 + 0.01 + 0.24）= 6.4（亿元）

（4）计算第4～5年净现金流量：

可抵扣固定资产进项税抵扣完之后，销项税额 - 进项税额 = 应纳增值税，三者对现金流量无影响。

营业税金及附加 = （1.36 - 0.51）× 12% = 0.1（亿元）

调整所得税 = （8 - 3.5 - 2.88 - 0.4 - 0.1）× 20% = 0.22（亿元）

净现金流量 = （8 + 1.4）-（3.5 + 0.1 + 0.22）= 5.58（亿元）

（5）计算第6年净现金流量：

现金流入中增加：回收资产余值 = 20 × 90% × 10% = 1.8（亿元）

回收流动资金 = 2（亿元）

净现金流量 = （8 + 1.4 + 1.8 + 2）-（3.5 + 0.1 + 0.22）= 9.38（亿元）

（6）该项目投资所得税后财务净现值

= -20（P/F，10%，1）+ 4.506（P/F，10%，2）+ 6.396（P/F，10%，3）+ 5.574（P/F，10%，4）+ 5.574（P/F，10%，5）+ 9.374（P/F，10%，6）

= -20 × 0.9091 + 4.506 × 0.8264 + 6.396 × 0.7513 + 5.574 × 0.683 + 5.574 × 0.6209 + 9.374 × 0.5645

= 2.91（亿元）

【解析】此题考核的是项目投资现金流量分析。注意两点：一是可抵扣固定资产进项税对固定资产原值的影响（折旧的计算）和对应纳增值税的影响；二是所得税后分析增加了一项现金流出——调整所得税，以息税前利润为计税依据。只要把各年的现金流入、现金流出的构成记住，再逐年逐项计算，财务分析的题即可以做对。

★相关知识点：财务盈利能力分析——项目投资现金流量分析

财务盈利能力分析分为动态分析和静态分析。动态分析从是否在融资方案的基础上进行分析的角度，又分为融资前分析（项目投资现金流量分析）和融资后分析（项目资本金现金流量分析和投资各方现金流量分析），依据的是现金流量数据；静态分析包括投资回收期、总投资收益率、资本金净利润率，依据的是投资使用和利润数据。

项目投资现金流量分析是在不考虑债务融资的情况下，确定现金流入和现金流出，编制项目投资现金流量表，计算财务内部收益率和财务净现值等指标，进行项目投资盈利能力分析，考察项目对财务主体和投资者主体的价值贡献。根据需要，可选择计算所得税前和（或）所得税后分析指标。

1. 项目投资现金流量识别。

注意：为体现可抵扣固定资产进项税的影响，现金流入中增加销项税额，现金流出中增加进项税额（运营投入的进项税额）和应纳增值税；因是融资前分析，涉及的固定资产应不受利息因素的影响。

（1）现金流入包括：营业收入（必要时还可包括补贴收入）；销项税额；在计算期的最后一年，还包括回收资产余值及回收流动资金。

（2）现金流出包括：建设投资；流动资金；经营成本；进项税额；应纳增值税；营业税金及附加；运营期内需要投入的维持运营投资；所得税后分析还要包括调整所得税。

注意：调整所得税 = 息税前利息 × 所得税税率

息税前利润 = 销售收入 - 经营成本 - 折旧 - 摊销 - 营业税金及附加

（3）净现金流量 = 现金流入 - 现金流出

2. 项目投资现金流量表见教材。

3. 分析指标：项目投资财务内部收益率、项目投资财务净现值。

（1）项目投资财务净现值 *FNPV*：按设定的折现率计算各年净现金流量的现值之和：

$$FNPV = \sum_{t=1}^{n}(CI - CO)_t(1 + i_c)^{-t}$$

式中：i_c——设定的折现率，通常选用财务基准收益率。

该指标是考察项目盈利能力的绝对量指标，若 *FNPV* 等于或大于零，表明项目的盈利能力达到或超过了设定折现率所要求的盈利水平，项目财务效益可以被接受。

（2）项目投资财务内部收益率 *FIRR*：使项目整个计算期内各年净现金流量现值累计等于零时的折现率：

$$\sum_{t=1}^{n}(CI - CO)_t(1 + FIRR)^{-t} = 0$$

是考察项目盈利能力的相对量指标，若 $FIRR \geqslant$ 设定的基准参数 i_c，表明项目的盈利性能够满足要求，项目财务效益可以被接受。

（3）注意：选择项目投资财务收益率的基准参数时要注意所得税前和所得税后指标的不同。

案例 7.（2010 年真题）某企业拟投资建设的新项目有关情况如下：

项目计算期：建设期 2 年，生产期 10 年。

投资估算和资金使用计划：建设投资估算为 13600 万元，其中含可抵扣固定资产进项税 1500 万元。建设投资各年用款比例：第 1 年为 55%，第 2 年为 45%，年初投入。流动资金估算为 800 万元，分别在生产期第 1 年投入 60%，第 2 年投入 40%。

资金筹措方案：建设期各年资本金投入均占建设投资的 40%，其余为银行贷款。贷款宽限期 2 年（即建设期内不还本金），自投产后 5 年内采取等额还本付息方式还清全部贷款，贷款利息当年支付，贷款年利率 6%。流动资金全部来源于项目资本金。

项目生产负荷：投产第 1 年为 60%，第 2 年达到设计生产能力。

项目收入和成本：达产年的营业收入为 13000 万元；经营成本为 3000 万元，其中固定成本为 1200 万元，其余为可变成本（原材料、辅助材料、燃料动力等），可变成本与营业收入成正比例变动。

以上收入、成本等数据均以不含税价格表示，项目增值税税率为 17%，营业税金及附加按增值税的 10% 计算。

【问题】计算项目资本金现金流量表中计算期第 1 年至 4 年的所得税前净现金流量。

（注：计算结果保留两位小数）

【答案】项目资本金包括建设投资中的资本金、支付的建设期利息、流动资金三个部分。

第1年建设期利息＝（13600×55%×60%）×6%＝269.28（万元）
第2年建设期利息＝13600×60%×6%＝489.6（万元）
（1）计算期第1年：
只有现金流出：项目资本金＝13600×55%×40%＋269.28＝3261.28（万元）
所得税前净现金流量＝－3261.28（万元）
（2）计算期第2年：
现金流出：项目资本金＝13600×45%×40%＋489.6＝2937.6（万元）
所得税前净现金流量＝－2937.6（万元）
（3）计算期第3年：
①现金流入：
营业收入＝13000×60%＝7800（万元）
销项税额＝7800×17%＝1326（万元）
②现金流出：
项目资本金＝流动资金＝800×60%＝480（万元）
借款利息支付：8160×6%＝489.6（万元）
每年还本付息额＝13600×60%×（A/P，6%，5）＝8160×0.2374＝1937.18（万元）
长期借款本金偿还：1937.18－489.6＝1447.58（万元）
经营成本＝1200＋（3000－1200）×60%＝2280（万元）
进项税额＝（3000－1200）×60%×17%＝183.6（万元）
增值税＝0，因1326－183.6－1500＝－357.6，剩357.6万元结转下期抵扣
营业税金及附加＝0
③所得税前净现金流量＝（7800＋1326）－（480＋489.6＋1447.58＋2280＋183.6＋0＋0）
＝4245.22（万元）
（4）计算期第4年：
①现金流入：
营业收入＝13000万元
销项税额＝13000×17%＝2210（万元）
②现金流出：
项目资本金＝流动资金＝800×40%＝320（万元）
借款利息支付：（8160－1447.58）×6%＝402.75（万元）
长期借款本金偿还：1937.18－402.75＝1534.43（万元）
经营成本＝3000万元
进项税额＝（3000－1200）×17%＝306（万元）
增值税＝2210－306－357.6＝1546.4（万元）
营业税金及附加＝1546.4×10%＝154.64（万元）
③所得税前净现金流量
＝（13000＋2210）－（320＋402.75＋1534.43＋3000＋306＋1546.4＋154.64）
＝7945.78（万元）

【解析】计算某一年的净现金流量相对还比较简单，项目资本金现金流量分析中关键是

把项目资本金计算准确，此题中有三部分构成：一部分是建设投资中的资本金，一部分是流动资金中的资本金，一部分是用于支付建设期利息的资本金。如果建设期利息用借款支付的话，又会形成新的借款，影响借款的偿还。第6章融资方案中也有表述。还有一个重要项目的计算就是应纳增值税，将可抵扣固定资产进项税考虑进去。

★相关知识点：财务盈利能力分析——项目资本金现金流量分析

财务盈利能力分析是在拟定的融资方案下，从项目资本金出资者整体的角度，确定现金流入和现金流出，编制项目资本金现金流量表，计算项目资本金内部收益率指标，考察项目资本金可获得的收益水平。有助于投资者选择融资方案。

1. 项目资本金现金流量识别。

注意：同样要体现可抵扣固定资产进项税的影响；建设期利息要计入固定资产原值。

（1）现金流入包括：营业收入（必要时还可包括补贴收入）；销项税额；在计算期的最后一年，还包括回收资产余值及回收流动资金。

（2）现金流出包括：建设投资和流动资金中的项目资本金（有时还可能包括用资本金支付的建设期利息）；经营成本；进项税额；应纳增值税；营业税金及附加；还本付息；所得税（利润表中的所得税，与融资前分析不同）；运营期内需要投入的维持运营投资。

注意：所得税 = 利润总额 × 所得税税率

利润总额 = 销售收入 - 经营成本 - 折旧 - 摊销 - 利息支出 - 营业税金及附加

（3）净现金流量 = 现金流入 - 现金流出

2. 项目资本金现金流量表见教材。

3. 分析指标：一般只计算项目资本金财务内部收益率。

表达式和计算方法同项目投资财务内部收益率，只不过设定的基准参数为最低可接受收益率。当项目资本金财务内部收益率大于或等于最低可接受收益率时，说明在该融资方案下，项目资本金获利水平超过或达到了要求，该融资方案是可以接受的。

案例8.（自编题）利用案例6计算得到的各年项目投资现金流量见表4-8-4。

表4-8-4 项目投资净现金流量 单位：亿元

年　份	1	2	3	4	5	6
项目投资净现金流量	-20	4.506	6.396	5.574	5.574	9.374

【问题】

1. 计算项目投资回收期。

2. 能否利用投资回收期指标进行项目投资决策？说明理由。

【答案】

1. 计算项目的累计净现金流量见表4-8-5。

表4-8-5 项目的累计净现金流量 单位：亿元

年　份	1	2	3	4	5	6
项目投资净现金流量	-20	4.506	6.396	5.574	5.574	9.374
累计净现金流量	-20	-15.494	-9.098	-3.524	2.05	11.424

项目的投资回收期 $=5-1+\frac{3.524}{5.574}=4.63$（年）

2. 不能，理由：项目投资回收期（静态）不考虑资金的时间价值，不考虑现金流量在各年的时间排列顺序，同时忽略了投资回收以后的现金流量，因此利用投资回收期进行投资决策有可能导致决策失误。

【解析】投资回收期在第7章中已有详述，计算比较简单，重点是理解该指标的含义。

★相关知识点：静态分析（不考虑资金时间价值）

1. 项目投资回收期：

$$累计净现金流量开始出现正值的年份数-1+\frac{上一年累计净现金流量的绝对值}{当年净现金流量}$$

借助项目投资现金流量表中的净现金流量和累计净现金流量计算。投资回收期短，表明投资回收快，抗风险能力强。该指标不能用来作为投资决策的依据，也不能用于方案比选。

2. 总投资收益率：项目达到设计能力后正常年份的息税前利润或运营期内年平均息税前利润与项目总投资的比率。

这里的息税前利润 = 利润总额 + 支付的全部利息 = 营业收入 − 营业税金及附加 − 经营成本 − 折旧和摊销，是按融资方案后的数值计算，折旧中考虑了建设期利息的影响，与项目投资现金流量分析中计算调整所得税的息税前利润不同。

3. 项目资本金净利润率：项目达到设计能力后正常年份的年净利润或运营期内年平均净利润与项目资本金的比率。

注意：总投资收益率和项目资本金收益率是依据“项目总投资使用计划与资金筹措表”和“利润表”的数据计算。

案例9.（自编题）某拟建工业生产项目，建设期2年，运营期8年。项目的资金投入、收入、成本相关数据见表4-8-6。

表4-8-6　项目的资金投入、收入、成本相关数据　　单位：万元

序号	项　目	计算期（年）						
		1	2	3	4	5	6	7~10
1	建设投资（不含建设期利息）	2500	2500					
1.1	项目资本金	1500	1500					
1.2	银行贷款	1000	1000					
2	流动资金			500	125			
3	销售收入（不含增值税）			4000	5000	5000	5000	5000
4	销售税金及附加			41.5	51	51	51	51
5	经营成本（不含增值税）			2000	2500	2500	2500	2500

建设投资中含无形资产600万元，可抵扣固定资产进项税为400万元。贷款在建设期内每年均匀投入，年利率为10%，投产后3年内按照等额还本、利息照付方式还清。流动资金全部由项目资本金解决。固定资产残值为205万元，按年限平均法计提折旧，折旧年限为8年；无形资产在运营期内摊销完毕。企业所得税为25%。

【问题】

1. 计算项目投产后第1年的偿债备付率，据此判断项目当年的偿债能力。并说明还有哪些指标反映项目偿债能力。

2. 财务评价人员依据问题1的计算结果，做出了项目财务上是否可行的判断，这样做是否恰当？简述理由。

【答案】

1.（1）$偿债备付率 = \frac{息税折旧摊销前利润 - 所得税}{应还本付息额}$

息税折旧摊销前利润 = 销售收入 - 经营成本 - 营业税金及附加

所得税 = 利润总额 ×25%

= （销售收入 - 经营成本 - 利息支出 - 折旧摊销 - 营业税金及附加） ×25%

①生产期第1年的利息支出和还本额：

建设期第1年建设期利息 = 1000/2 × 10% = 50（万元）

建设期第2年建设期利息 = （1000 + 50 + 1000/2） × 10% = 155（万元）

生产期第1年年初的借款总额 = 2000 + 50 + 155 = 2205（万元）

当年利息支出 = 2205 × 10% = 220.5（万元）

当年还本额 = 2205 ÷ 3 = 735（万元）

②折旧摊销：

年折旧额 = （5000 + 50 + 155 - 600 - 400 - 205） ÷ 8 = 500（万元）

年摊销额 = 600 ÷ 8 = 75（万元）

③所得税 = （4000 - 2000 - 220.5 - 500 - 75 - 41.5） × 25% = 290.75（万元）

息税折旧摊销前利润 = 4000 - 2000 - 41.5 = 1958.5（万元）

$偿债备付率 = \frac{1958.5 - 290.75}{735 + 220.5} = 1.745$

则，1.745 > 1.3，说明项目当年的偿债能力较强。

（2）反映项目偿债能力的指标还有利息备付率、资产负债率。

2. 只根据项目1年偿债指标的结果就判断项目财务可行这是不恰当的。理由是：一方面仅计算一年的偿债备付率不能说明项目的总体偿债能力，另一方面财务上是否可行除了分析偿债能力外，还要看财务盈利能力（如内部收益率、净现值等）和财务可持续能力，需要静态指标和动态指标的结合。

【解析】此题涉及的估算项目比较多，利息支付、还本额、折旧、摊销等，不管计算多少项目，一定要先写出计算公式，再根据公式逐项逐年分析计算，这样有助于理清答题思路。

★相关知识点：偿债能力分析

利用借款还本付息计划表、利润表和总成本费用表的有关数据计算分析指标。

1. 利息备付率 $=\frac{\text{息税前利润}}{\text{应付利息额}}$

从付息资金来源的充裕性角度反映支付债务利息的能力，这里的息税前利润也是考虑了融资方案后的数值，应付利息是计入总成本费用中的全部利息。利息备付率一般分年计算，至少应当大于1，不宜低于2；数值高说明利息支付的保证度大，偿债风险小；低于1说明没有足够的资金支付利息，偿债风险大。

2. 偿债备付率 $=\frac{\text{息税折旧摊销前利润}-\text{所得税}}{\text{应还本付息额}}$

息税折旧摊销前利润 = 息税前利润 + 折旧和摊销，如果运营期间有维持运营的投资费用，应从分子中扣除。

从偿债资金来源的充裕性角度反映偿付债务本息的能力。偿债备付率应分年计算，至少应大于1，一般不宜低于1.3；偿债备付率低，说明偿付债务本息的资金不足，偿债风险大；当这一指标小于1时，表示当年可用于还本付息的资金不足以偿付当年债务。

3. 资产负债率 = 负债总额/资产总额

案例10.（自编题）经分析，测算出了某新建项目的建设投资、流动资金、长期借款、利息支出、营业收入、经营成本、销项税额、进项税额、增值税、营业税金及附加、偿还借款本金、所得税等数据。

【问题】上述数据哪些是项目财务生存能力分析中经营活动现金流量的组成内容。

【答案】营业收入、销项税额属于经营活动现金流量中的现金流入；经营成本、进项税额、增值税、营业税金及附加、所得税属于经营活动现金流量中的现金流出。

★相关知识点：财务生存能力分析

分析考察“有项目”时（企业）在整个计算期内的资金充裕程度，分析财务可持续性，判断在财务上的生存能力。财务生存能力分析应结合偿债能力分析进行，还与利润分配的合理性有关。

1. 财务计划现金流量表：考察项目计算期内各年的投资活动、融资活动和经营活动所产生的各项现金流入和流出，计算净现金流量和累计盈余资金。

（1）投资活动净现金流量：

现金流入：无

现金流出：建设投资、维持运营投资、流动资金

（2）筹资活动净现金流量：

现金流入：项目资本金投入、维持运营投资、建设投资借款、流动资金借款、短期借款

现金流出：各种利息支出、偿还长期借款本金、偿还流动资金借款本金、偿还短期借款本金、股利分配

（3）经营活动净现金流量：

现金流入：营业收入、增值税销项税额、补贴收入、其他流入

现金流出：经营成本、增值税进项税额、营业税金及附加、增值税、所得税

2. 通过以下两个方面可具体判断项目的财务生存能力：

（1）拥有足够的经营净现金流量是财务上可持续的基本条件，特别是在运营初期。

（2）各年累计盈余资金不出现负值是财务可持续的必要条件。

案例 11.（2009 年真题）M 公司拟开发新式制图桌灯，花费 3 万元聘请一家咨询公司开展项目前期咨询。

（1）项目基础数据：项目建设期 1 年，经营期 5 年；固定资产采用年限平均法计提折旧，折旧年限为 5 年，期末无残值；营业税金及附加为应纳增值税的 12%；贷款年利率为 8%；M 公司适用的增值税税率为 17%，所得税率为 25%。

（2）项目投资估算：项目新增设备购置和安装费 200 万元（其中，可抵扣固定资产进项税为 32.6 万元），在建设期初投入，项目经营期末转卖，估计售价为 10 万元；利用企业现有厂房一座，该厂房账面价值为零，可继续使用 6 年，建设期初投入使用，若不用于本项目，每年可获租金 1 万元。

（3）项目成本和收入预测：项目外购原材料、燃料及动力费用预计为 11 元/盏，支付工资为 5 元/盏，无须新增营业费用、管理费用。新式桌灯销售价格预计为 40 元/盏。新式桌灯上市后会影响到该公司已上市的标准桌灯的销售，使其收入每年减少 8 万元（其经营成本占销售收入的 60%，外购原材料、燃料及动力费占经营成本的 50%）（各项收入中不含增值税销项税额，各项成本中不含增值税进项税额）。

（4）项目资金筹措：工程咨询费用以企业自有资金在建设期末支付；设备购置费和安装费的 40% 来自自有资金，60% 用银行借款，借款在建设期初借入，借款本息在经营期头 3 年内采用等额还本、利息照付方式偿还；流动资金全部来自自有资金。

（5）项目经营期各年销售量及流动资金占用额见表 4-8-7。为计算简便，假设生产标准桌灯占用的流动资金不变。

表 4-8-7 新式桌灯各年预计销售量及流动资金占用额表

经营期年份	1	2	3	4	5
销售量（万盏）	4.5	4	3	2	2
流动资金占用额（万元）	18	16	12	8	4

【问题】

1. 计算项目的总投资。

2. 按有无对比原则，计算项目经营期第 1 年的应纳增值税。

3. 计算项目经营期第 1 年的偿债备付率，并据此判断项目当年的偿债能力。

4. 计算项目经营期第 5 年的所得税前净现金流量和所得税后净现金流量（融资后分析）。

（注：计算过程及结果均保留两位小数）

【答案】

1.（1）建设投资 = 200 + 3 = 203（万元）

（2）建设期利息 = 200 × 60% × 8% = 9.6（万元）

（3）项目总投资 = 203 + 9.6 + 18 = 230.6（万元）

2. 经营期第 1 年：

销售收入 = 40 × 4.5 − 8 = 172（万元）

销项税额 = 172 × 17% = 29.24（万元）

进项税额 =（11 ×4.5 −8 ×60% ×50%）×17% =8.01（万元）

应纳增值税 =29.24 −8.01 −32.6 = −11.37（万元）

应纳增值税为0，还剩11.37万元未抵扣完，结转转下期抵扣。

3. 偿债备付率 $=\dfrac{\text{息税折旧摊销前利润}-\text{所得税}}{\text{应还本付息额}}$

$=\dfrac{\text{销售收入}-\text{经营成本}-\text{营业税金及附加}-\text{所得税}}{\text{应还本付息额}}$

经营期第1年：

经营成本 =（11 +5）×4.5 −8 ×60% =67.2（万元）

营业税金及附加 =0

折旧 =（203 +9.6 −32.6）/5 =36（万元）

利息支出 =（200 ×60% +9.6）×8% =10.37（万元）

总成本费用 = 经营成本 + 折旧摊销 + 利息支出 =67.2 +36 +10.37 =113.57（万元）

所得税 =（销售收入 − 营业税金及附加 − 总成本费用）×25%

=（172 −0 −113.57）×25% =14.61（万元）

应还本额 =（200 ×60% +9.6）/3 =43.2（万元）

经营期第1年偿债备付率 =（172 −67.2 −0 −14.61）÷（43.2 +10.37）=1.68

因1.68 >1.3，所以项目当年的偿债能力较强。

4. 经营期第5年：可抵扣固定资产进项税已抵扣完毕，增值税 = 销项税额 − 进项税额，故现金流量分析时可不分析这三项。

（1）所得税前分析：

现金流入：

销售收入 =40 ×2 −8 =72（万元）

回收资产余值 =0

出售设备收入 =10万元

回收流动资金 =8万元（说明：前面逐年回收了2万元、4万元、4万元，剩余8万元第5年全部收回。）

现金流出：

经营成本 =16 ×2 −8 ×60% =27.2（万元）

营业税金及附加 =72 ×17% −（11 ×2 −8 ×60% ×50%）×17% =8.91（万元）

机会成本 =1万元

所得税前净现金流量 =（72 +10 +8）−（27.2 +8.91 +1）=52.89（万元）

（2）所得税后分析：

所得税 = 利润总额 ×25% =（销售收入 + 其他收入 − 营业税金及附加 − 总成本费用）×25%

其他收入：出售设备收入10万元，高于其账面价值0，应纳税

总成本费用 = 经营成本 + 折旧摊销 + 利息支出

所得税 =（72 +10 −8.91 −27.2 −36 −0）×25% =2.47（万元）

所得税后净现金流量 =（72 +10 +8）−（27.2 +8.91 +1 +2.47）=50.42（万元）

【解析】该项目为改、扩建项目，需进行增量现金流量分析，在估算增量效益和增量费

用前首先要界定项目范围，这样数据估算才准确。此题因新项目与企业原有的效益和费用难以分开，故项目范围界定为企业整体，“有项目”数据等于企业数据。此题中比较容易出错的地方：一是销售收入、经营成本的计算要考虑对原有旧产品造成的损失；二是因偿债能力分析是融资后的分析，所以计算折旧时固定资产原值应包含建设期利息；三是增量现金流量分析中回收流动资金的计算，流动资金使用逐年减少说明流动资金是逐年收回，最后一年余下的全部收回；四是增量现金流量分析时机会成本是一项现金流出；四是还要考虑资产出售带来的现金流入和纳税效应。

★相关知识点：改、扩建项目的财务分析

（一）改、扩建项目效益和费用的估算

1. 改、扩建项目是既有法人项目，它涉及项目和企业两个层次，主要特点是：

（1）项目效益与费用的识别和计算较新建项目复杂。

（2）建设期内建设与生产可能同步进行。

（3）项目与企业既有联系，又有区别，既要考察项目给企业带来的效益，又要考察企业整体财务状况。

（4）改、扩建项目的费用多样，不仅包括新增投资（含原有资产的拆除和迁移费用）、新增成本费用，还可能包括因改造引起的停减产损失。

2. 项目范围界定：既有法人项目应认真研究项目与原企业的关系，合理界定项目范围。

（1）企业总体改造或虽局部改造但项目的效益和费用与企业的效益和费用难以分开的，应将项目范围界定为企业整体。

（2）企业局部改造且项目范围可以明确为企业的一个组成部分，可将项目直接有关的部分界定为项目范围，成为“项目范围内”，企业的其余部分作为“项目范围外”。

3. 效益与费用的估算。

（1）强调有无对比原则，进行增量分析，其中涉及五套数据：

“现状”数据：项目实施起点时效益和费用情况；

“无项目”数据：不实施该项目，现状数据的变化趋势；

“有项目”数据：实施该项目后产生的总量效益和费用数据；

新增数据：“有项目”相对“现状”的变化额；

增量数据：“有项目”与“无项目”的差额，改、扩建项目增量现金流量分析中用到的数据。

（2）“无项目”数据是增量分析的关键，一般假定“无项目”数据 = 现状数据。

（3）沉没成本：已有资产无论在新项目中是否得到使用，都作为沉没费用。

（4）机会成本：往往作为无项目时的效益计算，后面的盈利能力分析时一般简化处理，直接作为项目的增量费用。

（二）改、扩建项目的盈利能力分析

1. 增量现金流量分析为主，强调“有项目”与“无项目”对比得到的增量数据。

2. 总量盈利能力分析为辅，编制“有项目”的现金流量表，不是投资决策的必然要求。

3. 改、扩建项目的盈利能力分析的主要报表是项目投资现金流量表（增量）和利润表（有项目）。

4. 增量分析的简化处理：按照“有无对比”原则，直接判定增量数据用于报表编制，并进行增量分析。

（1）直接判定增量数据的前提条件：

①项目与老厂界限清晰。

②作为企业的局部改造项目，涉及范围较少，对其他部分影响很小。

③在上述两种情况下，有充分的理由设定“无项目”数据等于现状数据；或者投入和产出的无项目数据很容易理清，确定增量数据十分简单。

（2）直接进行增量分析应注意的问题：

①新增投资包括新建或扩建装置的投资、为新项目配套对老厂原有设施填平补齐发挥能力的投资，以及为腾出场地必须对原有建构筑物的拆除和还建费用。

②正确识别增量效益和费用：

➢ 若因项目的建设使老厂的生产受到了影响，则停产、减产损失应计为增量费用，作为现金流量表的一项现金流出；

➢ 若新项目利用了原有企业的资产，而该资产有明确的机会成本，则该机会成本应计入增量费用，作为现金流量表的一项现金流出；

➢ 增量盈利能力分析报表格式与新建项目的财务报表基本相同，只是输入的是增量数据。

③旧资产出售带来的现金流入和纳税效应：

➢ 当旧资产出售价格高于该资产折旧后的账面价值时，两者的差额部分属于应税收入，按所得税税率纳税；

➢ 当旧资产出售价格等于该资产折旧后的账面价值时，无须考虑纳税问题；

➢ 当旧资产出售价格低于该资产折旧后的账面价值时，两者的差额部分属于应税损失，可用来抵减应税收入，减少纳税。

（三）改、扩建项目的偿债能力分析

当项目范围界定为企业整体时，“有项目”数据和报表与企业一致，可直接进行借款偿还计算；当项目范围界定为企业局部时，偿债能力分析可能分为项目和企业两个层次。

1. 项目层次的偿债能力分析。编制有项目时的借款还本付息计划表，计算利息备付率和偿债备付率。当项目范围内存在原有借款时，应纳入计算。项目偿债能力指标可以表示项目用自身的各项收益偿付债务的能力，显示项目对企业整体财务状况的影响。

2. 企业层次的借款偿还能力。要编制企业在拟建项目建设期和投产后 3 ~ 5 年内（或项目偿还期内）的综合借款还本付息计划表，并结合利润表、财务计划现金流量表和资产负债表，分析企业整体偿债能力。

3. 考察企业财务状况的指标：主要有资产负债率、流动比率、速动比率等。

根据企业资产负债表的相关数据计算：

（1）资产负债率 $=\dfrac{\text{负债总额}}{\text{资产总额}}\times 100\%$

过高的资产负债率表明企业财务风险过大，过低的资产负债率表明企业对财务杠杆的利用不够，适度的资产负债率，表明企业投资人和债权人的风险较小，也表明企业经营安全、稳健，具有较强的融资能力。

（2）流动比率 $=\frac{\text{流动资产}}{\text{流动负债}}$

该指标越高，说明偿还流动负债的能力越强。国际公认的标准比率是2.0。

（3）速动比率 $=\frac{\text{速动资产}}{\text{流动负债}}$，速动资产＝流动资产－存货

较流动比率更为准确地反映企业偿还流动负债的能力。该指标越高，说明偿还流动负债的能力越强。国际公认的标准比率是1.0。

（四）改、扩建项目应编制“有项目”范围的财务计划现金流量表，进行财务生存能力分析

第九章 经 济 分 析

核 心 考 点

◆ 经济效益与费用的识别
◆ 市场定价货物的影子价格、土地影子价格
◆ 项目投资经济费用效益流量表
◆ 财务分析数据如何调整为经济分析数据
◆ 经济费用效益分析指标
◆ 费用效果分析

复 习 指 导

经济分析是按合理配置资源的原则，采用社会折现率、影子汇率、影子工资和货物影子价格等经济分析参数，从项目对社会经济所做贡献以及社会经济为项目付出代价的角度，识别项目的效益和费用，分析计算项目对社会经济的净贡献，评价项目投资的经济效益，判断经济合理性。与财务分析相比，都遵循有无对比的原则，但两者的分析数据、价格体系、分析内容等均不同，经济分析只进行盈利性分析。

本章也是比较重要的章节，可以单独出题或结合财务分析出综合案例。本章的重点是经济效益和经济费用的识别、财务数据调整为经济效益和费用数据；难点是货物影子价格的确定，情况比较繁杂，需要在理解的基础上把各种情况记牢。

历年考题情况见表 4-9-1。

表 4-9-1　历年考题情况

年　份	考 核 方 式	考核知识点
2008 年	经济效益和费用的识别是否正确；依据经济分析结果进行项目决策	经济费用效益分析
2009 年	根据所给的经济费用效益流量表，计算经济净现值，判断经济合理性	经济费用效益分析
2010 年	给出有关经济效益和费用数据，计算项目各年净效益流量和项目经济净现值，判断经济合理性	经济费用效益分析
2011 年	分析项目经济效益、经济费用的组成，计算各年净效益流量和经济净现值，判断经济合理性	经济费用效益分析
2013 年	经济分析数据调整	经济费用效益分析
2014 年	给出有关经济效益和费用数据，计算项目各年净效益流量和项目经济净现值，判断经济合理性	经济费用效益分析

题 · 解 析

案例 1.（2008 年真题）某市政府拟建设两个公共项目：

一是污水处理厂，委托甲咨询机构负责可行性研究工作。在项目经济分析中，咨询工程师认为：该项目经济费用主要包括项目投资、运营费用、企业所得税、国内利息支出等；经济效益主要包括污水处理费收入、环境改善、促进当地就业等。现有两个建设方案A和B，经测算，A方案的财务经济净现值大于B方案，A经济净现值小于零，B方案经济净现值大于零。

二是植树造林项目，委托乙咨询机构负责可行性研究工作。该项目除了可获得伐木收入外，由于水土得到保持，气候得到改善，预计周边的农田粮食作物会有所增产。咨询工程师认为应从经济分析角度判断该项目的经济合理性，农作物增产收入应看作项目的经济效益。

【问题】

1. 甲公司咨询工程师识别的经济费用和经济效益中，哪些是不正确的？基于财务分析和经济分析的结果，咨询工程师应推荐哪个方案？说明理由。

2. 你是否赞同乙公司咨询工程师的观点？简述理由。

【答案】

1.（1）经济费用中不应该包括企业所得税、国内利息支出；经济效益中不应该包括污水处理费收入（这些都属于转移支付，不应记作经济效益或费用）。

（2）咨询工程师应推荐B方案，因为该项目属于产出具有公共产品特征的项目，应进行经济分析，判断其经济合理性，作为投资决策的依据，而不能以财务分析结果来进行项目投资决策。

2. 赞同其观点。理由：（1）该项目具有明显的外部性影响，应当对其进行经济评价，分析项目的经济合理性；（2）农作物增产收入属于间接效益中的环境改善的效益，应当看作本项目的经济效益。

【解析】该题主要考核的是经济效益和费用的识别，识别中把握几个点：转移支付的处理、间接效益和间接费用的界定。

★相关知识点：经济效益与费用的识别

（一）识别的基本要求

1. 对经济效益与费用进行全面识别：包括项目的直接效益和间接效益、直接费用和间接费用。

2. 遵循有无对比的原则。

3. 效益和费用识别和计算口径对应一致。

4. 合理确定经济效益与费用识别的时间跨度。

5. 正确处理“转移支付”。

6. 以本国社会成员作为分析对象。

（二）直接效益与直接费用

1. 直接效益。

（1）项目产出用于满足国内新增加的需求时，表现为国内新增需求的支付意愿。

（2）项目产出用于替代其他厂商的产品或服务时，表现为社会资源的节省。

（3）项目产出直接出口或可替代进口商品，表现为国家外汇收入的增加或支出的减少。

（4）一些提供社会服务的行业项目，产生的经济效益与财务分析中的营业收入无关，表现为时间节约、运输成本降低、人力资本增值、生命延续或疾病预防等效果。

2. 直接费用。

（1）当社会扩大生产规模满足项目对投入的需求时，表现为社会扩大生产规模所增加耗用的社会资源价值。

（2）社会不增加供给，表现为社会因其他人被迫放弃使用这些资源而损失的效益。

（3）项目的投入导致进口增加或减少出口时，表现为国家外汇支出的增加或外汇收入的减少。

3. 转移支付：没有造成社会资源的实际增加或减少，不计做经济效益或费用。

（1）项目（企业）向政府缴纳的大部分税费，除体现资源稀缺价值的资源税和补偿费、体现环境价值补偿的税费外：不增加社会资源消耗。

（2）政府给予项目（企业）的各种补贴：不增加社会资源财富。

（3）项目向国内银行等金融机构支付的贷款利息和获得的存款利息。

（三）间接效益与间接费用：项目的外部效果

1. 间接效益：

（1）劳动力培训效果：引起人力资本增值的效果，一般做定性说明；

（2）技术扩散效果；

（3）环境改善的效益；

（4）"上、下游"企业相邻效果；

（5）乘数效果。

2. 间接费用：通常是项目对环境及生态的不利影响。

可用第四章中介绍的环境价值评估方法估算，或按同类企业所造成的损失估算，或按环境补偿费用和恢复环境质量所需的费用估算。

案例 2.（自编题）某新建项目生产的产品 A 为市场竞争类产品，预测目标市场价格为 2340 元/台（含销项税额，适用增值税税率为 17%），产品到目标市场的运杂费为 40 元/台。项目投产后可能导致产品 A 价格下降 10%，且很可能挤占国内原有厂家的部分市场份额。项目占地 100 亩，经测算，征地补偿费用为 400 万元，其中包括土地补偿费、安置补助费、地上附着物和青苗补偿费、征地动迁费、耕地占用税等。咨询人员在对项目进行经济评价时，认为土地的经济费用中应剔除耕地占用税。

【问题】

1. 请确定产品 A 的影子价格。

2. 咨询人员的观点是否正确？说明理由。

3. 该项目占用土地的影子价格如何从实际征地费用中进行调整计算？

【答案】

1. 产品 A 的影子价格 $=[2340+2340\times(1-10\%)]\div2\div(1+17\%)-40=1860$（元/台）

2. 不正确。理由：从我国耕地资源的稀缺程度考虑，耕地占用税应计入土地经济费用。

3. 把项目实际征地费用分为三个部分分别调整：

（1）其中的土地补偿费、青苗补偿费，按机会成本计算方法调整；

（2）其中的征地动迁费、安置补偿费、地上附着物补偿费，按影子价格计算；

（3）耕地占用税计入土地经济费用。

【解析】 货物影子价格的确定，首先要确定货物的类型和市场情况，然后按照对应方法进行确定。货物在不同情况下的影子价格的确定，应通过分析其对社会经济造成负面影响的大小来判断其应采用哪种市场价格为依据。

★相关知识点：不同投入物影子价格的确定

一、市场定价货物的影子价格

市场定价货物的影子价格应以市场价格为基础，另外加减相应的物流费用作为项目投入物或产出物的进厂或出厂影子价格。

（一）可外贸货物影子价格

只分析两种情况：

（1）直接进口投入物的影子价格（到厂价）=到岸价（CIF）×影子汇率+进口费用

（2）直接出口产出物的影子价格（出厂价）=离岸价（FOB）×影子汇率-出口费用

其中，影子汇率是指外汇的影子价格，影子汇率=外汇牌价×影子汇率换算系数；进口或出口费用是指货物进出口环节在国内所发生的各种相关费用，一般可直接按财务价值取值。

（二）非外贸货物影子价格

1. 两种情况：

（1）投入物影子价格（到厂价）=市场价格+国内运杂费

（2）产出物影子价格（出厂价）=市场价格-国内运杂费

2. 如果项目产出或投入数量大到影响了其市场价格，导致“有项目”和“无项目”两种情况价格不一致，可取两者的平均值作为测算影子价格的依据。

3. 产出物和投入物的影子价格中是否含税（增值税），应分情况处理：

（1）项目产出：

①项目产出需求空间大，对市场价格影响不大，即采用含税的市场价格；

②项目产出挤占其他厂商的市场份额，即采用不含税的市场价格；

③不合理重复建设的情况，即采用被替代企业的分解可变成本。

（2）项目投入：

①若该投入物的生产能力较富裕或较容易扩容来满足项目需要。

➢ 价格受到管制的，若通过挖潜增加供应的，按可变成本分解；若通过新增投资增加供应的，按全部成本分解；

➢ 市场定价的，即采用不含税的市场价格。

②若投入物供应紧张，只能挤占原有用户来满足项目需要的，即采用含税的市场价格。

（3）在不能判别产出是增加供给还是挤占原有供给，或投入供应是否紧张的情况下，可简化处理：产出的影子价格采用含税的市场价格，投入的影子价格采用不含税的市场价格。

二、政府调控价格货物的影子价格

往往采用特殊的方法测定：成本分解法、消费者支付意愿法和机会成本法。

1. 电价。

（1）作为项目的投入时，按成本分解法测定：

①一般按当地的电力供应完全成本口径的分解成本定价；

②若存在阶段性的电力过剩，按可变成本分解定价。

（2）作为项目的产出时，按照电力对于当地经济的边际贡献测定。

2. 交通运输服务。

（1）作为项目的投入时，按全部成本分解定价；

（2）作为项目的产出时，经济效益的计算不考虑服务收费收入，而按替代运输量和正常运输量的时间节约效益、运输成本节约效益、交通事故减少效益以及诱发运输量的效益等测算。

3. 水价。

（1）作为项目的投入时，按后备水源的成本分解定价，或按恢复水功能的成本定价；

（2）作为项目的产出时，按消费者支付意愿或按消费者承受能力加政府补贴测定。

三、特殊投入的影子价格

（一）劳动力的影子价格——影子工资

劳动力投入的影子价格 = 劳动力机会成本 + 劳动力转移而引起的新增资源消耗

影子工资一般是通过影子工资换算系数计算。影子工资换算系数是影子工资与财务分析中劳动力的职工薪酬之比。技术性工作的劳动力的薪酬一般由市场供求决定，影子工资换算系数一般取值为 1；非技术劳动力的影子工资换算系数在 0.25 ~ 0.8 之间，非技术劳动力较为富余的地区可取较低值，不太富余的地区可取较高值，中间状况可取 0.5。

（二）土地影子价格

1. 非生产性用地的土地影子价格。

（1）市场完善的，按市场交易价格作为土地影子价格；

（2）市场不完善或无市场交易价格的，应按消费者支付意愿确定。

2. 生产性用地的土地影子价格 = 土地机会成本 + 新增资源消耗

可从投资估算中土地费用的财务价值出发，进行调整计算。分为三个部分，按不同方法调整：

（1）属于机会成本性质的费用，有土地补偿费、青苗补偿费，按机会成本计算方法调整计算；

（2）属于新增资源消耗的费用，有征地动迁费、安置补偿费、地上附着物补偿费，按影子价格计算；

（3）一般而言，政府征收的税费属于转移支付，但从耕地资源的稀缺程度考虑，征地费用中的耕地占用税应计入土地经济费用。

（三）自然资源影子价格

（1）矿产等不可再生资源的影子价格应按该资源用于其他用途的机会成本计算。

（2）水和森林等可再生资源的影子价格可以按资源再生费用计算。

（3）为方便测算，自然资源影子价格也可以通过投入替代方案的费用测算。

（4）以上方法难以应用时，不可再生矿产资源的影子价格可简化处理：市场价格（含增值税，含资源税）作为其影子价格的最低值。

四、人力资本和生命价值的估算

1. 教育项目，其效果可以表现为人力资本增值。

在劳动力市场发育成熟的情况下，其人力资本的增值应根据“有项目”和“无项目”两种情况下的所得税前工资的差额进行估算。

2. 医疗卫生项目，其效果常表现为减少死亡和病痛的价值。

可根据社会成员为避免死亡而愿意支付的费用进行计算。如果缺乏支付意愿的资料：可采用人力资本法或通过分析伤亡风险高低不同的工种的工资差别来间接测算。

3. 卫生保健项目，其效果表现为对人们增进健康的影响。

一般应通过分析疾病发病率与项目影响之间的关系，测算由于健康状况改善而增加的工作收入，发病率降低而减少的看病、住院等医疗成本及其他各项支出，并综合考虑人们对避免疾病而获得健康生活所愿意付出的代价，测算其经济价值。

五、时间节约价值的测算

按照有无对比原则分析“有项目”和“无项目”情况下的时间耗费情况，分别测算旅客出行时间节约和货物运送时间节约的经济价值。

1. 出行时间节约的价值。

(1) 如果所节约的时间用于工作，则按因时间节约而进行生产从而引起产出增加的价值来测算，包括企业负担的所得税前工资、各项保险费用及有关的其他劳动成本。

(2) 如果所节约的时间用于闲暇，采用意愿调查评估法进行估算。

2. 货物时间节约的价值。应根据不同货物对运输时间的敏感程度以及受益者的支付意愿进行测算。

六、环境价值的估算

采用第四章所述的环境价值评估方法。

案例3. (2009年真题) 某咨询机构接受委托，对某项目进行经济分析，项目经济费用效益流量见表4-9-2，计算期10年，单位为百万元。分析时没有将项目运营期间污水排放对周边鱼塘和庄稼造成的损失计入经济费用中，后经测算，项目运营期间污水排放将使鱼塘和庄稼每年至少损失200万元。

表4-9-2 项目经济费用效益流量表 单位：百万元

序号	项目	建设期		运营期		
		第1年	第2年	第3年	第4~9年	第10年
1	效益流量			80	147	230
2	费用流量	155	200	56	77	65
3	净效益流量	-155	-200	24	70	165

【问题】 计算该项目经济净现值，并判断项目是否经济合理？

【答案】 将项目对鱼塘和庄稼造成的损失计入费用流量中，则项目经济净现值：

$$
\begin{aligned}
ENPV &= -155\times(1+10\%)^{-1}-200\times(1+10\%)^{-2}+(24-2)\times(P/F,10\%,3)\\
&\quad +(70-2)\times(P/A,10\%,6)(P/F,10\%,3)+(165-2)\times(P/F,10\%,10)\\
&= -140.91-165.29+22\times0.7513+68\times4.3553\times0.7513+163\times0.3855\\
&= -4.33
\end{aligned}
$$

经济净现值小于零，表明该项目经济上不合理。

【解析】 经济费用效益分析指标的计算公式简单，关键是把每年的净效益流量计算准确。

★**相关知识点：**经济费用效益分析指标

（一）经济净现值（*ENPV*）

是指用社会折现率将项目计算期内各年的经济净效益流量折算到项目建设期初的现值之和，是反映项目对社会经济净贡献的绝对量指标。计算公式同财务净现值，只是代入的数据不同、折现率不同。

ENPV 等于或大于零，表示项目的经济盈利性达到或超过了社会折现率的基本要求，从经济效益看，该项目可以接受。*ENPV* 越大，表明项目带来的以现值表示的经济效益越大。

（二）经济内部收益率（*EIRR*）

是指项目在计算期内各年经济净效益流量的现值累计等于零时的折现率，是经济费用效益分析的辅助指标，是反映项目经济效益的相对量指标，表示项目占用的资金所能获得的动态收益率。计算式同财务内部收益率，也是代入的数据不同。

EIRR 等于或大于社会折现率时，表明项目对社会经济的净贡献达到或者超过了社会折现率的基本要求。

案例 4.（2010 年真题）A 市拟新建一条高速公路，委托 B 咨询公司承担该项目可行性研究工作。B 咨询公司通过测算编制了项目投资经济费用效益相关数据表（见表 4-9-3），项目计算期 20 年，社会折现率为 10%。

表 4-9-3　项目投资经济费用效益相关数据表　　单位：百万元

序号	项　　目	合计	建设期		运营期			
			1	2	3	4	5 ~ 19	20
1	建设投资	4000	1500	2500				
2	流动资金	42			42			
3	运营成本	1245			60	65	70	70
4	时间节约	10330			500	550	580	580
5	运输费用节约	1341			55	70	76	76
6	减少交通事故	144			8	8	8	8
7	回收流动资金	42						42
8	回收固定资产余值	2000						2000

【问题】根据表中的数据，计算该项目各年净效益流量、经济净现值，并判断项目是否具有经济合理性。

【答案】上述项目中 1、2、3 项属于费用流量，4 ~ 8 项属于效益流量。

1. 计算期第 1 年净效益流量 = −1500 万元

第 2 年净效益流量 = −2500 万元

第 3 年净效益流量 = 500 + 55 + 8 − 42 − 60 = 461（万元）

第 4 年净效益流量 = 550 + 70 + 8 − 65 = 563（万元）

第 5 年至第 19 年净效益流量 = 580 + 76 + 8 − 70 = 594（万元）

第 20 年净效益流量 = 580 + 76 + 8 + 42 + 2000 − 70 = 2636（万元）

2. 项目经济净现值

$$= \frac{-1500}{1+10\%} + \frac{-2500}{(1+10\%)^2} + 461 \times (P/F,\ 10\%,\ 3) + 563 \times (P/F,\ 10\%,\ 4)$$

$$+ 594 \times (P/A,\ 10\%,\ 15)(P/F,\ 10\%,\ 4) + 2636 \times (P/F,\ 10\%,\ 20)$$

$= 778.65$（万元）

3. 经济净现值大于零，该项目具有经济合理性。

案例 5.（2011 年真题）甲企业拟投资建设某项目，项目的设计生产能力为 20 万吨/年，建设期 1 年，生产经营期 5 年且各年均达产。

项目建设投资 20 亿元，其中形成固定资产的投资占 90%。项目建设投资的 60% 为自有资金，其余由国内银行贷款解决，贷款年利率为 10%：项目正常年流动资金 2 亿元，全部使用国内银行贷款，贷款年利率为 8%。

项目产品的市场销售价格（不含税）为 4000 元/吨；各年的经营成本均为 3.5 亿元，年营业税金及附加为 400 万元。由于项目生产符合循环经济和节能减排鼓励政策，政府给予每吨产品 700 元的补贴，同时免征所得税。该项目使用的原料之一是乙企业无偿提供的一种工业废料，由此每年可以为乙企业节省 1 亿元的废料处理费用。此外，项目不产生其他间接费用和效益。

项目各项投入和产出的价格均能反映其经济价值，所有流量均发生在年末。固定资产折旧年限为 5 年，净残值率为 10%；无形资产和其他资产在经营期全部摊销完毕。甲企业设定的社会折现率为 8%。

【问题】

1. 分项列出该项目经济效益、经济费用的组成内容。

2. 计算该项目各年净效益流量以及项目经济净现值，判断该项目的经济合理性。

（要求列出计算过程，计算结果保留整数）

【答案】

1. 该项目的经济效益有：项目销售收入（直接效益）、回收资产余值、回收流动资金、为乙企业节省的 1 亿元废料处理费用（间接效益）；经济费用有：建设投资、流动资金、经营费用。

2. 根据题目所给条件，项目各项投入和产出的价格均能反映其经济价值，所以建设投资、销售收入、回收资产余值、流动资金、经营费用无须调整，只需剔除补贴收入。

（1）计算第 1 年净效益流量：

经济效益：0

经济费用：建设投资 = 20 亿元

净效益流量 = 0 − 20 = −20（亿元）

（2）计算第 2 年净效益流量：

经济效益：直接效益 = 4000 × 20 = 8（亿元）

间接效益 = 1 亿元

经济费用：流动资金 = 2 亿元

经营费用 = 3.5 亿元

净效益流量 =（8 + 1）−（2 + 3.5）= 3.5（亿元）

（3）计算第3~5年净效益流量：

净效益流量＝（8＋1）－3.5＝5.5（亿元）

（4）计算第6年净效益流量：

经济效益中增加：回收资产余值＝20×90%×10%＝1.8（亿元）

回收流动资金＝2亿元

净效益流量＝（8＋1＋1.8＋2）－3.5＝9.3（亿元）

（5）该项目经济净现值

$= -20(P/F, 8\%, 1) + 3.5(P/F, 8\%, 2) + 5.5(P/A, 8\%, 3)(P/F, 8\%, 2) + 9.3(P/F, 8\%, 6)$

$= -20 \times 0.9259 + 3.5 \times 0.8573 + 5.5 \times 2.5771 \times 0.8573 + 9.3 \times 0.6302$

＝2（亿元）

项目经济净现值大于0，所以该项目具有经济合理性。

【解析】经济费用效益分析的主要报表是项目投资经济费用效益流量表，编制报表与融资方案无关。不管是直接进行效益和费用流量的识别和计算还是通过调整财务数据来分析，一是要牢记效益流量和费用流量的组成内容，二是要牢记那些需要按影子价格调整、需要被剔除、需要被纳入的效益和费用。

★相关知识点：项目投资经济费用效益流量表的编制

（一）项目投资经济费用效益流量表（表4-9-4）

表4-9-4　项目投资经济费用效益流量表

序号	项　目	计　算　期			
		1	2	3	……
1	效益流量				
1.1	项目直接效益				
1.2	回收资产余值				
1.3	回收流动资金				
1.4	项目间接效益				
2	费用流量				
2.1	建设投资				
2.2	流动资金				
2.3	经营费用				
2.4	项目间接费用				
3	项目净现金流量				

（二）编制方式（两种）

1. 直接进行效益和费用流量的识别和计算：

（1）分析确定直接效益、直接费用和间接效益、间接费用。

（2）确定各项投入物和产出物的影子价格，对各项产出效益和投入费用进行估算。

（3）根据估算的效益流量和费用流量，编制项目投资经济效益费用流量表。

（4）能够货币量化的外部效果，尽可能货币量化，作为间接费用和间接效益；难以进行货币量化的产出效果，应尽可能地采用其他量纲进行量化；难以量化的，进行定性描述。

2．在财务分析项目投资现金流量表基础上调整编制：

（1）范围调整：

①剔除属于转移支付的内容：国家对项目的各种补贴、项目向国家支付的大部分税金；

②剔除流动资金中的现金、应收、应付、预收、预付款项；

③不考虑通货膨胀因素，剔除建设投资中的涨价预备费；

④识别项目的外部效果，分别纳入间接效益和间接费用流量。

（2）数值调整：

①鉴别投入和产出的财务价格是否能正确反映其经济价值，不能的部分按影子价格重新计算；

②投入和产出中涉及外汇的，用影子汇率代替国家外汇牌价；

③对项目的外部效果尽可能货币量化计算。

案例6.（自编题）某公司为扩展业务，计划从国外引进一套设备。该设备的离岸价格为163万美元，进口从属费用包括：（1）国外运输保险费为17万美元；（2）关税41.5万元；（3）银行财务费（费率0.5%）；（4）外贸手续费（费率为1.5%）；（5）增值税及其他附加税费87.5万元。设备的国内运杂费为12.7万元。人民币外汇牌价1美元=6.3元人民币，影子汇率换算系数为1.08。

【问题】试计算该进口设备的影子价格（到厂价）。

【答案】进口从属费用中的关税、增值税及其他附加税费为转移支付，予以剔除。

进口设备到岸价 =（163+17）×6.3×1.08=1224.72（万元）

银行财务费=163×6.3×0.5% =5.13（万元）

外贸手续费 =（163+17）×6.3×1.5% =17.01（万元）

进口设备的影子价格=1224.72+5.13+17.01+12.7=1259.46（万元）

【解析】把财务分析数据调整为经济数据的过程中，主要调整三个部分：一是剔除转移支付，因其不实际消耗或增加社会资源；二是按影子价格调整；三是剔除通货膨胀的影响。

★相关知识点：财务数据调整为经济数据的具体方法

1．调整直接效益流量：产出按影子价格重新计算，涉及出口的还要采用影子汇率。

2．调整建设投资：

（1）涨价预备费从费用流量中剔除；

（2）建设投资中的劳动力按影子工资计算费用，土地费用按土地的影子价格调整；

（3）有进口用汇的应按影子汇率换算，并剔除作为转移支付的进口关税和进口环节增值税；

（4）涉及的货物采用含税价格还是不含税价格（增值税），根据前面讲述的原则处理。

3．调整经营费用：

（1）对需要采用影子价格的投入物，用影子价格重新计算；

（2）对一般投资项目，人工工资可不予调整；人工工资用外币计算的，应按影子汇率调整。

4．调整流动资金：

（1）采用扩大指标法估算的，需要将计算基数调整为以影子价格计算的营业收入或经营费用，再乘以相应的系数估算；

（2）按分项详细估算法估算的，剔除了现金、应收、预收、应付、预付款项后，剩余的存货部分要用影子价格重新分项估算。

5．回收资产余值一般不必调整。

6．识别并估算间接效益和间接费用。

案例 7.（自编题）西部某地区拟推行一个山区教师培训计划，以提高当地教育水平。现有三个备选方案，方案有效期限为 20 年，效果为增加当地考入大学的学生数量。根据统计资料分析及专家论证，各方案的初始投资、每年培训费用及预期效果等资料见表 4-9-5。设定基准收益率为 8%。根据当地财力，设定基准指标 $[C/E]_0=3000$，即每年每增加一个大学生需要花费 3000 元。

表 4-9-5　各方案投资、费用及预期效果

方案	初始投资（万元）	年培训费用（万元）	年增加大学录取人数
1	1200	120	700
2	1600	100	900
3	1890	100	1000

【问题】 在政府财力许可的情况下，请利用费用效果分析方法选择较优的方案。

【答案】

1．计算各方案的费用年值和费用效果比：

方案 1 的初始投资的费用年值 $=1200\times(A/P,8\%,20)=122.22$（万元）

方案 2 的初始投资的费用年值 $=1600\times(A/P,8\%,20)=162.96$（万元）

方案 3 的初始投资的费用年值 $=1890\times(A/P,8\%,20)=192.50$（万元）

2．计算各方案的费用效果比：

方案 1 的费用/效果 $=(122.22+120)/700\times10000=3460$（元）

方案 2 的费用/效果 $=(162.96+100)/900\times10000=2922$（元）

方案 3 的费用/效果 $=(192.50+100)/1000\times10000=2925$（元）

3．方案 1 的费用效果比高于基准值，应予放弃；进一步比较方案 2 和方案 3。

计算两个方案的增量费用效果比：

$\Delta C/\Delta E=\dfrac{(192.50+100)-(162.96+100)}{1000-900}\times10000=2954$（元），低于基准值 3000

则，方案 3 优于方案 2，在政府财力许可下，选择较优方案 3。

【解析】 运用费用效果法进行选择时，不能简单地直接比较个案的费用效果比或效果费用比，应比较满足条件的方案之间的增量比值。

★相关知识点： 费用效果分析

当项目效果不能或难以货币量化时，或货币量化的效果不是项目目标的主体时，在经济分析中应采用费用效果分析方法，并将其结论作为项目投资决策的依据。费用效果分析应用于财务分析时，主要是项目各个环节的方案比选、项目总体方案的初步筛选；应用于经济分析时，除了可用于方案比选、筛选外，对于项目主体效益难以货币量化的，则取代经济费用效益分析，作为经济分析的最终结论。

1. 费用效果分析基本指标：

效果费用比 $=E/C$，即单位费用所达到的效果；

费用效果比 $=C/E$，即单位效果所花费的费用。

注：根据条件，指标单位可用年值或现值表示。

2. 基本分析方法：

（1）最小费用法：项目效果相同的条件下，选择能够达到效果的各种可能方案中费用最小的方案。

（2）最大效果法：费用相同的条件下，选择能使效果最大化的方案。

（3）增量分析法：当备选方案的效果和费用均不固定，且分别具有较大幅度的差别时采用增量分析。分析步骤：

①事先确定基准指标 $[E/C]_0$ 或 $[C/E]_0$；

②将方案按费用由小到大排队，计算各个方案的基本指标，进行筛选；

③符合条件的方案中，从费用小的两个方案开始比较：如果增量效果超过增量费用（$\Delta E/\Delta C \geqslant [E/C]_0$ 或 $\Delta C/\Delta E \leqslant [C/E]_0$），选择费用高的方案；否则，选择费用低的方案；

④将优胜方案与紧邻的下一个方案进行增量分析，以此类推，直至最后一个方案，最终被选定的优胜方案为最优方案。

第十章 社会评价

核心考点

◆ 社会评价的内容及步骤
◆ 社会评价信息的收集方法
◆ 初步社会评价和详细社会评价、利益相关者分析、参与式社会评价方法
◆ 社会评价报告的重点内容

复习指导

本章重点对社会评价内容、信息收集、评价方法和评价报告的编写进行了介绍，由于社会评价内容多以定性分析为主，本章单独考大案例的可能性较低，多以小问的形式出现，在2008年、2010年、2012年、2013年及2014年均有定性案例的考核。要求对核心考点相关知识要理解透彻，实际应用要灵活，深入解读掌握知识要领，为可能的综合案例考查作准备。

历年考题情况见表4-10-1。

表4-10-1 历年考题情况

年 份	考核方式	考核知识点
2008年	（1）社会评价包括的内容； （2）利益相关者的判断	社会评价的内容； 利益相关者分析
2010年	详细社会评价的步骤	社会评价方法
2012年	（1）个人访谈方法的要求； （2）减轻社会负面影响的措施方案应包括哪些内容	社会评价方法； 社会评价报告的内容
2013年	（1）可能影响项目的主要社会风险因素； （2）社会稳定风险评估做法	社会风险分析 社会稳定风险评估
2014年	识别因素识别排序依据	识别社会因素并排序

题·解析

案例1.（2008年真题）某市政府拟建一座污水处理厂，以提高该市的污水处理能力。该市政府委托某咨询机构负责项目的社会评价工作。在项目社会评价中，咨询工程师认为该污水处理厂所在地的居民是本项目的利益相关者，应对其进行利益相关者分析。

【问题】1．该项目的社会评价应包括哪些方面的内容？并简述社会评价步骤。

2．咨询工程师的观点是否正确？说明理由。

【答案】1．（1）该项目的社会评价应该包括社会影响分析、项目与所在地区的互适性分析和社会风险分析三个方面的内容。

（2）社会评价一般包括调查社会资料、识别社会因素、论证比选方案三个步骤。

2. 咨询工程师的观点正确，理由：因为该污水处理厂所在地的居民是该项目的直接受益人，可能对项目的实施产生影响，应该对其进行利益相关者分析，获得他们对项目的支持。

【解析】此题考核的是社会评价的内容及步骤、利益相关者分析，常以小问的形式出现，其中社会评价内容及步骤的相关知识是本章节重点掌握内容，复习为了节省时间和精力，可以熟记相关知识的摘要，详细内容作为了解。

案例 2.（2013 年真题）某市为提高“十二五”期末服务业增加值比重，提出建设快速公交走廊工程、垃圾处理场、农贸市场等一揽子投资计划，以提高公共服务水平，促进当地服务业快速发展。

项目单位从项目实施的必要性、有效性和经济性角度，自行对拟建项目社会稳定风险分析报告进行了评估论证，并提出了低风险的结论。同时，要求将征地拆迁及移民安置方案分析、社会稳定风险分析作为项目可行研究报告的独立篇章。

【问题】

1. 列出该投资计划所含项目可能影响社会稳定的三个主要风险因素。

2. 项目单位有关社会稳定风险评估的做法是否正确？说明理由。

【答案】

1. 项目可能影响社会稳定的主要风险因素有：移民安置问题，民族矛盾、宗教问题，弱势群体支持问题，受损补偿问题。(列出其中三项即可)

2.（1）项目单位自行进行社会稳定风险评估的做法不正确，理由：按规定，应由项目所在地人民政府或其有关部门指定的评估主体组织对项目单位做出的社会稳定风险分析开展评估论证；

（2）要求将征地拆迁及移民安置方案分析、社会稳定风险分析作为项目可行研究报告的独立篇章的做法不完全正确，理由：按规定，社会稳定风险分析应当作为项目可行性研究报告、项目申请报告的重要内容并设独立篇章；而征地拆迁及移民安置方案分析是项目可行研究报告应包括的重要内容，不设独立篇章。

【解析】本题涉及考点有社会评价中的社会风险分析、2013 年增考内容重大项目社会稳定风险评估。工程咨询服务内容是考核重点，每年必考；一般而言，当年新增考内容必考，是复习重点。

★相关知识点：社会评价的内容和步骤

一、社会评价的主要内容

社会评价从以人为本的原则出发，研究内容包括项目的社会影响分析、项目与所在地区的互适性分析和社会风险分析三个方面，详细评价内容见表 4-10-2。

表 4-10-2　社会评价的主要内容

社会评价	
分　类	研究内容
1. 项目的社会影响分析： 在内容上可分为三个层次，从国家、地区、社区三个层面展开，包括正面影响和负面影响	（1）项目对所在地居民收入的影响； （2）项目对所在地居民生活水平和生活质量的影响；

续表 4-10-2

社会评价	
分　类	研究内容
	（3）项目对所在地居民就业的影响； （4）项目对所在地不同利益相关者的影响； （5）项目对所在地弱势群体利益的影响； （6）项目对所在地文化、教育、卫生的影响； （7）项目对当地基础设施、社会服务容量和城市化进程的影响； （8）项目对所在地少数民族风俗习惯、宗教的影响
2. 项目与所在地区的互适性分析： 主要是分析预测项目能否为当地的社会环境、人文条件所接纳，以及当地政府、居民支持项目的程度，考察项目与当地社会环境的相互适应关系	（1）分析预测与项目直接相关的不同利益相关者对项目建设和运营的态度及参与程度，选择利益相关者参与的适当方式； （2）分析预测项目所在地区的社会组织对项目建设和运营的态度； （3）分析预测项目所在地区社会环境、文化状况能否适应项目建设和发展需要
3. 社会风险分析： 对可能影响项目的各种社会因素进行识别和排序，选择影响面大、持续时间长，并容易导致较大矛盾的社会因素进行预测，分析可能出现这种风险的社会环境和条件	（1）移民安置问题； （2）民族矛盾、宗教问题； （3）弱势群体支持问题； （4）受损补偿问题

二、社会评价的步骤

社会评价一般包括调查社会资料、识别社会因素、论证比选方案三个步骤，详细内容见表 4-10-3。

表 4-10-3　社会评价的步骤

步　骤	内　容
第一步： 调查社会资料	（1）人口统计资料、基础设施与服务设施状况； （2）当地的风俗习惯、人际关系； （3）各利益相关者对项目的反应、要求和接受程度； （4）各利益相关者参与项目活动的可能性，项目所在地区干部群众对参与项目活动的态度和积极性，可能参与的形式和时间，妇女参与有无特殊情况
第二步： 识别社会因素	（1）影响人类生活和行为的因素； （2）影响社会环境变迁的因素； （3）影响社会稳定与发展的因素

续表 4-10-3

步骤	内容
第三步： 论证比选方案	（1）确定评价目标与评价范围； （2）选择评价指标； （3）确定评价标准； （4）制定备选方案； （5）进行项目评价； （6）编制社会评价报告

三、重大固定资产投资项目社会稳定风险评估

为预防和化解社会矛盾，建立和规范重大固定资产投资项目社会稳定风险评估机制，国家发展改革委于2012年8月16日印发了《国家发展改革委重大固定资产投资项目社会稳定风险评估暂行办法》。

（一）社会稳定风险评估的含义

项目单位在组织开展重大项目前期工作时，应当对社会稳定风险进行调查分析，征询相关群众意见，查找并列出风险点、风险发生的可能性及影响程度，提出防范和化解风险的方案措施，提出采取相关措施后的社会稳定风险等级建议。

社会稳定风险分析应当作为项目可行性研究报告、项目申请报告的重要内容并设独立篇章。

（二）适用的项目范围

国家发展改革委审批、核准或者核报国务院审批、核准的在中华人民共和国境内建设实施的固定资产投资项目（简称“项目”下同）。

（三）社会稳定风险评估的内容

由项目所在地人民政府或其有关部门指定的评估主体组织对项目单位做出的社会稳定风险分析开展评估论证，分析判断并确定风险等级，提出社会稳定风险评估报告。

1. 评估报告的主要内容

评估报告的主要内容有：（1）项目建设实施的合法性、合理性、可行性、可控性；（2）可能引发的社会稳定风险；（3）各方面意见及其采纳情况；（4）风险评估结论和对策建议；（5）风险防范和化解措施以及应急处置预案等。

2. 重大项目社会稳定风险等级

分为三级：

高风险：大部分群众对项目有意见、反应特别强烈，可能引发大规模群体性事件。

中风险：部分群众对项目有意见、反应强烈，可能引发矛盾冲突。

低风险：多数群众理解支持但少部分人对项目有意见，通过有效工作可防范和化解矛盾。

3. 评估报告的使用

评估主体做出的社会稳定风险评估报告是国家发展改革委审批、核准或者核报国务院审批、核准项目的重要依据。评估报告认为项目存在高风险或者中风险的，国家发展改革委不予审批、核准和核报；存在低风险但有可靠防控措施的，国家发展改革委可以审批、核准或

者核报国务院审批、核准，并应在批复文件中对有关方面提出切实落实防范、化解风险措施的要求。

案例3.（自编题）某地区为了加快该地区经济、社会发展步伐计划开发某项目，为了充分对该项目做出评价，该地区相关部门做了相应的工作。相关部门组织力量，通过问卷调查，向当地居民征求意见，结果发现，有94%的被调查者认为该项目的建设有利于当地经济的发展，4%的被调查者认为该项目会对当地的生态环境会带来严重不良影响，从而会阻碍当地经济的发展，2%的被调查者认为该项目建设与否没什么区别。在这之后，有关部门又组织了由当地居民、政府部门等利益相关者参加的讨论会，会上大家交流了意见和看法。

【问题】在该案例中，都用到了哪些社会评价信息的调查收集方法？还有哪些方法没有用到？

【答案】该案例中，用到的社会评价信息的调查收集方法有问卷调查和小组讨论，还有个人访谈、参与观察、文献调查等方法。

案例4.（自编题）在某市区拟建一大型公共建筑。投资主管部门委托某咨询单位对可能引发群体性社会事件的风险因素进行评估论证。咨询单位的项目经理决定采用个人访谈方式收集相关资料，并就此对参与资料收集工作的项目组成员提出下列要求：

（1）个人访谈必须按照既定问题访谈，对特定人群调查的结果要有针对性；

（2）为避免调查结果发散，个人访谈只进行重点问题访谈；

（3）访谈时要正确引导和控制进程，主持人要掌握较高的访谈技巧；

（4）提问要表达准确，尽量使用专业术语；

（5）引导被调查人员独立地表达自己的真实观点。

【问题】分别指出项目经理对项目组成员提出的各项要求是否正确，说明理由。

【答案】

要求（1）不正确，理由：个人访谈不同于问卷调查，不局限于事先预订的问题。

要求（2）不正确，理由：个人访谈通常分为三种类型，非正式的会话式访谈、重点问题访谈及半封闭型的访谈。

要求（3）正确，理由：正确引导和控制进程有利于让被调查者充分表达自己的观点。

要求（4）不正确，理由：访谈的语言应该通俗，尽量避免使用行话或不必要的技术术语。

要求（5）正确，理由：调查者应当避免给所讨论的话题加入自己的态度和好恶，应正确引导被调查者对自己的观点进行淋漓尽致的表达。

【解析】此题考核的是社会评价信息的收集方法，题型相对比较容易，如果有些定性内容没有完全记住，也可通过自己的社会知识进行作答。复习社会评价方法重要的是掌握各种方法应用时的注意事项。

★相关知识点：社会评价信息的收集方法

社会评价信息收集的方法主要包括个人访谈、小组讨论、问卷调查、参与观察及文献调查五种。

（一）问卷调查

问卷调查是常用的收集社会文化信息资料的手段，根据问卷设计的特点可以分为半封闭、全封闭两种形式。问卷设计的原则主要包括以下几点：

（1）尽量避免使用不确定的、歧义性的、互相重叠和技术性过强的术语，答案应尽可能简短。

（2）尽可能避免导向性问题。

（3）注意问题的排序具有逻辑性和流畅性。

（4）对于敏感性问题，应注意其提问时机和提出方式。

（二）个人访谈

个人访谈是社会信息收集常用的重要方法。个人访谈与问卷调查不同，问卷调查使用正式的问卷，仅限于给定的问题，而个人访谈则不局限于事先预订的问题和问题的先后排列顺序。个人访谈通常分为三种类型：非正式的会话式访谈，重点问题访谈及半封闭型访谈。

个人访谈技巧性很强，调查人员在进行访谈时，应注意以下问题：

（1）初始印象。访谈主持人的外表、气质和谈话方式都应与访谈的气氛相称；语言应该通俗，尽量避免使用行话或不必要的技术术语。

（2）提问顺序。从简单问题开始，从当前问题开始。

（3）提问方式。使问题易于理解，变得具体，使被调查者乐于回答。

（4）访谈引导。正确引导和控制访谈的进程，让被调查者充分表达自己对所提问题的认识和意见。

（5）访谈立场。调查人员既是有心的听众，又是不偏不倚的观察者；避免给所讨论的话题加入自己的态度和好恶；被调查者有权表达自己的观点，调查人员应正确引导其对自己的观点进行淋漓尽致的表达。

（6）访谈记录。访谈的内容应尽可能迅速、完整地记录，整理出来；调查人员应当尽可能地把自己的观点、反应和感觉系统地记录下来。

（三）小组讨论

小组讨论是借助调查者与被调查者之间的讨论交流获取信息。优点是：能使调查者通过采取既迅速又经济的方式来收集信息；可以减低个人访谈的一些窘境，能够畅谈在别的场合所不愿过多涉及的问题；有些情况下收集的信息比个人访谈更为精确。按照参与人数的多少，小组讨论可以分为两种：

（1）社区会议，邀请所有社区和村落人员参加的讨论会。

（2）专题讨论会，只是邀请一些细心选择的人员参加（通常为6～10人）。

（四）参与观察

参与观察是要求调查人员通过参与到具体的社会实践活动中，对项目的社会环境状况进行直接观察，通常与其他方法结合使用。为更好地完成参与观察工作，观参者应遵循以下规则：

（1）明确观察的主要问题。

（2）合理安排观察的地点和日程。

（3）在观察活动中，观察者在项目拟建社区应担当适当的职责。

（4）观察者应避免两种偏见：一是调查人员对被观察环境的影响；二是被观察环境对调查人员的影响。

（五）文献调查

社会调查一般是从文献调查开始的，调查时应注意资料的有效性，不追求面面俱到，避免过时的资料。

案例 5.（2010 年真题）A 市拟新建一条高速公路，委托 B 咨询公司承担该项目可行性研究工作，通过调查获得了大量的项目基础信息，根据初步社会评价的结果，B 咨询公司采用定量与定性分析相结合的方法，开展详细社会评价，识别出社会因素并进行了分组排序。

【问题】识别出社会因素并排序后，B 咨询公司进行的详细社会评价还应包括哪些工作？

【答案】B 咨询公司进行的详细社会评价还应包括识别利益相关者并排序、论证当地社会环境对项目的适应程度、比选优化方案。

【解析】此题考核的是详细社会评价的内容，与初步社会评价知识点一起属于社会评价方法，题型简单，多以小问形式出现，熟记相关内容。

★相关知识点：社会评价的主要方法

在项目前期工作阶段，应根据项目研究的深度分别采用初步社会评价和详细社会评价的方法。

（一）初步社会评价

初步社会评价是在预可行性研究阶段进行社会评价常采用的一种简便方法，主要是分析现有资料和现有状况，着眼于负面社会因素的分析判断，一般以定性描述和分析为主。通过这一方法可大致了解拟建项目所在地区社会环境的基本状况，识别主要影响因素，粗略地预测可能出现的情况及其对项目的影响程度。

初步社会评价主要步骤如下：（1）识别主要社会因素；（2）确定利益相关者；（3）估计接受程度。

（二）详细社会评价

详细社会评价是在可行性研究阶段广泛应用的一种评价方法，其功能是在初步社会评价的基础上，采用定量与定性分析相结合的方法，结合项目的工程技术方案，进一步研究与项目相关的社会因素和社会影响程度，进行详细论证并预测风险程度，系统地评价社会影响。

主要步骤包括：（1）识别社会因素并排序：着重对负面社会影响进行论证；（2）识别利益相关者并排序；（3）论证当地社会环境对项目的适应程度；（4）比选优化方案。

案例 6.（自编题）某农场拟于 2013 年初在某河流上游植树造林 500 公顷，需要各类投资共 5 000 万元，由于流域水土得到保持，气候环境得到改善，预计流域内 3 万亩农田粮食作物从 2014 年起每年将净增产 360 万公斤，每公斤粮食售价 1.5 元。

【问题】1. 某咨询工程师认为流域内种植农作物的农户是本项目的利益相关者，应对其进行利益相关者分析，你是否赞同其观点？简述理由。

2. 如果进行利益相关者分析，应包括哪些主要内容？

【答案】1. 同意其观点。简述理由：流域内农户可从项目中获得收益，是直接受益人，直接关系到对本项目的接受和支持程度，因此，对其进行利益相关者分析非常必要。

2. 在社会评价中，利益相关者分析应包括以下内容：（1）识别利益相关者；（2）分析利益相关者的利益构成；（3）分析利益相关者的重要性和影响力；（4）制订主要利益相关者参与方案。

【解析】 此题考核的是利益相关者分析，属于社会评价常用方法的一种，内容少，题型简单，容易掌握。

★相关知识点： 利益相关者分析

利益相关者分析在社会评价中用于辨认项目利益相关群体，分析他们受项目的影响，分析他们对项目的实施及实现目标的影响。一般按照以下四个步骤进行：

1．识别利益相关者。项目利益相关者一般划分为：（1）项目受益人；（2）项目受害人；（3）项目受影响人；（4）其他利益相关者，包括项目的建设单位、设计单位、咨询单位、与项目有关的政府部门与非政府组织。他们可能会对项目产生重大的影响，或者对项目能否达到预定目标起着十分重要的作用。

2．分析利益相关者的利益构成。一般应重点分析以下问题：（1）利益相关者对项目有什么期望？（2）项目将为他们带来什么样的益处？（3）项目是否会对他们产生不利影响？（4）利益相关者拥有什么资源以及他们是否愿意和能够动员这些资源来支持项目的建设？（5）利益相关者有没有与项目预期目标相冲突的任何利害关系？

3．分析利益相关者的重要性和影响力。利益相关者按其重要程度分为主要利益相关者和次要利益相关者。对其影响力及其重要程度主要分析以下内容：（1）权利和地位的拥有程度；（2）组织机构的级别；（3）对战略资源的控制力；（4）其他非正式的影响力；（5）与其他利益相关者的权利关系；（6）对项目取得成功的重要程度。

4．为主要利益相关者制订参与方案。

注意：利益相关者分析需要特别关注贫困人口、妇女、少数民族及非自愿移民等群体。

案例 7.（自编题）某地方政府准备修建乡村公路网，其宏观目标定位为："改善当地基础设施条件，帮助农民层脱贫困"。为了体现民主决策，当地政府要求采用参与式方法，征求有关社会成员对公路建设规划方案的意见。组织者对参与人员提出如下要求：

1．尽可能让受项目影响的各个利益相关者积极、全面地参与进来；

2．参与者要具有较高学历，以便发表专业见解；

3．要求参与者是男性公民，更敢于表达不同意见。

【问题】 在参与式评价中，组织者对参与人员提出的要求哪些可取？哪些不可取？说明原因。

【答案】 在参与式评价中，组织者对参与人员提出的要求 1 是可取的，而 2、3 不可取。

理由：参与式评价就是让受影响利益相关者一起对有关问题进行分析评价，要尊重每个人及每个人拥有的知识，因此不能给参与者设定学历、性别等限制。

【解析】 此题考核的是参与式社会评价方法，在解答该类题目注意，要考虑保证社区中不同利益相关者能够参与到社会评价中。

★相关知识点： 参与式社会评价方法

1．参与式社会评价方法的概念。参与式方法是通过一系列的方法或措施，促使受项目影响的各个利益相关者介入项目决策、实施、管理和利益分享等过程的一种方法。通过项目所在地相关群体的参与，可以有效提高项目方案的透明度、较少偏差、完善项目方案，并有利于项目正面影响的充分发挥，使当地人从项目的实施中得到收益。

2．参与式社会评价的具体运用。包括参与式评价和参与式行动两个方面：（1）参与式评价主要侧重于乡土知识对专家知识的补充和完善，以便最大限度地优化项目实施方案，扩大项目的实施效果；（2）参与式行动侧重于让利益相关人群参与到项目的设计与建设阶段，促进各个利益相关者与项目直接的沟通和理解。参与式行动与参与式评价最主要的区别是，更侧重于让项目利益相关者在决策和项目实施上发挥作用。

3. 参与式社会评价方法的基本理念。

（1）外部的支持固然重要，但当地人在一般情况下有能力认识和解决自己的问题；（2）每一个人，不论是当地人还是咨询专家，他们都具有自己特有的知识和技能，这些知识和技能在社会经济的发展中都应该同样地得到充分尊重和运用；（3）分享知识，共同决策，共同行动，共同发展。社会评价人员应坚持以下原则：

①尊重每个人；②尊重每个人以及每个群体的知识；③站在当地人而不是外来者的角度看问题；④理解当地不同人群所面临的困难、问题及需求；⑤还应关注公平、公正、公开等问题，并重视倾听弱势人群的声音；还要注意了解并理解政府的决策过程和决策机制，理解当地人的文化、经济、生活状况，以及他们面临的问题、需求和需要得到的帮助。

案例 8.（自编题）某市拟建一大型公共项目，委托 A 咨询公司承担该项目可行性研究工作。项目建设涉及移民安置，咨询工程师对可能引发群体性社会事件的风险因素进行了评估论证，对减轻社会负面影响提出了一些措施方案。

【问题】减轻社会负面影响的措施方案应包括哪些主要内容？

【答案】减轻负面社会影响的措施方案应包括损失估算、补偿标准制定、收入恢复计划、补偿措施、实施进度计划、费用预算等内容。

【解析】此题考核的是社会评价报告中“减轻负面社会影响的措施方案”的内容，考核点比较生僻，不太容易复习到，考试时可以凭借自己的逻辑推理来作答。重点掌握社会评价报告编写的要点。

★相关知识点：社会评价报告编写要点

一、社会评价报告的要求

（一）社会评价报告的内容深度要求

（1）内容全面，重点突出，实用性强，全面回答有关各方所关注的涉及社会评价的各方面问题。

（2）明确界定项目的社会信息及相关社会层面的项目受益人群范围。

（3）说明开展社会评价的过程、目的、效果及所采用的策略和方法。

（4）确认主要利益相关者的需求、支持项目的意愿、目标人群对项目内容的认可和接受程度等。

（5）阐明需要由拟建项目来解决的社会问题及解决方法；制订缓解负面社会影响的处置方案或项目业主自身不能解决而选择的其他途径。

（6）制订关键利益相关者的参与方案；为提高项目透明度，确保社会公平、减轻贫困及降低社会风险，增强不同利益相关者参与项目的能力提出具体方案；制订符合少数民族群体特殊需求的方案。

（7）提出从营造良好的社会环境条件的角度，提升项目实施效果及实现项目预期目标的有关建议，并提出使项目机构能够继续自我发展且符合当地可持续发展目标要求的策略和途径。

（8）对项目实施过程中的监测评估机制提出建议，对项目实施过程中的监测评估做出制度性安排。

（二）社会评价报告的编写要求

（1）所采用的基础数据应真实可靠。

（2）分析方法的选择要合理。

（3）结论观点明确，客观可信。

（4）报告格式应规范。

二、社会评价报告编写要点

社会评价报告编写没有标准格式，但项目社会评价报告编写时应重点关注的内容相差不大，主要包括以下方面：

（一）报告摘要

主要阐述评价项目的由来，编制社会评价报告的依据、评价范围、主要工作过程、主要结论及建议等。

（二）建设项目概述

主要阐述建设项目的规模、工程技术及产品方案、原材料燃料供应、辅助设施建设、项目建设和运营活动的社会影响范围和途径等。

（三）社会影响范围的界定

根据项目的具体特点及当地的社会经济情况，对社会影响范围及对象进行合理界定。重点包括以下内容：

（1）对项目的社会影响区域进行界定。

（2）对项目影响区域内的目标群体和影响群体进行合理界定。

（3）分析由项目导致的直接社会影响和间接影响。

（4）对项目可能导致的重要影响因素进行合理界定。

（四）社会经济调查

在社会影响范围界定的基础上，阐述对受项目影响的社会环境、经济环境及人文环境进行调查的过程、方法和主要步骤。社会经济调查应重视采用参与式方法，强调通过公众参与，广泛收集相关社会经济状况资料。

（五）利益相关者分析

在社会经济调查的基础上，进行利益相关者分析，为各利益相关者参与项目方案制订、实施管理提出相应的参与方案，以提高项目建设的透明度，避免工程延期或管理方面的冲突。特别是对特定利益相关者要进行重点分析评价。特定利益相关者包括贫困人群、妇女群体、少数民族群体和非自愿移民群体。

（六）减轻负面社会影响的措施方案及其可行性

在对利益相关者社会风险分析评价的基础上，应针对比较重要的风险因素，通过工程规划设计方案的调整和变更，或者采用相应的对策措施，有针对性地提出规避社会风险的措施方案。

措施方案应包括损失估算、补偿标准制定、收入恢复计划、补偿措施、实施进度计划、费用预算等相关内容，并结合社会经济调查及利益相关者分析的结果，对措施方案的可行性进行分析论证。

（七）参与、磋商及协调机制

社会评价报告应结合项目的具体特点，对利益相关者参与社会经济调查、参与补偿措施方案的制订和实施、参与项目的实施管理等活动提出措施建议，对相关的沟通协调、意见反馈、申诉及纠偏机制建立提出措施方案。

（八）监测评价

社会评价重视对项目的实施效果及社会风险规避措施的监测评价。项目业主应根据项目的具体情况，建立内部监测评价的框架机制。对于存在社会风险的可能性较大的项目，还应委托外部机构和专家建立相应的外部监测评价制度。在项目前期论证的社会评价报告中，应对监测评价方案提出明确要求。

（九）主要结论及建议

（十）附件、附图及参考文献

社会评价报告应结合项目的具体情况，在报告正文之后提供有关的附件、附图及参考文献等。

第十一章　不确定分析与风险分析

核心考点

◆ 敏感性分析、盈亏平衡分析

◆ 风险评价矩阵、风险等级、投资项目的主要风险、风险概率分布及分析指标、概率树分析、蒙特卡洛模拟、风险综合评价法、常用的风险对策

复习指导

本章对敏感性分析、盈亏平衡分析和风险分析方法等相关知识点进行了详细讲解，知识点比较多。不确定性分析和风险分析对项目决策分析非常重要，历年均有相关知识点的考核，几个知识点每年交互出现，主要考核内容是敏感性指标、盈亏平衡点计算、概率树分析法，需要重点掌握。其中风险概率分析的题目往往因计算规模大而要借助计算机运算，因此，考题中只能给出较多的条件，重点考核大家对于风险分析原理的理解，概率树分析还可以与财务分析结合在一起出题加大难度和综合性。复习时可把握一个原则：某一章节中往年未考过的重要知识点，出考题的可能性比较大。多做习题，熟悉各项计算公式。

历年考题情况见表 4-11-1。

表 4-11-1　历年考题情况

年　份	考 核 方 式	考核知识点
2008 年	（1）计算盈亏平衡点（生产能力利用率），分析项目市场适应能力； （2）概率树法计算累计概率，分析财务抗风险能力； （3）简述风险对策	盈亏平衡分析； 风险估计； 风险对策
2009 年	概率树法计算累计概率，分析财务抗风险能力	风险估计（概率树）
2011 年	风险等级的判断	风险评价矩阵
2012 年	（1）风险对策的选择和种类； （2）风险综合评价法的步骤	风险对策； 风险分析的主要方法
2013 年	（1）画出风险概率－影响矩阵； （2）确定风险影响等级； （3）提出风险防范策略	风险概率－影响矩阵 风险等级 风险对策

题・解析

案例 1.（自编题）某项目进行敏感性分析，建设投资、经营成本、销售价格等数据

来源于预测，具有一定的不确定性，其发生变化对所得税后项目投资财务内部收益率（*FIRR*）的影响程度如表 4-11-2 所示。请粗略估计各因素变化的临界点（基准收益率取 8%）。

表 4-11-2　所得税后 *FIRR* 敏感性分析表

变化率 / 不确定因素	-30%	-20%	-10%	0	10%	20%	30%
建设投资	38.05	34.58	31.70	29.26	27.16	25.32	23.69
经营成本	47.88	41.75	35.55	29.26	22.86	16.34	9.69
销售价格	-0.61	10.68	20.47	29.26	37.41	45.11	52.49

【问题】

1. 根据所给数据计算敏感度系数（仅计算变化率为 ±10% 的情况），分析确定所得税后项目投资财务内部收益率 *FIRR* 对哪个因素变化的敏感程度高？

2. 根据敏感性分析表绘制敏感性分析图，并粗略估计临界点，并对结果进行分析。

3. 能否用敏感性分析结果代替风险分析结果？说明理由。

【答案】

1.（1）首先计算各因素的敏感系数：

建设投资增加 10% 时：$\Delta A/A$ =（27.16% －29.26%）/29.26% ＝－0.0718，$E_{建设}$ ＝－0.0718/0.1 ＝－0.718

建设投资降低 10% 时：$\Delta A/A$ =（31.70% －29.26%）/29.26% ＝0.0834，$E_{建设}$ ＝0.0834/－0.1 ＝－0.834

经营成本增加 10% 时：$\Delta A/A$ =（22.86% －29.26%）/29.26% ＝－0.2187，$E_{经营}$ ＝－0.2187/0.1 ＝－2.187

经营成本降低 10% 时：$\Delta A/A$ =（35.55% －29.26%）/29.26% ＝0.215，$E_{经营}$ ＝0.215/－0.1 ＝－2.15

销售价格增加 10% 时：$\Delta A/A$ =（37.41% －29.26%）/29.26% ＝0.2785，$E_{销售}$ ＝0.2785/0.1 ＝2.785

销售价格降低 10% 时：$\Delta A/A$ =（20.47% －29.26%）/29.26% ＝－0.3004，$E_{销售}$ ＝－0.3004/－0.1 ＝3.004

（2）通过比较敏感性系数的绝对值，可以看出，$E_{销售} > E_{经营} > E_{建设}$，说明所得税后项目投资财务内部收益率 *FIRR* 对销售价格的敏感程度高于建设投资和经营成本。

2. 根据表 4-11-2 的数据粗略地绘制敏感性分析图如图 4-11-1 所示。

图 4-11-1 中共有四条 *FIRR* 随不确定因素的变化曲线，分别代表内部收益率随着各种不确定因素变动而发生的变化。以销售价格为例，当销售价格提高时，*FIRR* 随之提高，而销售价格降低时，*FIRR* 随之降低。*FIRR* 随销售价格的变化曲线与基准收益率线相交的交点即为销售价格变化的临界点，用该点对应的不确定因素的变化率表示。可以看出，销售价格降低的临界点约为 22%。依次类推，经营成本增加的临界点约 33%，建设投资增加的临界点超过 100%（建设投资影响小，简单估算临界点）。

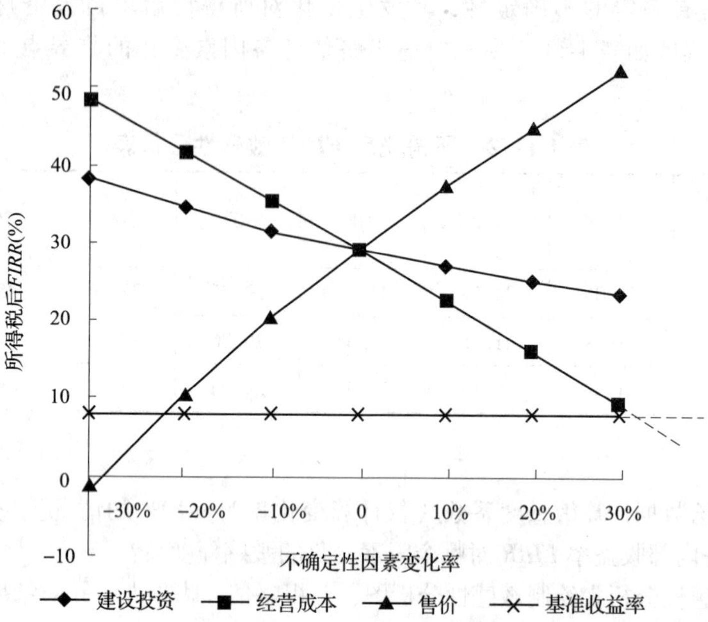

图 4-11-1 敏感性分析图

3．不能。理由：敏感性分析虽然可以找出项目效益对之敏感的不确定性因素，并估计其对项目效益的影响程度，但却不能得知这些影响发生的可能性有多大，所以还需要进一步进行风险分析。

【解析】该题考核的是敏感性分析，该部分内容在历年现代咨询方法与实务考试中均未出现过，但仍属于本章节重点内容，尤其是要掌握敏感系数计算和敏感性分析图的绘制，以小问的形式与项目财务分析或经济分析出综合性案例的可能性较大。要求能够根据敏感性分析表，计算敏感度系数、绘制敏感性分析图、粗略估计临界点、并对结果进行分析。

★相关知识点：敏感性分析

一、敏感性分析的内容

敏感性分析用以考察项目涉及的各种不确定因素对项目基本方案经济评价指标的影响，通过计算敏感度系数和临界点，估计项目效益指标对它们的敏感程度，找出关键敏感因素，粗略预测项目可能承担的风险，为进一步的风险分析打下基础（注意：敏感性分析对项目财务分析和经济分析同样适用）。

二、敏感性分析的方法与步骤

（一）选定不确定因素

不确定分析时只选定那些可能对项目效益影响较大且重要的不确定因素，通常包括建设投资、产出物价格、主要投入物价格或可变成本、运营负荷、建设期以及人民币汇率等因素。

（二）确定不确定因素的变化程度

一般是选择不确定因素变化的百分率，习惯上常选取 ±10%。为了绘制敏感性分析图的需要，可分别选取 ±5%、±10%、±15%、±20% 等。对于那些不便用百分率表示的因素，例如建设期，可采用延长时间的方式表示。

注：百分率的取值并不重要，主要是用来进一步计算敏感性系数和临界点。

（三）选取分析指标

通常财务分析与评价的敏感性分析中必选的分析指标是项目投资财务内部收益率；经济分析与评价中必选的分析指标是经济内部收益率。净现值、投资回收期等评价指标也可以，必要时可同时针对两个或两个以上的指标进行敏感性分析。

（四）计算敏感性指标

（1）敏感度系数：敏感度系数是项目效益指标变化的百分率与不确定因素变化的百分率之比。敏感度系数高，表示项目效益对该不确定因素敏感程度高。计算公式为：

$$E = \frac{\Delta A/A}{\Delta F/F}$$

式中：E——评价指标 A 对于不确定因素 F 的敏感度系数；

$\Delta F/F$——不确定因素 F 的变化率（%）；

$\Delta A/A$——不确定因素 F 发生 ΔF 变化时，评价指标 A 的相应变化率（%）。

$E>0$，表示评价指标与不确定因素同方向变化；$E<0$，表示评价指标与不确定因素反方向变化；$|E|$ 较大者敏感度系数高，项目对该因素较为敏感。

（2）临界点：临界点是指不确定性因素的变化使项目由可行变为不可行的临界数值。临界点可以用百分率表示也可用百分率对应的具体数值表示。

临界点的高低与设定的基准收益率有关，对于同一个投资项目，设定的基准收益率提高，临界点绝对值就会变低；而在一定的基准收益率下，临界点绝对值越小，说明该因素对项目评价指标影响越大，很小的变动就会让项目由可行变为不可行，项目对该因素就越敏感。

临界点通过敏感性分析图求得时，由于项目评价指标的变化与不确定因素的变化之间不是直线关系，有时误差较大。

（五）敏感性分析结果的表述

（1）编制敏感性分析表：将敏感性分析的结果进行汇总，编制敏感性分析表（见表4-11-2）和敏感度系数与临界点分析表。

（2）绘制敏感性分析图：根据敏感性分析表中的数值可以绘制敏感性分析图，如图4-11-1所示。横轴为不确定因素变化率，纵轴为项目评价指标。图中曲线可以明确表明项目评价指标变化受不确定因素变化的影响趋势，并由此粗略求出临界点。

（六）敏感性分析结果的应用

应对敏感性分析表和敏感性分析图显示的结果进行文字说明，将不确定因素变化后计算的经济评价指标与基本方案的评价指标进行对比分析，主要有以下工作：

（1）结合敏感度系数及临界点的计算结果，按不确定因素的敏感程度进行排序，找出那些较为敏感的不确定因素。

（2）定性分析临界点所表示的不确定因素变化发生的可能性。依据前几章的分析研究，结合经验判断，说明某种不确定因素发生的变化达到临界点的可能，并做出风险的粗略估计。

（3）归纳敏感性分析的结论，指出最敏感的一个或几个关键因素，粗略预测项目可能的风险。如果项目不系统地进行风险分析，可根据敏感性分析结果提出减轻不确定因素影响的措施。

三、敏感性分析的不足

敏感性分析虽然能粗略地估计不确定因素对项目效益的影响程度，但其最大的不足是不能得知这些影响发生的可能性。要估计风险发生的可能性必须进行风险分析。

案例2.（2008年真题）某新建项目达到正常生产年份的营业总收入为125000万元，营业税金及附加1200万元，固定成本42500万元，可变成本21000万元（收入和成本均以不含增值税价格表示）。

【问题】计算本项目达到盈亏平衡时的生产能力利用率，并判断项目对市场的适应能力。

【答案】*BEP*（生产能力利用率）=年总固定成本/(年销售收入－年总可变成本－年销售税金与附加)×100%

=42500/(125000－21000－1200)=41.34%

由此可知，生产负荷达到设计能力的41.34%即可盈亏平衡，说明项目对市场适应能力较强。

【解析】此题考核的是盈亏平衡分析，与敏感性分析同属于不确定性分析的主要方法，内容比较简单，多以小问的形式出现，重点掌握公式计算法求取盈亏平衡点和对其结果进行分析。

★相关知识点：盈亏平衡分析

（一）盈亏平衡分析的概念、作用与条件

1．盈亏平衡分析的定义。盈亏平衡分析是研究分析成本费用与收入平衡关系的一种方法，根据达到设计生产能力时的成本费用与收入数据，求取盈亏平衡点。在这一点上，销售收入（扣除销售税金与附加）等于总成本费用，刚好盈亏平衡。

投资项目决策分析与评价中常用产量和生产能力利用率来表示盈亏平衡点，也可采用产品售价表示。

2．盈亏平衡分析的作用。通过盈亏平衡分析可以找出盈亏平衡点，考察企业（或项目）对产出品变化的适应能力和抗风险能力。盈亏平衡分析只适宜在财务分析与评价中应用。

3．线性盈亏平衡分析的条件。

（1）产量（扣除自用量）等于销售量。

（2）总成本费用是产量的线性函数：产量变、单位可变成本不变。

（3）销售收入是销售量的线性函数：产量变、售价不变。

（4）只生产单一产品，或者生产多种产品，但可以换算为单一产品计算。

（二）盈亏平衡点的求取方法

1．公式计算法：

（1）*BEP*（生产能力利用率）=年总固定成本/（年销售收入－年总可变成本－年销售税金及附加）×100%

（2）*BEP*（产量）=年总固定成本/（单位产品价格－单位产品可变成本－单位产品销售税金及附加）

=*BEP*（生产能力利用率）×设计生产能力

（3）*BEP*（售价）=（年总固定成本/设计生产能力）+单位产品可变成本+单位产品销售税金及附加

2．图解法（非重点内容）。

注意：产量和生产能力利用率表示的盈亏平衡点越低，表明企业适应市场需求变化的能力越大、抗风险能力越强；售价表示的盈亏平衡点越低，表明企业适应市场价格下降的能力越大、抗风险能力越强。上述计算公式中，如果采用含税价格计算，（1）、（2）中应分别扣除年增值税、单位产品增值税，(3) 中应加上单位产品增值税。

(三) 盈亏平衡分析的注意要点

(1) 盈亏平衡点应按项目达产年份的数据计算，不能按计算期内的平均值计算。

(2) 当计算期内各年数值不同时，最好按还款期间和还完借款以后的年份分别计算。最好选择还款期间的第一个达产年和还完借款以后的年份分别计算，以便分别给出最高的盈亏平衡点和最低的盈亏平衡点。

案例 3. (自编题) 某地区拟建大型化工厂，除了工厂之外建设内容还包括煤田矿井和选煤厂工程，投资巨大。该地区煤炭储量丰富，开采条件有些艰苦；由于地质条件特殊，需要专门的工程技术进行开采；项目会对周围环境造成一定影响，虽然引起当地部分居民的不满，但由于煤炭产业属于当地支柱产业，同时洁净煤技术已得到广泛推广，因此得到当地政府支持。

咨询人员利用风险评价矩阵进一步分析得出：融资风险和资源风险属于一般风险，技术与工程风险属于较大风险，政策风险属于微小风险。

【问题】

1. 风险评价矩阵方法将风险程度分为几个等级?

2. 投资项目决策阶段的主要风险除了资源风险、融资风险、技术与工程风险和政策风险外，还有哪些风险?

【答案】

1. 风险评价矩阵方法将风险程度分为微小风险、较小风险、一般风险、较大风险和重大风险 5 个等级。

2. 投资项目的主要风险除了上述风险外，还有市场风险、组织管理风险、环境与社会风险。

【解析】此题涉及的内容有风险评价矩阵、风险等级、投资项目的主要风险。内容简单，属于纯记忆内容，只需要对各知识点概况进行了解，不必进行详细了解。

案例 4. (2011 年真题) 某企业主要生产 A、B 两种产品，近期拟投资建设生产 C 产品的项目，财务基准收益率取 10%。

该企业委托某工程咨询公司提供相关咨询服务。工作过程中，乙咨询工程师分析认为：该项目主要存在建设期内原材料价格上涨风险和建设工期延误风险，两种风险发生的可能性及对项目盈利能力的影响为：

(1) 建设期内材料价格上涨 40% 的概率为 65%，可能导致项目财务内部收益率从 13% 下降到 4.7%；

(2) 建设工期延误半年的概率为 25%，可能导致项目财务内部收益率从 13% 下降到 11.4%。

【问题】根据乙咨询工程师的分析结果，确定 C 产品项目面临的两种风险的风险等级，并说明理由。

【答案】

1. 原材料价格上涨风险的等级为重大风险（也可用 S 表示），理由：该风险发生的概率在 61% ~80%，即发生的可能性很大，一旦风险发生，将导致整个项目的标值严重失败。

2. 建设工期延误风险的等级为较低风险（也可用 L 表示），理由：该风险发生的概率在 21% ~40%，即不可能发生，一旦风险发生，对于项目对应部分的目标受到影响，但不影响整体项目可行性。

【解析】 此题考核的是风险影响和风险等级，内容虽然简单，但容易记不牢，可以通过画风险评价矩阵图强化记忆。

案例 5.（2013 年真题）甲工程咨询单位受乙企业委托，为某核准类工程项目开展前期咨询服务。进行风险分析时发现该项目主要风险发生的概率和影响为：（1）房屋征收风险发生的概率较高，发生后会严重影响项目按计划实施；（2）恶劣天气风险发生的可能性中等，发生后会导致较高的索赔；（3）承包单位违约风险发生的可能性及影响程度均较小。

【问题】

1. 请画出该项目的风险概率—影响矩阵

2. 确定上述三类风险的等级

【答案】

1. 先画出项目风险概率—影响矩阵，见图 4-11-2。

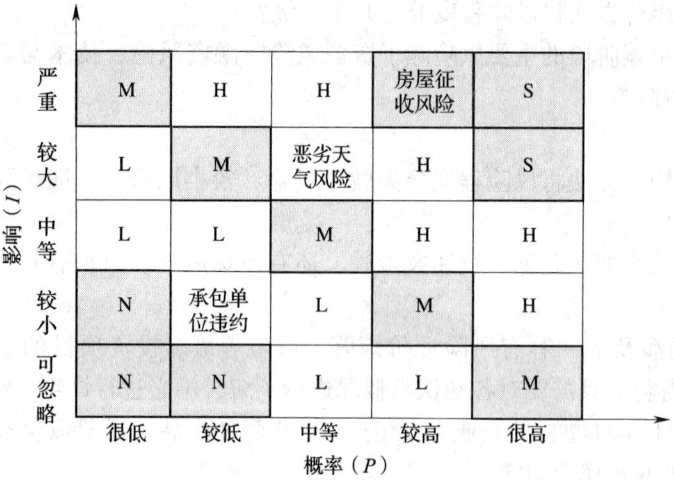

图 4-11-2　风险概率—影响矩阵

2. 房屋征收风险发生的概率较高、造成严重影响，位于 S 区域，属于重大风险；恶劣天气风险发生的可能性中等、造成较大影响，位于 H 区域，属于较大风险；承包单位违约风险发生的可能性及影响程度均较小，位于 L 区域，属于较小风险。

★相关知识点： 风险分析

（一）风险概率（分五个档次，见表 4-11-3）

表 4-11-3　风险概率的档次

档　次	内　　涵
很高	风险很有可能发生，概率在 81% ~100%，用 S 表示
较高	风险发生的可能性较大，概率在 61% ~80%，用 H 表示
中等	风险可能在项目中预期发生，概率在 41% ~60%，用 M 表示
较低	风险不可能发生，概率在 21% ~40%，用 L 表示
很低	风险非常不可能发生，概率在 0 ~20%，用 N 表示

（二）风险影响（分五个影响等级，见表 4-11-4）

表 4-11-4 风险的影响等级

影响等级	内涵
严重影响	风险一旦发生，将导致整个项目的目标失败，用 S 表示
较大影响	风险一旦发生，将导致整个项目的目标值严重下降，用 H 表示
中等影响	风险一旦发生，造成中度影响，一部分项目目标能够达到，用 M 表示
较小影响	风险一旦发生，对应部分的项目目标受到影响，但不影响整体目标，用 L 表示
可忽略影响	风险一旦发生，对项目目标的影响可忽略，用 N 表示

（三）风险评价矩阵

上述内容构成了风险评价矩阵，也称概率—影响矩阵，以风险事件发生的概率为横坐标，以风险事件发生后对项目的影响大小为纵坐标，用来表示风险的大小（见图 4-11-3）。

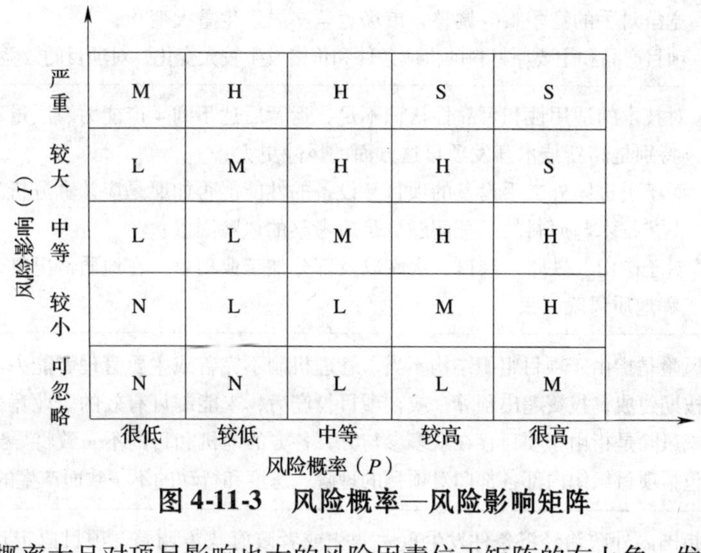

图 4-11-3 风险概率—风险影响矩阵

图中发生概率大且对项目影响也大的风险因素位于矩阵的右上角，发生概率小且对项目影响也小的风险因素位于矩阵的左下角。

（四）风险等级

采用风险评价矩阵方法，将风险程度分为微小风险、较小风险、一般风险、较大风险和重大风险五个等级（见表 4-11-5）。

表 4-11-5 风险等级

等级	内涵
微小风险	图中的 N 区域，风险发生的可能性很小、发生后造成的损失较小、对项目的影响很小，可忽略
较小风险	L 区域，风险发生的可能性较小或者发生后造成的损失较小，不影响项目的可行性
一般风险	M 区域，风险发生的可能性不大或者发生后造成的损失不大，一般不影响项目的可行性，但应采取一定的防范措施

续表 4-11-5

等　级	内　涵
较大风险	H 区域，风险发生的可能性较大或者发生后造成的损失较大，但造成的损失是项目可以承受的，必须采取一定的防范措施
重大风险	S 区域，风险发生的可能性大、风险造成的损失大，将使项目由可行转变为不可行，需要采取积极有效的防范措施或放弃项目

（五）投资项目决策阶段的主要风险（见表 4-11-6）

表 4-11-6　投资项目决策阶段的主要风险

风险类别	内　涵
市场风险	（1）消费者的消费习惯、消费偏好发生变化，使市场需求发生重大变化； （2）市场预测方法或数据错误，导致市场需求分析出现重大偏差； （3）竞争对手的竞争策略调整，市场竞争格局发生重大变化； （4）项目产品和主要原材料的供应条件和价格发生较大变化，对项目的效益产生了重大影响
技术与工程风险	（1）对技术的适用性和可靠性认识不足，运营后达不到生产能力、质量不过关或消耗指标偏高，特别是高新技术开发项目这方面的风险更大； （2）对于引进国外二手设备的项目，设备的性能能否如愿是应认真分析的风险因素； （3）工艺技术与原料的匹配问题也是应考察的风险因素； （4）对于矿山、铁路、港口、水库以及部分加工业项目，在地质情况复杂的地区，应慎重对待工程地质风险因素
组织管理风险	管理风险是指由于项目组织结构不当、管理机制不完善或主要管理者能力不足等，导致项目不能按期建成，投资超出预算；或在项目投产后，未能制订有效的企业竞争策略，导致失败；组织风险是指由于项目存在众多参与方，各方的动机和目的不一致将导致项目合作的风险，还包括项目组织内部各部门对项目的理解、态度和行动的不一致而产生的风险
政策风险	主要指国内外政治经济条件发生重大变化或者政府政策调整，项目原定目标难以实现所造成的损失
环境与社会风险	主要是由于项目选址不当，项目对社区影响、生态环境影响分析不足，或者项目环保措施不当，项目建成后可能对社区和生态环境带来严重影响，导致社区居民和社会的反对，造成直接经济损失
其他风险	对于某些项目，还要考虑其特有的风险因素。例如矿山、油气开采等资源开发项目，资源风险很重要；大量消耗原材料和燃料的项目，还存在原材料供应量、价格和运输保障三个方面的风险；对于农业投资项目，还要考虑因气候、土壤、水利等条件的变化对收成造成的不利影响

注：上面列举的风险因素并非能涵盖所有投资项目的全部风险因素，也并非每个投资项目都同时存在这么多风险因素，要根据项目具体情况予以识别。

案例 6.（自编题）专家估计理想状态下某产品的年利润服从正态分布，8 位专家对利润额可能出现的状态范围及概率进行估计，调查结果如表 4-11-7 所示。

表 4-11-7　专家估计调查意见表

专家编号	期望值（百万元）	范围	范围概率（%）
1	10	5 ~ 15	95
2	9	4 ~ 14	90
3	12	7 ~ 17	85
4	10	5 ~ 15	90
5	11	6 ~ 16	90
6	10	5 ~ 15	95
7	9	4 ~ 14	85
8	9	4 ~ 14	90

【问题】1. 计算专家估计值的期望值及期望值的方差、标准差和离散系数。

2. 计算利润额的正态分布指标。

【答案】1. 首先计算专家估计值的期望值和期望值的方差、标准差和离散系数。

期望值 $=\frac{1}{n}\sum x_i=\frac{1}{8}\times(10+9+12+10+11+10+9+9)=10$

方差 $S^2=\frac{1}{n-1}\sum(x_i-\bar{x})^2=\frac{1}{8-1}\times[(10-10)^2+(9-10)^2+\cdots+(9-10)^2]=1.143$

标准差 $S=\sqrt{1.143}=1.069$

分散系数 $=\frac{S}{\bar{x}}=\frac{1.069}{10}=0.107$

2. 计算各专家估计的正态分布的标准差 σ。

以第 1 位专家估计值为例，认为利润额在 5 ~ 15 百万元范围内的概率为 95%，即在该范围之外的概率为 5%。如图 4-11-4 所示，利润额小于 5 百万元的概率为 2.5%，大于 15 百万元的概率为 2.5%，也即是利润额大于 5 百万元的累计概率为 0.975。

任一正态分布的概率计算（见图 4-11-4）都可转换为标准正态分布（见图 4-11-5）来计算，公式为：

$P\{x>x_1\}=P\left\{x>\frac{x_1-\mu}{\sigma}\right\}$，其中 μ 为期望值，σ 为标准差，P 表示概率。

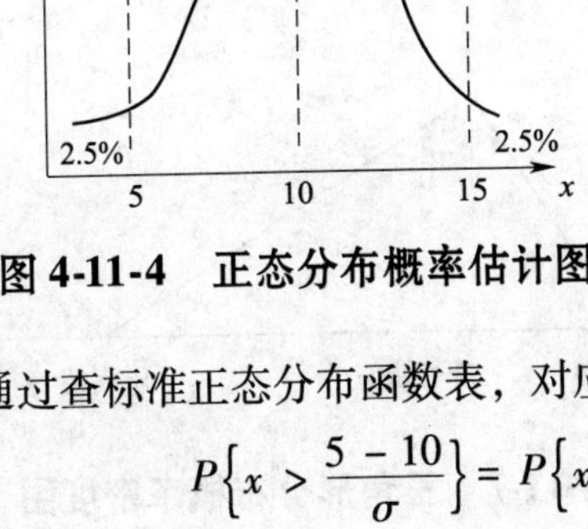

图 4-11-4　正态分布概率估计图

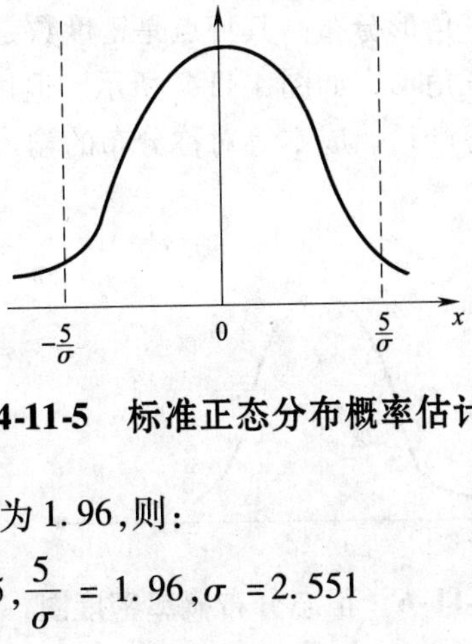

图 4-11-5　标准正态分布概率估计图

通过查标准正态分布函数表，对应 0.975 的 x 值为 1.96，则：

$$P\left\{x>\frac{5-10}{\sigma}\right\}=P\left\{x<\frac{5}{\sigma}\right\}=0.975,\frac{5}{\sigma}=1.96,\sigma=2.551$$

依此类推，可计算8位专家对该项目利润额的期望值与标准差的估计值，见表4-11-8。

表4-11-8 专家估计分析表

专家编号	期望值（百万元）	范围	范围概率（%）	标值差 σ
1	10	5～15	95	2.551
2	9	4～14	90	3.04
3	12	7～17	85	3.472
4	10	5～15	90	3.04
5	11	6～16	90	3.04
6	10	5～15	95	2.551
7	9	4～14	85	3.472
8	9	4～14	90	3.04

从表4-11-8中可计算各专家估计的正态分布的标准差的平均值为3.026。因此，产品价格的概率分布服从期望值为10、标准差为3.026的正态分布。

【解析】此题考核的是风险概率分布及分析指标，题型比较难，尤其是标准差的计算，解题过程繁琐，一般不会成套出现在真题考试中，但也要掌握其含义，其中期望值的计算属于熟练内容。

★**相关知识点：**风险估计的方法——风险概率分布

（1）离散型概率分布。当输入变量可能值是有限个数，称这种随机变量为离散型随机变量。如产品市场销售量可能存在低、中、高三种状态，即可认为是离散型随机变量。

（2）连续型概率分布。当输入变量的取值充满一个区间，无法按一定次序一一列举出来时，称这种随机变量为连续型随机变量。如市场需求量在某一数量范围内，存在无限多个可能，这时即可认为是连续型随机变量，它的概率分布用概率密度和分布函数表示，常用的连续概率分布有：

①正态分布。正态分布是一种最常用的概率分布，适用于描述一般经济变量的概率分布，如销售量、售价、产品成本等。其特点是密度函数以均值为中心对称分布，如图4-11-6所示。其均值为 $\bar{x}$，方差为 σ^2，用 $N(\bar{x},\ \sigma)$ 表示。当 $\bar{x}=0$，$\sigma=1$ 时，称为标准正态分布，用 $N(0,\ 1)$ 表示。

②三角形分布。其特点是密度数是由最悲观值、最可能值和最乐观值构成的对称的或不对称的三角形，如图4-11-7所示。适用于描述工期、投资等不对称分布的输入变量，也可用于描述产量、成本等对称分布的输入变量。

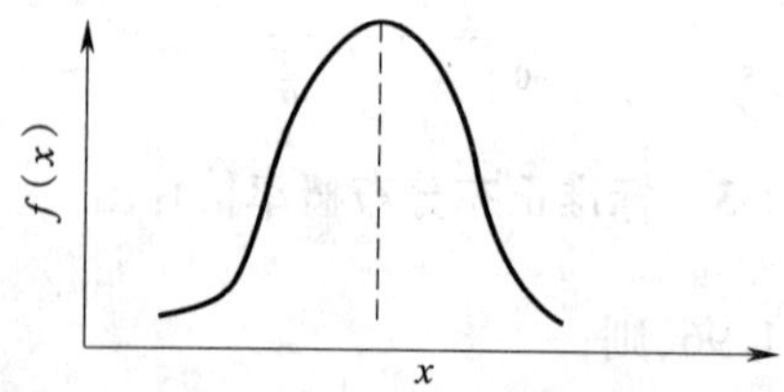

图4-11-6 正态分布概率密度图

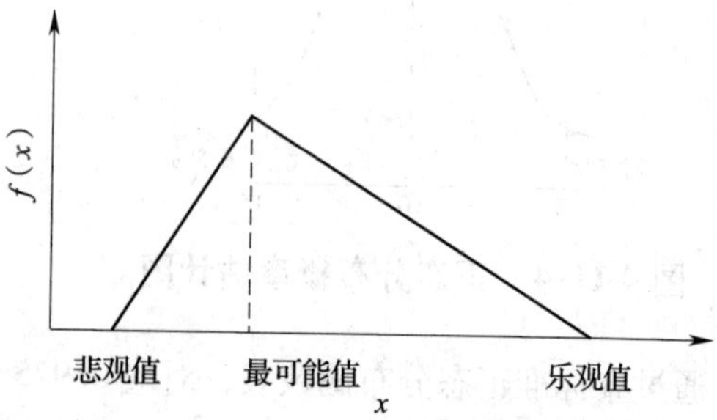

图4-11-7 三角形分布概率密度图

③β分布。其特点是密度函数为在最大值两边的不对称分布，适用于描述工期等不对称分布的变量。

④经验分布。其密度函数并不适合于某些标准的概率函数，可根据统计资料及主观经验估计形成非标准概率分布，它适合于项目评价中的所有各种变量。

(3) 风险概率分析指标。描述风险概率分布的指标主要有期望值、方差、标准差、离散系数等。

①期望值，是风险变量的加权平均值。对于离散型风险变量，期望值为：

$$\bar{x} = \sum_{i=1}^{n} x_i p_i$$

式中：n——风险变量的状态数；

x_i——风险变量的第 i 种状态下变量的值；

p_i——风险变量的第 i 种状态出现的概率。

对于等概率的离散随机变量，其期望值为 $\bar{x} = \frac{1}{n}\sum_{i=1}^{n} x_i$。

②方差和标准差，都是描述风险变量偏离期望值程度的绝对指标。

对于离散变量，方差 S^2 为：

$$S^2 = \sum_{i=1}^{n} (x_i - \bar{x})^2 p_i$$

方差的平方根为标准差，计为 S。

对于等概率的离散随机变量，方差为 $S^2 = \frac{1}{n-1}\sum_{i=1}^{n}(x_i - \bar{x})^2$

当 n 足够大（通常 n 大于 30）时，可以近似为 $S^2 = \frac{1}{n}\sum_{i=1}^{n}(x_i - \bar{x})^2$

③离散系数，是描述风险变量偏离期望值的离散程度的相对指标，计为 β：

$$\beta = \frac{S}{\bar{x}}$$

案例 7.（2009 年真题）某企业拟投资一个项目，经分析，本项目的主要风险变量是产品价格和经营成本，其概率分布和相应的项目财务净现值见表 4-11-9。

表 4-11-9　可能事件及其应对的财务净现值

投资（万元）	销售收入		经营成本		净现值（万元）
	变化状态	概率	变化状态	概率	
140000	-20%	0.25	-20%	0.2	10344
			0	0.5	-33304
			+20%	0.3	-77557
	0	0.5	-20%	0.2	87036
			0	0.5	43388
			+20%	0.3	-864
	+20%	0.25	-20%	0.2	163712
			0	0.5	120064
			+20%	0.3	75812

【问题】计算项目净现值大于或等于零的累计概率，并据此判断项目的财务抗风险能力。

【答案】

1. 将各种可能发生事件的财务净现值按数值从小到大的顺序排列起来，到出现第一个正值为止，见表4-11-10。

表4-11-10 可能发生事件的财务净现值与概率分析

净现值（万元）	组合概率	累计概率
-77557	0.25×0.3=0.075	0.075
-33304	0.25×0.5=0.125	0.2
-864	0.5×0.3=0.15	0.35
10344	0.25×0.2=0.05	0.4

2. 将上述财务净现值对应的概率累加起来，可得净现值小于零的概率为：

$$P[NPV<0]=0.075+0.125+0.15=0.35$$

则可得出净现值大于零或等于零的可能性为65%（1-0.35=0.65），据此判断项目的财务风险能力较强。

【解析】此题实质是考核概率树的构建以及评价指标的计算，要掌握概率树的画法，熟悉概率树计算方法的分析过程和步骤，逐步进行计算。

★相关知识点：概率树分析

概率树分析是假定风险变量之间是相互独立的，在构造概率树的基础上，分析判断每个风险变量的各种状态取值，分别计算每种组合状态下的评价指标值及相应的概率，得到评价指标的概率分布，并统计出评价指标值低于或高于基准值的累计概率，同时计算评价指标值的期望值、方差、标准差和离散系数。还可以绘制以评价指标为横轴，累计概率为纵轴的累计概率曲线。

概率树分析的计算方法一般只使用于服从离散分布的输入与输出变量（这里的输入变量就是指风险变量）。计算步骤如下：

1. 通过敏感性分析，确定风险变量；判断风险变量可能发生的状态。

设风险变量有A、B、C、…N，变量之间相互独立；各风险变量可能发生的状态有：

$$A_1,A_2,\cdots A_{m1}$$
$$B_1,B_2,\cdots B_{m2}$$
$$\vdots$$
$$N_1,N_2,\cdots N_{mn}$$

2. 确定每种状态可能发生的概率，概率之和必须等于1；列出相应的联合概率。

$$\sum_{i=1}^{m1}P\{A_i\}=P\{A_1\}+P\{A_2\}+\cdots+P\{A_{m1}\}=1$$

各种状态发生的概率：$\sum_{i=1}^{m2}P\{B_i\}=1$

$$\vdots$$

$$\sum_{i=1}^{mn} P\{N_i\} = 1$$

各状态组合的联合概率为：$P\{A_1\} \times P\{B_1\} \times \cdots \times P\{N_1\}, P\{A_2\} \times P\{B_2\} \times \cdots \times P\{N_2\}$，$\cdots P\{A_{m1}\} \times P\{B_{m2}\} \times \cdots \times P\{N_{mn}\}$，共有这种状态组合和相应的联合概率 $m1 \times m2 \times \cdots \times$ mn 个。

3. 评价指标（通常选择净现值或内部收益率）从小到大排序，构造概率树，列出相应的联合概率和累计概率，并绘制评价指标为横轴、累计概率为纵轴的累计概率曲线；计算评价指标的期望值、方差、标准差和离散系数。

4. 可利用累计概率表求出：

$$P\{NPV(i_c) \geqslant 0\} = 1 - P\{NPV(i_c) < 0\} \text{ 或 } P\{IRR \geqslant i_c\} = 1 - P\{IRR < i_c\}$$

5. 概率树画法参考第四科目教材概率树分析案例，这里不做详细讲解。

注意：当输入变量和每个变量可取的状态数多于3个时，这时状态组合数过多，一般不适合用概率树计算法；若各个风险变量之间不是独立的而是存在相互关联关系，也不适合用这种方法。

案例 8.（自编题）某房地产开发企业通过"招拍挂"取得一宗土地开发权，该土地性质为住宅用地。该房地产企业委托一家咨询公司对本项目的市场、方案、效益和风险等进行分析。咨询工程师认为本项目效益好坏除受住宅价格影响外，还受建设投资、融资政策等多种变量影响，可以采用蒙特卡洛模拟技术评价其风险。

【问题】咨询工程师采用的风险评价技术是否正确？简述理由，并说明采用蒙特卡洛模拟法应注意的问题。

【答案】

1. 咨询工程师采用的风险评价技术正确。理由：当风险分析中的输入变量多于3个，每个变量可能出现3个以上至无限多种状态时，可以采用蒙特卡洛技术。

2. 采用蒙特卡洛模拟法应注意的问题有：①需假设风险输入变量之间是相互独立的；②模拟次数。

【解析】此题考核蒙特卡洛模拟法，蒙特卡洛模拟需要借助计算机手段计算，只要了解原理即可。

★相关知识点：蒙特卡洛模拟

蒙特卡洛模拟法的原理是用随机抽样的方法抽取一组输入变量的数值，并根据这组输入变量的数值计算项目评价指标，如内部收益率、净现值等，通过多次抽样可获得评价指标的概率分布及累计概率分布、期望值、方差、标准差，计算项目由可行转变为不可行的概率，从而估计项目投资所承担的风险。

1. 应用条件。当输入的随机变量个数多于3个，每个输入变量可能出现3个以上以至无限多种状态时（如连续随机变量）。

2. 蒙特卡洛模拟的程序：

（1）确定风险分析所采用的评价指标。

（2）确定对项目评价指标有重要影响的输入变量。

（3）经调查确定输入变量的概率分布。

（4）为各输入变量独立抽取随机数。

（5）由抽得的随机数转化为各输入变量的抽样值。

(6) 根据抽得的各输入随机变量的抽样值组成一组项目评价基础数据。

(7) 根据抽样值组成的基础数据计算出评价指标值。

(8) 重复第 (4) 步到第 (7) 步，直至预定模拟次数。

(9) 整理模拟结果计算评价指标的期望值、方差、标准差和概率分布，绘制累计概率图。

(10) 计算项目由可行转变为不可行的概率。

3. 应用蒙特卡洛模拟法时应注意的问题：

(1) 应用此方法时，假设输入变量之间是相互独立的，在风险分析中会遇到输入变量的分解程度问题。

(2) 根据不确定变量的个数和变量的分解程度确定模拟次数。蒙特卡洛法的模拟次数一般应在 200 ~ 500 次为宜。

案例 9. (2012 年真题) 在某市区拟建一大型公共建筑。投资主管部门委托某咨询单位对可能引发群体性社会事件的风险因素进行评估论证。咨询单位的项目经理决定采用个人访谈方式收集相关资料，发现拟建项目的社会风险因素主要包括征地补偿、施工扰民、玻璃幕墙形成的光污染以及日照遮挡等。项目经理采用综合评价法，评估了拟建项目的整体社会风险程度，并建议通过优化安置方案等措施降低社会负面影响。

【问题】

1. 项目经理提出的风险规避措施属于何种风险对策？除此之外，一般的风险对策还有哪些类型？

2. 简述风险综合评价的主要步骤。

【答案】

1. (1) 属于风险回避对策；

(2) 除此之外，一般的风险对策还有风险减轻、风险转移和风险接受。

2. 风险综合评价法的主要步骤：

(1) 建立风险调查表；

(2) 判断风险权重；

(3) 确定每个风险发生的概率；

(4) 计算每个风险因素的等级；

(5) 最后将风险调查表中全部风险因素的等级相加，得出整个项目的综合风险等级。

【解析】 此题考核的是风险综合评价法和常用的风险对策，内容简单，复习时容易忽视。社会评价、风险分析的内容往年考核得比较少，2012 年作为一个大题出现，对于定向内容复习不到位的考生来说，难度不小。复习时可把握一个原则：某一章节中往年未考过的知识点，出考题的可能性比较大。

★相关知识点： 风险综合评价法和风险对策

一、风险综合评价法

风险综合评价有许多方法，这里介绍一种最常用、最简单的分析方法。通过调查专家的意见，获得风险因素的权重和发生概率，进而获得项目的整体风险程度。其步骤主要包括：

(1) 建立风险调查表　在风险识别完成后，建立投资项目主要风险清单，将该投资项目可能遇到的所有重要风险全部列入表中。

(2) 判断风险权重　利用专家经验，对这些风险因素的重要性，及风险对项目的影响大小进行评价，计算各风险因素的权重。

(3) 确定每个风险发生概率　可以采用 1 ~ 5 标度，分别表示可能性很小、较小、中等、较大、很大，代表五种程度。

(4) 计算每个风险因素的等级　将每个风险的权重与发生可能性相乘，所得分值即为每个风险因素的等级。

(5) 最后将风险调查表中全部风险因素的等级相加，得出整个项目的综合风险等级。分值越高，项目的整体风险越大。

二、常用的风险对策（见表 4-11-11）

表 4-11-11　常用的风险对策及其内涵

类别	内　涵
风险回避	风险回避是断绝风险的来源，彻底规避风险的一种做法。对投资项目可行性研究而言，往往意味着提出推迟或否决项目的建议。该对策的采用应该慎重，一般适用于以下两种情况：某种风险可能造成相当大的损失，且发生的可能性较高；应用其他风险对策防范风险代价昂贵，得不偿失
风险减轻	风险减轻是针对可控性风险采取的降低风险发生、减少风险损失的对策，是主要风险对策。风险减轻措施必须针对项目具体情况提出，既可以是项目内部采取的技术措施、工程措施和管理措施等，也可以采取向外分散、与其他各方共担风险的方式来减少项目承担的风险
风险转移	风险转移是将项目业主可能面临的风险转移给他人承担，以避免风险损失的一种方法。有两种方式：一是将风险源转移出去，如把项目全部或风险大的部分转给他人；二是只把部分或全部风险损失转移出去，包括保险转移方式和非保险转移方式两种
风险接受	风险接受是将风险损失留给项目业主自己独立承担。适用于两种情况：一是已知有风险但由于可能获利而需要冒险时，同时无法采取其他对策，必须保留和承担这种风险；另一种情况是已知有风险，但若采取某种风险措施，其费用支出会大于自担风险的损失时，常常主动自担风险

注：实践中，以上风险对策常常是组合使用的。

第二部分 考情直击之模拟演练

模拟试题一

一、

甲咨询单位通过对自身所面临的市场环境进行调查，决定拓展业务承揽规划咨询项目。当前，一市政府部门正通过公开招标方式选择咨询公司，对其正在实施的五年经济和社会发展规划进行中期评估论证，包括甲咨询单位在内共有7家单位参与了竞标，评标过程中出现：

情况1．经过资格预审，有5家咨询单位进入短名单，需要进一步进行评审。

情况2．评标委员会首先对各家提交的技术建议书进行评价打分，并排列出先后次序；其次对技术建议书合格的投标人的财务建议书进行评审，通过对投标报价进行调整，从中推荐评标价最低的B单位为首位中标候选人。

情况3．经过详细评审，排名前三位的咨询单位是乙、戊、甲三家。其中乙单位未按招标文件规定在要求期限内提交履约保证金。

情况4．招标人在签订服务合同后，只给中标人退还了投标保证金。

问题：

1．甲咨询单位进行市场环境调查时，主要调查哪些内容？

2．评标时，确定短名单要考虑的主要因素和条件有哪些？

3．根据情况2所述内容，评标过程采用的是哪种评标方法？国际上通用的评标方法还有哪些？

4．根据情况3所述内容，应推荐哪家单位为中标候选人？简述理由。

5．请说明情况4的做法是否正确？简述理由。

二、

具有甲级工程咨询资质的A咨询公司应甲市政府的邀请，竞标甲市“十二五”国民经济和社会发展规划的实施评估。

A咨询公司在编制规划前对甲市的宏观经济运行现状从产出、就业和价格三方面进行了调研和讨论，其中有如下观点：

1．通过竞标，A咨询公司（具有甲级工程咨询资质）成功承揽了某地区“十二五”国民经济和社会发展规划的中期评估业务，需编制中期评估报告；

2．由于当地关停并转移了部分高耗能企业，导致该市出现了部分失业，因此该市出现了周期性失业；

3．由于当地经济增长处于高涨期，潜在GDP暂时高于实际GDP。

根据规划内容，该市要建设乡村公路网，为了体现民主决策，项目主管单位采用参与式方法，征求有关社会成员对建设方案的意见，帮助对项目社会影响范围进行界定。

问题：

1．A咨询单位需提交的规划中期评估报告，应具体阐述哪些内容？

2．对产出、失业、价格的3个观点是否正确，简述理由。

3．对项目社会影响范围进行界定，重点包括哪些内容？

三、

某咨询项目的工作进度网络图见图1，各项工作均按最早时间安排。各项工作所需费用见表1，支出费用与完成工作量成正比。

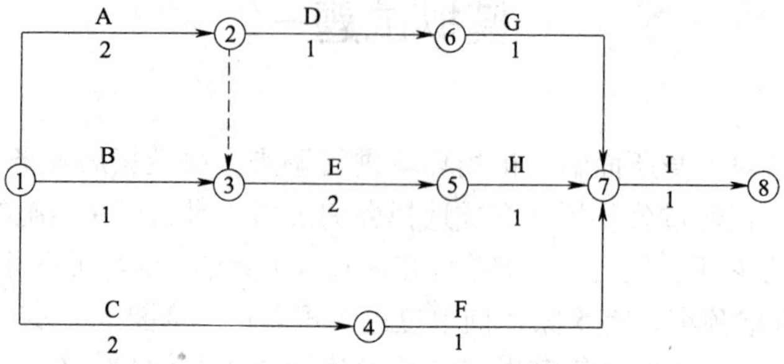

图1　项目进度网络计划图

表1　咨询工作时间及费用表

工　作	A	B	C	D	E	F	G	H	I
费用（万元）	6	2	4	3	6	3	5	6	7

由于工作A、E、G均会用到大型挖掘设备，项目组安排这三项工作连续施工。

按调整后的进度计划执行，进行到第2月时，由于出现特殊情况，需要增加一项新的工作N，N安排在工作C、F之间，持续时间1个月，费用为3万元。

当咨询工作进行到第4个月末时，检查发现A、B、C工作均按计划全部完成，D延长1个月完成，E工作仅完成1/2，N工作延长1个月完成。

问题：

1. 为使A、E、G顺序施工，项目进度计划应如何调整？调整后的项目计算工期为多少？
2. 确定增加工作N后的项目计算工期和关键线路？
3. 分析工作D、E、N对项目后续工作和工期的影响？说明理由。
4. 计算第4个月末应支付的咨询费用。

四、

某企业生产的主要产品有A、B、C三种，三种产品近几年的销售情况见图2，C产品2012年7月至12月份的市场销售量见表2。

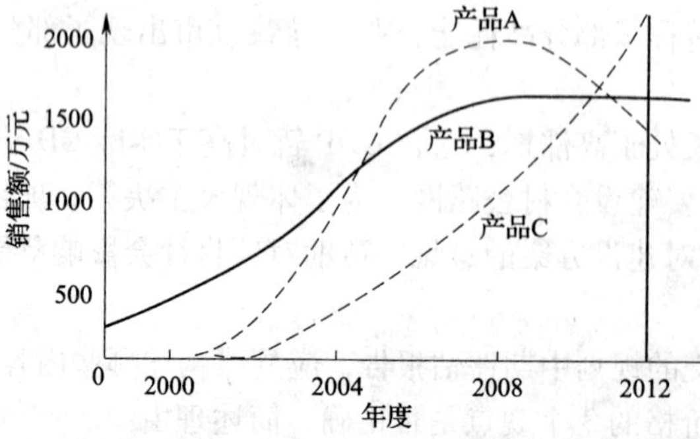

图2　A、B、C三种产品的销售趋势图

表2　C产品2012年7月至12月份的市场销售量表

月　份	月销售额（万元）
7	178
8	185
9	165
10	192
11	216
12	225

B产品所在行业的市场逐渐饱和，市场竞争日益激烈，为了进一步制订企业的竞争策略该企业委托咨询公司对企业竞争能力与主要竞争对手Y企业进行了对比分析，结果见表3。

表3　企业竞争态势矩阵表

关键竞争因素	权重	得分（1~5分）		关键竞争因素	权重	得分（1~5分）	
		X公司	Y公司			X公司	Y公司
市场占有率	0.15	4	5	财务实力	0.10	4	4
技术能力	0.20	5	3	客户服务能力	0.08	2	3
产品质量	0.20	3	4	风险应对能力	0.12	3	2
原材料成本	0.15	4	3				

问题：

1. 请判断A、B、C三种产品2012年分别处在产品生命周期的哪个阶段？

2. 请利用一次指数平滑法预测C产品2013年1月份的销售量（初始平滑值取前3个月的平均值，α取0.3）。

3. 利用竞争态势矩阵判断该公司相对于Y企业的竞争能力如何？

五、

某企业拟建分厂，委托咨询人员A进行建设方案研究，现对两个总图运输方案的技术经济指标进行了比选。

该企业新建的分厂拟使用原有旧生产线，或者更新产品生产线，工程技术人员提供了新旧生产线的有关数据，见表4，单位为万元，不考虑税率的影响。假设基准收益率为15%，新旧生产线期末出售价格等于其账面价值。

表4　新旧系统相关数据

指　标	旧　系　统	新　系　统
原值（万元）	2200	1200
预计使用年限（年）	8	8
已经使用年限（年）	4	0
最终残值（万元）	175	60
年运营维护费用（万元）	600	300

咨询人员 B 对上述两个方案进行比选，过程如下：

$PC_{旧}=600\times(P/A,\ 15\%,\ 4)-175\times(P/F,\ 15\%,\ 4)=1612.94$（万元）

$PC_{新}=1200+500\times(P/A,\ 15\%,\ 8)-260\times(P/F,\ 15\%,\ 8)=3358.66$（万元）

因为 $PC_{旧}<PC_{新}$，所以不需要更新。

问题：

1. 要选择总图运输方案，除了比选技术经济指标外，还需要比选哪些内容？

2. 能否将咨询人员 B 的比选结论作为决策依据，简述理由。

3. 如果你是咨询人员 B，你认为该企业是否可以更新生产线，简述计算过程（保留 2 位小数）。

六、

某企业目前年销售收入为 3200 万元，年经营成本为 2400 万元，财务效益较好。该企业生产的产品市场需求空间比较大。现计划从国外引进一套设备进行改扩建。该设备的离岸价格为 160 万美元，国外运输及保险费为 20 万美元，运到中国口岸后需要缴纳的费用：（1）关税 41.5 万元；（2）国内运输费用 12.7 万元；（3）银行财务费费率 0.5%；（4）外贸手续费（费率为 1%）；（4）增值税 87.5 万元。通过扩大生产规模，该企业年销售收入可增加到 4500 万元，年经营成本提高到 3200 万元。

假定设备投资发生在期初，当年即投产运营。在经营成本的计算中，包含国家环保部门规定的每年收取 200 万元的排污费。该企业污染严重，经济及环境保护专家通过分析认为，该企业排放的污染物对国民经济的实际损害应为销售收入的 10% 才合理。经营成本其余部分及国内运输费用和贸易费用的经济分析计算结果与财务分析相同。市场研究表明，该产品还可以在市场上销售 5 年，5 年后停止生产，5 年末进口设备残值为 50 万元。如果决定现在实施此项目，原有生产线一部分设备可以 100 万元的资产净值在市场售出。设备的国民经济评价影子价格与市场出售价格相同。

本企业的财务基准收益率为 10%，社会折现率为 8%，美元兑人民币官方汇率为 1∶6.5，影子汇率换算系数为 1.08，增值税为 17%（以上收入及成本数据均以不含税价格计算）。

问题：

1. 计算进口设备的经济价值？

2. 如何确定该企业生产产品的影子价格？

3. 请利用题目所给数据，分析企业改扩建的经济合理性？

参考答案

一、

1. 市场环境调查的内容主要包括：①政治法律环境调查；②经济环境调查；③社会人文环境调查；④技术应用环境调查；⑤市场容量调查。

2. 确定短名单要考虑的主要因素和条件有：①咨询单位完成的类似项目的工作经验；②咨询单位在项目所在的类似地区的工作经验；③咨询单位的技术水平和综合实力。

3. 评标过程采用的是经评审的最低评标价法，国际上通用的评标方法还有质量成本评估法、质量评估法、固定预算评估法。

4. 应推荐戊单位为中标候选人，理由：虽然乙单位排名第一，但因其未按招标文件规定在要求期限内提交履约保证金，所以推荐排名第二的戊单位为中标候选人。

5. 不正确，理由：招标人应当在与中标人签订合同后5个工作日内，向中标人和未中标人一次性退还投标保证金。

二、

1. 中期评估报告具体阐述的内容包括：①宏观经济运行情况；②结构调整情况；③规划实施措施到位情况；④规划对发展环境的适应程度；⑤对重大问题的解决程度。

2. 观点1不正确，理由：实际GDP应按固定价格或不变价格来计算；

观点2不正确，理由：关停部分耗能企业造成职业间的结构失衡，这属于结构性失业；

观点3不正确，理由：经济增长处于高涨期时，实际GDP会短期内高于潜在GDP。

3. 重点包括：（1）对项目的社会影响区域进行界定；（2）对项目影响区域内的目标群体和影响群体进行合理界定；（3）分析哪些社会影响是由项目直接导致的，以及项目的实施还可能产生哪些间接影响；（4）对项目可能导致的重要影响因素进行合理界定。

三、

1.（1）在工作E和G之间增加虚工作⑤→⑥。

（2）调整后的项目计算工期不变，仍为6个月。

2.（1）增加工作N后的项目计算工期仍为6个月。

（2）关键线路为A—E—G—I或A—E—H—I。

3.（1）工作D对后续工作和工期无影响。理由：D工作有1个月的自由时差。

（2）工作E需要延长1个月才能完成，会延迟G、H工作的开始时间，项目计算工期变为7个月。理由：E工作为关键工作，它的变化会影响项目进度计划和工期。

（3）工作N延长1个月完成会使工作F晚开工1个月，对项目工期无影响。理由：工作N有1个月可利用的总时差。

4. 第4个月末应支付的咨询费用

$=6+2+4+3+6/2+3=21$（万元）

【解析】 可通过绘制时标网络图，来分析某工作变动对后续工作和总工期的影响。时标网络图的分析规律是：

（1）总时差等于0的工作为关键工作（自由时差 =0）；

（2）线路上的每个工作都无波形线，这条线路就是关键线路；

（3）某工作箭线上的波形线表示其可利用的自由时差；

（4）不影响总工期的前提下，某工作开始时间可往后移的时间段代表其总时差；

（5）某工作延误时间小于其自由时间，对后续工作没有影响；

（6）某工作延误时间大于自由时差小于总时差，后续工作有影响，项目总工期没有影响；

（7）延误时间大于总时差，影响项目总工期。

四、

1. A产品处在产品生命周期的衰退期，B产品处在产品生命周期的成熟期，C产品处在产品生命周期的成长期。

2. 计算初始平滑值 $F_0=\frac{178+185+165}{3}=176$（万元）

$F_1=0.3\times178+(1-0.3)\times176=176.6$（万元）

$F_2=0.3\times185+(1-0.3)\times176.6=179.12$（万元）

$F_3=0.3\times165+(1-0.3)\times179.12=174.88$（万元）

$F_4=0.3\times192+(1-0.3)\times174.88=180.02$（万元）

$F_5=0.3\times216+(1-0.3)\times180.02=190.81$（万元）

$F_6=0.3\times225+(1-0.3)\times190.81=201.07$（万元）

于是，C 产品 2013 年 1 月份的销售额为 201.07 万元。

3. X 公司的竞争能力加权评分

$$=0.15\times4+0.2\times5+0.2\times3+\cdots+0.12\times3=3.72$$

Y 公司的竞争能力加权评分

$$=0.15\times5+0.2\times3+0.2\times4+\cdots+0.12\times2=3.48$$

可知，X 公司较 Y 公司的综合竞争能力强。

五、

1. 还需要比选：总图布置费用、功能、拆迁方案、运输方案等。

2. 不能。理由：该工作人员使用的是费用现值比较法，但是计算过程不正确，违反了方案经济比较的原则，两个方案的计算期不相同，不能直接计算费用现值进行比较，应使用费用年值法，因此结果不能作为决策依据。

3. 采用费用年值法进行方案比选。

$AC_{旧}=600-175\times(A/F,15\%,4)=564.95$（万元）

$AC_{新}=1200\times(A/P,15\%,8)+300-60\times(A/F,15\%,8)=563.05$（万元）

因为 $AC_{旧}>AC_{新}$，所以可以进行更新。

注意：本题也可采用计算期统一法中的最短计算期法，计算没有费用年值法简单；不能使用最小公倍数法，因为它不适合设备更新的比选。

六、

1. 设备到岸价 $=(160+20)\times6.5\times1.08=1263.6$（万元）

银行财务费 $=160\times6.5\times0.5\%=5.2$（万元）

外贸手续费 $=(160+20)\times6.5\times1\%=11.7$（万元）

则，进口设备的经济费用 = 到岸价 + 银行财务费（离岸价）+ 外贸手续费（到岸价）+ 国内运杂费 $=1263.6+5.2+11.7+12.7=1293.2$（万元）

注意：各相关费用的计价基础，有的是离岸价有的是到岸价，一定记清楚。

2. 该企业生产的产品为市场定价货物，且市场需求量大，所以应采用含税的市场价格作为其影子价格。

3. (1) 初始投资（0 点现金流量）：

设备经济价值 = 1293.2 万元

旧设备变现价值 = 100 万元

净效益流量 = 100 - 1293.2 = -1193.2（万元）

（2）项目每年经济净效益流量：

增量收入：(4500 - 3200) × (1 + 17%) = 1521（万元）

增量经营费用 = (3200 - 200) - (2400 - 200) = 800（万元）

增量间接费用 = (4500 - 3200) × 10% = 130（万元）

净效益费用流量：1521 - 800 - 130 = 591（万元）

（3）考虑到第 5 年末固定资产回收余值 50 万元，则项目的经济净现值为：

$$ENPV = -1193.2 + 591 \times (P/A, 8\%, 5) + 50 \times (P/F, 8\%, 5) = 1200.52\text{（万元）}$$

$ENPV > 0$，说明企业进行改扩建具有经济合理性。

模拟试题二

一、

甲工程咨询单位近期开展了以下咨询业务：

一是为A项目编制项目建议书和可行性研究报告，该项目属于政府直接投资，地处地质灾害易发区。该项目的项目建议书得到批复后，甲单位即着手开始可行性研究工作，工作过程中重点对①项目需求及目标定位、②项目建设方案、③土地利用与移民安置方案、④投资估算、⑤社会影响分析等内容进行了论证，其中，进行土地利用分析时用到了另一家咨询单位为该项目编制的用地预审申请报告的内容。

二是为B项目编制政府性资金申请报告，该项目的部分资金是外国政府贷款，由中央统借统还。该项目资金申请报告的内容有：①项目概况，②项目对外工作进展情况，③贷款使用范围，④经济分析和财务评价结论等。

三是协助某企业办理C项目的有关行政手续，该项目是企业到境外收购某矿山开采公司。完成有关行政手续后，又向国家发展改革委补交了项目信息报告。其中，还编制了行政程序所需的报告，其中对项目的技术选择、财务效益、适用的市场准入规定和环境保护政策进行的分析论证。

问题：

1. A项目的项目建议书得到批复后，应开始着手什么工作？A项目的可行性研究论证的重点除了上述五项内容外，还应包括哪些内容？

2. A项目的用地预审申请报告应包括哪些内容？除此之外还应提交什么报告，报告的内容有哪些？

3. B项目应履行审批制、核准制还是备案制程序？该项目资金申请报告的内容是否全面？还应包括哪些？

4. C项目应履行审批制、核准制还是备案制程序？履行的程序有无不妥，并简述理由。

5. 为C项目编制的报告是否合理，并简述理由。

二、

为促进某市的循环经济发展，该市政府委托某咨询公司编制该地区的循环经济评价指标体系，并对该地区主要污染物排放产生的环境损害进行价值评估，为今后编制总体发展规划提供依据。

指标体系编制过程中咨询人员采用了系统分析方法，全面分析了各指标体系之间的关系；对该市2014年的有关数据进行了收集：2014年该市GDP为770.7亿元，工业增加值为277.19亿元，取水总量为6.6897亿立方米（其中，工业取水总量为1.5717亿立方米）。咨询单位建议该市重点关注以下主要指标：能源产出率、单位工业增加值用水量降低（%）、农业灌溉水有效利用系数、单位国内生产总值二氧化碳排放降低（%）、森林蓄积量等。

该市主要的污染物排放是工业废水和二氧化硫，对农业生产、人体健康、自然环境造成严重影响，咨询人员采用直接市场评估法对可能造成的环境损害进行了评估。

问题：

1. 编制的循环经济评价指标体系由几部分指标构成？请计算该市 2014 年的万元工业增加值用水量。

2. 简述系统分析方法的主要流程。

3. 咨询单位列出的主要指标中哪些属于我国“十二五”经济社会发展总体规划中的约束性指标。

4. 对环境价值进行评估的方法主要有哪些类型，其中直接市场评估法包括哪些方法？

三、

某施工项目业主委托 A 咨询单位进行项目的可行性研究。A 咨询单位首先从项目建设条件、投资和运营费用、环境保护条件、安全条件等方面进行比较，选择并确定厂址。

厂址确定后，A 咨询单位在项目论证中提出了项目总平面布置图，图中规划了生产装置、维修设施、循环水装置、污水处理、综合办公楼、专家公寓、停车场、培训中心、花园绿地等区域。项目总占地面积 65 公顷；建（构）筑物、堆场占地面积 23 公顷，其中，行政办公及生活服务设施用地面积 6.1 公顷；绿化用地面积 11.8 公顷；总建筑面积为 37 万 m^2。项目总投资 6.5 亿元，其中固定资产总投资 55000 万元。

该咨询单位还利用信息采集技术对某施工项目实施过程中可能面临的风险进行了识别，采用概率和影响矩阵对主要风险因素进行了分析：（1）设计技术风险，设计变更往往造成投资额的增加，发生概率为 70%，一旦发生造成的损失很大；（2）施工技术风险，目前创新成果比较多，采用新的施工方法和技术时，工程变更与索赔的风险会大大增加，发生概率为 30%，一旦发生，造成的损失也很大。

问题：

1. 在厂址选择论证中，环境保护条件包括哪几方面的内容？

2. 计算项目的投资强度、建筑系数和绿地率，并判断其是否符合《工业项目建设用地控制指标》的规定。

3. 根据项目总平面布置图规划内容和相关指标，指出项目用地存在的问题，并说明理由。

4. 咨询单位利用信息采集技术进行风险识别，其具体方法有哪些？请判断上述风险因素的等级。

四、

某食品行业的龙头企业甲，为了制定未来企业在某区域的发展战略，采用五因素模型对该区域内行业的竞争结构进行了分析，对自身的竞争能力也进行了分析，分析结果如下：

1. 本行业的新进入者来自国内、国外两个方面。严格的质量管理是进入该行业的主要门槛，而国外进入者在这方面有强大优势。

2. 本行业的供应商较为分散，供应商之间的竞争也较为激烈。

3. 本行业各企业生产的产品无差异，质量差别小。

4. 产品价格差别不大，消费者选择空间较大。

5. 企业的核心竞争能力是销售网络覆盖全面，尤其是在农村市场。

企业下一步的竞争战略拟选择成本领先战略。

咨询人员还收集了该区域企业产品 A 过去 5 年的销售额与当地人均年收入的数据（见表1），预计 2012 年当地人均年收入为 18000 元。

表1　2007—2011 年产品 A 销售额与当地人均年收入

年份	2007	2008	2009	2010	2011
销售额（万元）	300	350	380	420	450
人均年收入（元）	10000	12000	13500	14800	16000

已知数据：设该产品销售额为 y，人均年收入为 x，则 2007—2011 年 $\sum x_i^2$ 为 901290000，$\sum x_i y_i$ 为 25746000，$\sum (x_i - \bar{x})^2$ 为 22152000，$\sum (y_i - \bar{y})^2$ 为 13800，$\sum (x_i - \bar{x})(y_i - \bar{y})$ 为 552000。

问题：

1. 上述四项因素分析分别属于五因素模型中的哪个方面？说明每个因素对该行业竞争强度的影响是增强还是减弱。

2. 企业除了选择成本领先的竞争战略外，还可选择哪些基本竞争战略？

3. 企业所在行业的成功关键因素有哪些？

4. 建立一元线性回归模型，并进行相关系数检验，对 2012 年可能的销售量进行点预测（取 $\alpha=0.05$，相关系数临界值见表 2，参数计算结果小数点后保留 3 位）。

表2　相关系数临界值表

$n-2$ \ α	0.05	0.01
1	0.997	1.000
2	0.950	0.990
3	0.878	0.959
4	0.811	0.917
5	0.754	0.874

五、

某公司拟新建一工业生产项目，咨询人员开展的前期工作如下：

1. 已估算出项目工艺设备及安装费用为 4000 万元，厂房土建工程费用为 2000 万元，根据咨询人员搜集到的类似项目的统计资料，其他专业工程对应的投资系数见表 3，其他有关费用为 1000 万元。上述各项费用均形成企业固定资产（其中可抵扣固定资金进项税额为 600 万元）。建设期 2 年，建设投资第 1 年投入 60%，第 2 年投入 40%。

表3　其他各专业工程投资系数表

与工艺设备关系较大的	投资系数	与厂房土建关系较大的	投资系数
自动化仪表	0.02	给排水工程	0.04
供电及转动	0.20	暖通工程	0.03
加热炉及烟道	0.10	管道工程	0.02
起重设备	0.08	电气工程	0.01
余热锅炉	0.05		

流动资金估算总额为600万元，全部来自自有资金，生产期第1年投入流动资金总额的70%。

2. 本项目的资金来源为自有资金和贷款，贷款总额为5000万元，年利率为6%。每年贷款比例与建设资金投入比例相同，且在各年年中均衡发放。与银行约定，从生产期的第1年开始，5年内采用等额还本付息方式偿还。

固定资产折旧年限为6年，按平均年限法计算折旧，预计净残值率为5%。

3. 项目生产期为6年，投产当年即达产，预计生产期各年的经营成本为3600万元（不含增值税进项税额，其中外购原材料、燃料及动力费为2500万元），销售收入（不含增值税销项税额）为6000万元。增值税税率取17%，营业税金及附加取应纳增值税的10%，所得税率取25%。

问题：

1. 利用设备及厂房系数法估算该项目的建设投资。

2. 计算建设期利息以及还款期的还本额和付息额。

3. 计算项目的资本金净现金流量，填入表4中。

假设 NPV（$i=20\%$）$=209.33$，NPV（$i=22\%$）$=-35.04$，请计算项目资本金财务内部收益率。

4. 计算项目生产期第1年的利息备付率，并分析当年的偿债能力。

六、

某新建项目设计生产能力为200万吨/年，项目达到正常生产年份的营业收入为12400万元，应纳增值税为1200万元，营业税金及附加取应纳增值税的10%，固定成本4200万元，可变成本3200万元（收入和成本均以不含增值税价格表示）。

财务分析后又进行敏感性分析，分析结果见表4。主要分析产品售价、原料价格的变动对项目投资财务净现值的影响。

表4　项目敏感性分析表

不确定因素	变化率（%）	项目投资财务净现值（万元）
基本方案	—	4500
产品售价	10	6700
	-10	2400
原料价格	10	3100
	-10	5300

咨询工程师甲认为敏感性分析结果已经比较全面，无须再进行风险分析。

问题：

1. 计算本项目达到盈亏平衡时的产量，并判断项目对市场的适应能力。

2. 如果要求项目年利润达到6000万元，每年至少年产量为多少？

3. 利用敏感性分析表，分析确定项目投资财务净现值对哪个因素变化的敏感程度高？

4. 咨询工程甲的观点是否正确？简述理由。

参考答案

一、

1.（1）应依据项目建议书批复文件分别向城乡规划、国土资源和环境保护等政府部门申请办理规划选址预审、用地预审和环境影响评价审批手续。

（2）还应包括：项目实施方案、环境保护措施方案及环境影响评价、资金筹措方案、费用效果分析、风险分析等。

注：可研报告中应专设环评篇，而环境影响评价文件的编制另成体系。

2.（1）项目用地预审申请报告应包括：拟建项目的基本情况、拟选址占地情况、拟用地面积确定的依据和适用建设用地指标情况、补充耕地初步方案、征地补偿费用和矿山项目土地复垦资金的拟安排情况等。

（2）因项目地处地质灾害易发区，还应提交地质灾害危险性评估报告，报告的内容有：工程建设可能引发、加剧地质灾害的可能性，工程建设本身可能遭受地质灾害危害的危险性，拟采取的防治措施等。

3.（1）B项目应履行审批制；

（2）项目的资金申请报告的内容不全面，还应包括：国外贷款来源及条件，设备和材料采购清单及采购方式，贷款偿还及担保责任、还款资金来源及还款计划。

4.（1）C项目应履行核准制；

（2）履行的程序不妥，理由：国家对境外竞标或收购项目实行预先申报规划、自主决策立项、相机实施运作、事后上报核准的政策，一般是先报送信息报告，待项目中标或收购条件基本达成一致后，再向发展改革部门申请办理项目核准手续。

5. 不合理，理由：境外投资项目的申请报告不同于项目可研报告，不要求进行详细的技术选择分析、财务效益和敏感性分析等可行性分析论证，也不要求满足中国的环境保护、市场准入等政府法规要求。

二、

1.（1）由资源产出指标、资源消耗指标、资源综合利用指标、废物排放（处置）指标四个部分构成。

（2）该市2014年的万元工业增加值用水量

=工业取水总量/工业增加值

=1.5717亿立方米/277.19亿元

=56.7立方米/万元

2. 系统分析方法的主要流程有系统研究、系统设计、系统量化、系统评价和系统协调。

3. 单位工业增加值用水量降低（%）、单位国内生产总值二氧化碳排放降低（%）、森林蓄积量属于“十二五”规划中的约束性指标。

4. 环境价值进行评估的方法主要有直接市场评估法、间接市场评估法和意愿调查评估法三种，其中直接市场评估法包括生产力变动法、疾病成本法与人力资本法、机会成本法。

三、

1. 在厂址选择论证中，环境保护条件包括场（厂）址位置与城市规划关系、与环境敏感区关系、与土地关系、与环境条件关系、与气象的关系、与公众利益的关系。

2. 项目的投资强度 = 项目固定资产总投资（万元）/项目总用地面积（公顷）

= 55000/65 = 846.15 万元/公顷

建筑系数 = （建筑物、构筑物占地面积 + 堆场用地面积） ÷ 项目总用地面积 × 100%

= 23 ÷ 65 = 35.38%

绿地率 = 绿化用地计算面积 ÷ 项目占地面积 × 100%

= 11.8 ÷ 65 = 18.15%

该项目建筑系数高于 30%、绿地率未超过 20%，符合《工业项目建设用地控制指标》的规定。

3. 主要存在两个问题：(1) 行政办公及生活服务设施用地面积超过了 7% 的用地控制指标，理由：行政办公及生活服务设施用地所占比重 = 6.1 ÷ 65 = 9.38% > 7%。(2) 厂区内违规建设了专家公寓、培训中心，理由：按规定，严禁在工业项目用地范围内建造成套住宅、专家楼、宾馆、招待所和培训中心等非生产性配套设施。

4. (1) 信息采集技术的具体方法有：头脑风暴法、德尔菲法、访谈、根本原因识别、SWOT 分析。

(2) 设计技术风险属于高风险，施工技术风险属于中等风险。

四、

1. 因素 1 属于行业新进入者的威胁，它会使行业的竞争强度增强；

因素 2 属于供应商讨价还价的能力，它会使行业的竞争强度减弱；

因素 3 属于现有企业的竞争，它会使行业的竞争增强；

因素 4 属于客户讨价还价的能力，它会使行业的竞争强度增强。

2. 还可选择的基本竞争战略有差异化战略、重点集中战略。

3. 企业所在行业为食品行业，其成功关键因素有品质管理、品牌建设、成本控制和销售网络等。

4. (1) 计算 $\bar{x} = 13260$，$\bar{y} = 380$，$\sum x_i = 66300$，$\sum y_i = 1900$，

$$b = \frac{\sum x_i y_i - \bar{x}\sum y_i}{\sum x_i^2 - \bar{x}\sum x_i} = \frac{25746000 - 13260 \times 1900}{901290000 - 13260 \times 66300} = 0.025$$

$a = \bar{y} - b\bar{x} = 380 - 0.025 \times 13260 = 48.5$

则，一元线性回归模型为 $y = 48.5 + 0.025x$。

(2) 相关系数检验：

$$R = \frac{\sum(x_i - \overline{x})(y_i - \overline{y})}{\sqrt{\sum(x_i - \overline{x})^2 \cdot \sum(y_i - \overline{y})^2}} = \frac{552000}{\sqrt{22152000 \times 13800}} = 0.998$$

查相关系数表，$R_{0.05} = 0.878$，因 $0.998 > 0.878$，所以在 $\alpha = 0.05$ 的显著性检验水平下，检验通过，说明产品 A 销售额与当地人均年收入的线性关系成立。

（3）点预测：$y_0' = a + bx_0 = 48.5 + 0.025 \times 18000 = 498.5$（万元）

则，预计 2012 年产品 A 的销售额为 498.5 万元。

五、

1. 与设备关系较大的其他专业工程的投资系数合计为 0.45；

与厂房土建关系较大的其他专业工程的投资系数合计为 0.1；

则该项目的建设投资 =4000 ×1.45 +2000 ×1.1 +1000 =9000（万元）

2.（1）贷款年中均衡发生，采用复利计算：

第一年建设期利息 =（5000 ×60%）÷2 ×6% =90（万元）

第二年建设期利息 =（5000 ×60% +90 +5000 ×40% ÷2）×6% =245.4（万元）

建设期利息 =90 +245.4 =335.4（万元）

（2）还款第 1 年年初的借款本息累计 =5000 +335.4 =5335.4（万元），采用等额还本付息方式：

每年还本付息额 =5335.4 ×（A/P，6%，5）=1266.6（万元）

还款期第 1 年付息 =5335.4 ×6% =320.1（万元）

还款期第 1 年还本 =1266.6 −320.1 =946.5（万元）

还款期第 2 年付息 =（5335.4 −946.5）×6% =263.3（万元）

还款期第 2 年还本 =1266.6 −263.3 =1003.3（万元）

还款期第 3 年付息 =（5335.4 −946.5 −1003.3）×6% =203.1（万元）

还款期第 3 年还本 =1266.62 −203.14 =1063.5（万元）

还款期第 4 年付息 =（5335.4 −946.5 −1003.29 −1063.48）×6% =139.3（万元）

还款期第 4 年还本 =1266.62 −139.33 =1127.3（万元）

还款期第 5 年付息 =（5335.4 −946.5 −1003.29 −1063.48 −1127.29）×6% =71.7（万元）

还款期第 5 年还本 =1266.62 −71.69 =1194.9（万元）

注：也可编制借款还本付息计划表，如表 5。

表 5 借款还本付息计划表　　单位：万元

项目	1	2	3	4	5	6	7
年初借款余额		3090	5335.4	4388.9	3385.6	2322.1	1194.8
当年新增借款	3000	2000					
当年应计利息	90	245.4	320.1	263.3	203.1	139.3	71.7
当年还本付息			1266.6	1266.6	1266.6	1266.6	1266.6
其中：还本			946.5	1003.3	1063.5	1127.3	1194.9
付息			320.1	263.3	203.1	139.3	71.7
年末借款余额	3090	5335.4	4388.9	3385.6	2322.1	1194.8	0

3.（1）计算相关数据：

①计算期第1、2年年末现金流量。

用于建设投资的项目资本金：

第1年投入＝（9000－5000）×60%＝2400（万元）

第2年投入＝（9000－5000）×40%＝1600（万元）

②计算期第3年末现金流量：

现金流入：销售收入＝6000万元

销项税额＝6000×17%＝1020（万元）

现金流出：用于流动资金的项目资本金：600×70%＝420（万元）

经营成本＝3600万元

进项税额＝2500×17%＝425（万元）

应纳增值税＝0万元

（1020－425－600＝－5万元）

营业税金及附加＝0万元

借款还本付息＝1266.6万元

所得税＝利润总额×25%

＝（销售收入－经营成本－折旧和摊销－利息－营业税金及附加）×25%

固定资产原值＝建设投资＋建设期利息－可抵扣固定资产进项税

＝9000＋335.4－600＝8735.4（万元）

$$年折旧额=8735.4\times\frac{1-5\%}{6}=1383.1（万元）$$

所得税＝（6000－3600－1383.1－320.1－0）×25%＝174.2（万元）

净现金流量＝6000＋1020－420－3600－425－0－0－1266.6－174.2＝1134.2（万元）

③计算期第4年末现金流量：

现金流出：①用于流动资金的项目资本金：600－420＝180（万元）

②应纳增值税＝1020－425－5＝590（万元）

③营业税金及附加＝59万元

④所得税＝（6000－3600－1383.1－263.3－59）×25%＝173.65（万元）

其他都相同

净现金流量＝6000＋1020－180－3600－425－590－59－1266.6－173.65

＝725.75（万元）

④计算期第5～7年末净现金流量：

应纳增值税＝1020－425＝595（万元）

营业税金及附加＝59.5万元

所得税＝（6000－3600－1383.1－203.1－59.5）×25%＝463.58（万元）

其他都相同，分别计算净现金流量，见表3。

⑤计算期第8年末：

回收固定资产余值＝8735.4×5%＝436.77（万元）

回收流动资金＝600万元

其他都相同，分别计算净现金流量，见表7。

（2）将相关数据填入表6中：

表6　项目资本金现金流量表　　单位：万元

项目 \ 年份	1	2	3	4	5	6	7	8
（一）现金流入			7020	7020	7020	7020	7020	8056.77
1. 销售收入			6000	6000	6000	6000	6000	6000
2. 销项税额			1020	1020	1020	1020	1020	1020
3. 回收资产余值								436.77
4. 回收流动资金								600
（二）现金流出	2400	1600	5885.80	6294.25	6134.68	6150.63	6167.53	4918.85
1. 用于建设投资的项目资本金	2400	1600						
2. 用于流动资金的项目资本金			420	180				
3. 经营成本			3600	3600	3600	3600	3600	3600
4. 进项税额			425	425	425	425	425	425
5. 应纳增值税			0	590	595	595	595	595
6. 营业税金及附加			0	59	59.5	59.5	59.5	59.5
7. 借款还本付息			1266.6	1266.6	1266.6	1266.6	1266.6	0
8. 所得税			174.2	173.65	188.58	204.53	221.43	239.35
（三）净现金流量	-2400	-1600	1134.20	725.75	885.32	869.37	852.47	3137.92

（3）经计算，NPV（$i=20\%$）$=209.33$，NPV（$i=22\%$）$=-35.04$，采用人工试算法计算得出：

$$\text{该项目资本金 } FIRR=20\%+\frac{209.33}{209.33+35.04}\times(20\%-20\%)=21.71\%$$

4. 利息备付率＝息税前利润/应付利息

＝（营业收入－经营成本－折旧摊销－营业税金及附加）/应付利息

生产期第1年利息备付率＝（6000－3600－1383.1－0）÷320.1＝3.18

大于2，说明生产期第1年的偿债能力较强。

六、

1. 盈亏平衡时的产量＝年总固定成本/（单位产品价格－单位产品可变成本－单位产品营业税及附加）＝4200/（12400/200－3200/200－120/200）＝92.51（万吨/年）

只要年生产92.51万吨即可实现盈亏平衡，说明项目对市场的适应能力较强（也可先计算生产能力利用率，然后再×设计生产能力）。

2. 设年产量为 Q，则：

营业收入 - 生产成本 - 营业税金及附加 = 利润

$12400/200 \times Q - (4200 + 3200/200 \times Q) - 120/200 \times Q = 6000$

$Q = 224.67$ 万吨

3. （1）产品售价上涨10%，财务净现值变化率 =（6700 - 4500）/4500 = 48.9%，敏感系数1 = 48.9%/10% = 4.89

产品售价下降10%，财务净现值变化率 =（2400 - 4500）/4500 = -46.7%，敏感系数1 = -46.7%/-10% = 4.67

（2）原料价格上涨10%，财务净现值变化率 =（3100 - 4500）/4500 = -31.1%，敏感系数1 = -31.1%/10% = -3.11

原料价格下降10%，财务净现值变化率 =（5300 - 4500）/4500 = 17.8%，敏感系数1 = 17.8%/-10% = -1.78

（3）可以看出，项目财务净现值对产品售价的敏感程度高于对原料价格。

4. 不正确，理由：敏感性分析虽然可以找出项目效益对之敏感的不确定性因素，并估计其对项目效益的影响程度，但却不能得知这些影响发生的可能性有多大，所以还需要进一步进行风险分析。

第三部分　考情直击之历年真题

2013年度全国注册咨询工程师（投资）执业资格考试试题

一、（20分）

某市为提高“十二五”期末服务业增加值比重，提出建设快速公交走廊工程、垃圾处理场、农贸市场等一揽子投资计划，以提高公共服务水平，促进当地服务业快速发展。

该计划涵盖的建设项目将影响全市3个区3个乡镇（街道）的5个村/社区，其中包括1个少数民族聚居区，需要征收180亩集体土地和城镇居民房屋31700平方米，影响259户共994人；拆迁商业店铺50个，总建筑面积2800平方米。

项目单位从项目实施的必要性、有效性和经济性角度，自行对拟建项目社会稳定风险分析报告进行了评估论证，并提出了低风险的结论。同时，要求将征地拆迁及移民安置方案分析、社会稳定风险分析作为项目可行研究报告的独立篇章。

问题：

1. 该投资计划所含项目的土地、房屋征用及移民安置方案分析应重点关注哪些内容？
2. 列出该投资计划所含项目可能影响社会稳定的三个主要风险因素。
3. 项目单位有关社会稳定风险评估的做法是否正确？说明理由。

二、（25分）

甲工程咨询单位接受委托，为某市编制国民经济和社会发展规划，提出了国内生产总值、九年制义务教育巩固率、耕地保有量、城镇登记失业率、城镇居民人均可支配收入、城镇保障性安居工程建设量等规划指标。

该市政府为了落实城镇保障性安居工程规划，改善低收入群体的居住条件，计划2013年建设10万平方米的廉租住房小区，以及小区道路和绿地等配套设施，解决2000户低收入居民的住房问题。建设资金主要来源于中央政府投资补助和地方政府配套资金。项目建设工作的主要内容包括：可行性研究、勘察设计、工程招标、工程施工、工程监理、竣工验收等。

甲工程咨询单位编制了该项目的可行性研究报告，内容包括：项目需求及目标定位、项目建设方案、项目实施方案、风险评价等，并采用逻辑框架法对项目进行了总体分析。

为保证项目顺利实施，项目业主要求工程施工阶段要有施工单位的工作记录和监理单位的监理报告。项目业主保留全部工程档案，所有工程资料都可以通过现场调查和文案调查获取。

问题：

1. 甲工程咨询单位在规划报告中提出的各项指标，哪些属于约束性指标？哪些属于预期性指标？
2. 该廉租住房项目的可行性研究报告除上述已给出内容外，还应包括哪些？
3. 列出该廉租住房项目垂直逻辑各层次的具体内容。
4. 列出该廉租住房项目水平逻辑产出层次的客观验证指标和验证方法。

三、(20 分)

甲设计院接受委托，为某市新建污水处理厂项目进行可行性研究。在建设方案研究中，通过方案比较，推荐X厂址。为了合理布置工程总体空间和设施，还对项目的总图运输方案进行了优化。

该项目预计总投资10亿元，拟采用特许经营方式。通过招标，A公司与B公司组成的联合体中标。A公司为国内一家污水厂运营公司，技术力量雄厚，但资金不足；B公司为国内一家基础设施投资公司，资金实力雄厚。中标后，该联合体决定成立一个项目公司负责项目的融资、建设和运营。

该项目的资金筹措方案为：A、B公司分别出资股本金1亿元和3亿元，项目公司从银行贷款6亿元，贷款利率为7%。假设社会无风险投资收益率为4%，市场投资组合预期收益率为12%，污水处理行业投资风险系数为1.1，所得税税率为25%。

问题：

1. 甲设计院在比选项目厂址时，应考虑哪些因素？
2. 甲设计院在研究项目总图运输方案时，应考虑哪几方面的内容？
3. 对于市政府而言，该项目采取特许经营项目融资具有哪些优点？
4. 列式计算该项目的加权平均资金成本。

四、(25 分)

甲咨询公司受A企业委托，为其风电项目提供投资咨询服务。

甲咨询公司搜集了2001—2011年我国风电装机容量发展变化数据（见表1）和A企业2006—2011年出售的风力发电机装机容量数据（见表2），拟采用简单移动平均法或一次指数平滑法预测企业未来3年的销售量。

表1 我国风电装机容量变化情况

年 度	2001	2002	2003	2004	2005	2006	2007	2008	2009	2010	2011
我国新增装机容量（MW）	41.7	66.3	98.3	196.8	506.9	1287.6	3311.3	6153.7	13803.2	18928	21630.9
我国新增装机容量年增长率（%）		58.99	48.27	100.2	157.5	154.0	157.1	85.8	124.3	37.13	14.3

表2 A企业出售的风力发电机装机容量变化情况

年 度	2006	2007	2008	2009	2010	2011
A企业出售的风力发电机装机容量（MW）	44.45	60.06	72.04	82.03	95.31	106.72

为了明确A企业风电项目发展战略，甲咨询公司采用了优势、劣势、机会、威胁（SWOT）分析方法，有关事项如下：①按照风电“十二五”发展规划，我国海上风电的装机

容量将从 1000MW 增加到 5000MW；②政府对风电上网电价继续实施优惠政策；③风力发电机生产企业有 100 多家，市场竞争激烈；④A 企业投资海上风力发电机起步较大型同行企业晚 5 年，所以初期市场占有率仅为 8%；⑤A 企业资金雄厚；⑥A 企业技术研发力量强，近年陆续研发了国内领先的多个系列风机产品；⑦A 企业生产的产品质量稳定；⑧A 企业生产的风力发电机销量逐年上升，形成一定的品牌优势。

假设企业内部各因素权重相同，权重之和为 1；企业外部各因素权重也相同，权重之和亦为 1。内外部各因素评价得分绝对值均为 4（得分区间为 -5 ~5）。

问题：

1. 根据我国风电装机容量变化趋势，判定当前我国风力发电机发展所处产品生命周期的阶段，并说明理由。

2. 我国发展规划包括哪几类？风电发展“十二五”规划属于哪类规划？

3. 甲咨询公司拟采用的预测方法是否合理，说明理由。

4. 根据事项① ~ ⑧，列出 A 企业 SWOT 分析中的优势、劣势、机会和威胁因素。

5. 计算 A 企业风电发展内外部因素的综合得分，并据此确定 A 企业应采取的风电发展战略。

五、(20 分)

甲工程咨询单位受乙企业委托，为某核准类工程项目开展前期咨询服务。进行风险分析时发现该项目主要风险发生的概率和影响为：（1）房屋征收风险发生的概率较高，发生后会严重影响项目按计划实施；（2）恶劣天气风险发生的可能性中等，发生后会导致较高的索赔；（3）承包单位违约风险发生的可能性及影响程度均较小。

该项目通过核准后，丙招标代理机构受乙企业委托，为该工程项目招标，招标文件规定：本工程评标采用经评审的最低投标价法，最低报价低于有效次低报价 15%（含 15%）者，为无效投标文件。

在招标过程中，相继发生了下列事件：

事件 1：A、B、C、D、E 五家单位报名投标，资格预审时因 B 单位非本地企业而未获通过。

事件 2：踏勘现场时，C 单位口头提出招标文件中的地质资料与现场情况有差异，乙企业工作人员口头答复并予以确认。

事件 3：开标时发现，A 单位还有一个相对较低的报价，但未声明哪份报价有效。

五家投标单位的投标报价数据见表 3。

表 3 各投标单位报价数据

投标单位	A	B	C	D	E
报价（万元）	2220	2430	2500	2520	1980

问题：

1. 请画出该项目的风险概率—影响矩阵，确定上述三类风险的等级，并从项目单位的角度提出相应的风险防范策略。

2. 请指出事件1、事件2和事件3中有无不妥之处，请说明理由。

3. 如各投标文件技术部分均可行，请推荐中标候选人，并说明理由。

六、(20分)

某新建项目建设投资为113500万元（含可抵扣固定资产进项税额8000万元），其中基本预备费为10000万元，涨价预备费为5000万元。项目计算期为6年，其中建设期1年，运营期5年，运营期内采用平均折旧及摊销。

项目营业收入和可变成本均采用运营期初的市场价格（不含增值税），营业税金及附加按增值税的12%计算，企业所得税税率为25%。项目现金流量按年末发生计，财务基准收益率（所得税后）设定为10%，项目投资现金流量见表4。

通过费用与效益识别，该项目可变成本及投资中设备、材料的影子价格均等同于其市场价格（不含增值税），土地经济费用应调增1000万元，其他各项财务效益与费用均能反映其经济价值。

表4 项目投资现金流量表 单位：万元

序号	项 目	建设期	运 营 期				
		1	2	3	4	5	6
	生产负荷		90%	100%	100%	100%	100%
1	现金流入		63971	71078	71078	71078	77420
1.1	营业收入		55284	61426	61426	61426	61426
1.2	销项税额		8687	9652	9652	9652	9652
1.3	回收资产余值						3015
1.4	回收流动资金						3327
2	现金流出	113500	*	*	41026	41026	41026
2.1	建设投资	113500					
2.2	流动资金		3058	269			
2.3	经营成本		25093	27441	27441	27441	27441
2.4	进项税额		3478	3865	3865	3865	3865
2.5	应纳增值税		*	*	5787	5787	5787
2.6	营业税金及附加		*	*	694	694	694
2.7	维持运营投资						
2.8	调整所得税		*	*	3239	3239	3239
3	所得税后净现金流量	-113500	*	*	30052	30052	36394

注：带“*”空格处需计算。

问题：

1. 计算项目第2年和第3年的应纳增值税和营业税金及附加。

2. 计算项目第2年和第3年的调整所得税。

3. 计算项目第2年和第3年的现金流出、净现金流量以及项目投资财务净现值（所得税后），并判断项目的财务可行性。

4. 计算本项目经济费用流量中的建设投资。

（要求列出计算过程，计算结果保留整数。）

参考答案

一、

1.（1）土地利用方案分析重点评价：土地利用是否符合相关规划的要求，土地利用方案是否符合保护耕地等政策法规的要求。

（2）征地拆迁及移民安置方案分析：应提出城镇居民拆迁方案、农村移民安置方案及征地补偿方案、收入恢复及后期扶持计划，并对方案的合理性以及征地拆迁及移民安置可能造成的风险及其规避对策进行分析。

2. 项目可能影响社会稳定的主要风险因素有：移民安置问题，民族矛盾、宗教问题，弱势群体支持问题，受损补偿问题。（列出其中三项即可）

3.（1）项目单位自行进行社会稳定风险评估的做法不正确，理由：按规定，应由项目所在地人民政府或其有关部门指定的评估主体组织对项目单位做出的社会稳定风险分析开展评估论证；

（2）要求将征地拆迁及移民安置方案分析、社会稳定风险分析作为项目可行研究报告的独立篇章的做法不完全正确，理由：按规定，社会稳定风险分析应当作为项目可行性研究报告、项目申请报告的重要内容并设独立篇章；而征地拆迁及移民安置方案分析是项目可行研究报告应包括的重要内容，不设独立篇章。

【解析】本题涉及考点有三个：项目可行性研究中征地拆迁、移民安置方案分析的内容、社会评价中的社会风险分析、2013 年增考内容重大项目社会稳定风险评估。工程咨询服务内容是考核重点，每年必考；当年新增考内容必考，是复习重点。

二、

1.（1）九年制义务教育巩固率、耕地保有量、城镇保障性安居工程建设量等指标属于约束性指标；

（2）国内生产总值、城镇登记失业率、城镇居民人均可支配收入等指标属于预期性指标。

2. 还应包括土地利用与移民安置方案、环境保护措施方案及环境影响评价、投资估算、资金筹措方案、费用效果分析、社会影响分析等内容。

3. 该廉租住房项目垂直逻辑各层次的内容：

（1）目标：为了落实城镇保障性安居工程规划，改善低收入群体的居住条件；

（2）目的：解决 2000 户低收入居民的住房问题；

（3）产出：10 万平方米的廉租住房小区，以及小区道路和绿地等配套设施；

（4）投入和活动：建设资金主要来源于中央政府投资补助和地方政府配套资金，以及上面所述项目建设的各项工作。

4. 项目水平逻辑产出层次的（1）客观验证指标：2013 年建成 10 万平方米的廉租住房小区，满足 2000 户低收入居民居住；（2）验证方法：信息来源是施工单位的工作记录和监理单位的监理报告及其他工程档案，采用方法是现场调查和文案调查。

【解析】本题涉及考点有三个：规划指标分析、政府投资项目可行性研究重点关注的内容、逻辑框架法。要掌握企业投资项目与政府投资项目在可行性研究阶段论证内容的异同点，以及企业投资、境外项目、外商投资项目在核准申请报告上的异同点，对于关联性强的内容通过记忆不同点来复习。对于逻辑框架法重点掌握其框架结构及其含义。

三、

1. 在比选项目厂址时，应考虑：建设条件、投资费用、运营费用、运输条件和运输费用、环境保护条件和安全条件。

2. 研究项目总图运输方案时，应考虑：总体布置与厂区总平面布置、竖向布置、运输、厂区道路、绿化、总图技术经济指标等内容。

3. 对于市政府而言，特许经营项目融资的优点有：（1）拓宽资金来源，减少政府的财政支出和债务负担；（2）降低政府风险；（3）发挥外资和民营机构的能动性和创造性；（4）合理利用资源；（5）有利于发展国民经济、金融资本市场和法律体系。

4.（1）权益资金成本采用资本资产定价模型法：

$K_s = R_f + \beta(R_m - R_f) = 4\% + 1.1 \times (12\% - 4\%) = 12.8\%$

（2）所得税后的债务资金成本：

所得税前资金成本×（1－所得税税率）

$= 7\% \times (1 - 25\%) = 5.25\%$

（3）加权平均资金成本 $= \frac{1+3}{10} \times 12.8\% + \frac{6}{10} \times 5.25\% = 8.27\%$。

【解析】本题涉及考点有四个：场（厂）址比选内容、总图运输方案的内容、特许经营项目融资、资金成本计算。特许经营项目融资的优点不容易记忆，可从减轻政府负担、有效利用外资或民间资本、提高项目成功度等方面来理解记忆。资金成本计算掌握权益资金、债务资金的不同计算方法，债务资金成本还要考虑税前税后问题。

四、

1. 处于成长期。理由：表1的数据显示，新增风电装机容量逐年增长，2005年~2009年急剧增长，随后仍处在增长中。（也可通过画产品生命周期曲线判断，如下图）

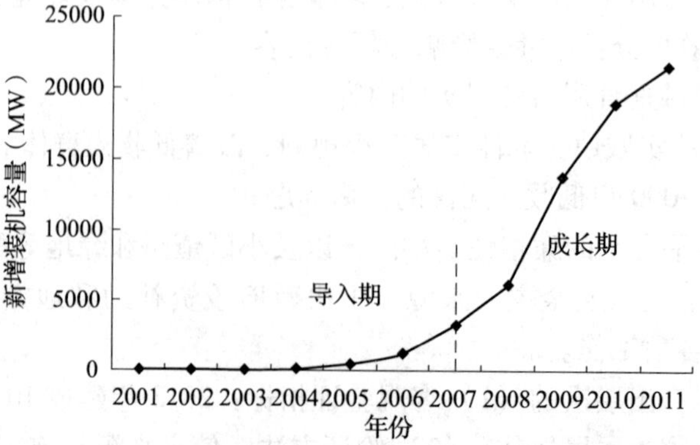

2.（1）我国发展规划包括三类：总体规划、专项规划、区域规划；（2）风电发展“十二五”规划属于专项规划。

3. 不合理，理由：移动平均分或指数平滑法适用于近期或短期预测，大多数情况下只用于以月度或周为单位的近期预测；而且只是在处理水平型历史数据时才有效。

4. A 企业的优势因素为⑤、⑥、⑦、⑧，劣势因素为④，机会因素为①、②，威胁因素为③。

5. 内部因素的综合得分 $=4\times0.2\times4-4\times0.2=2.4$

外部因素的综合得分 $=\frac{1}{3}\times4\times2-\frac{1}{3}\times4=1.33$

根据 SWOT 分析图，企业处于右上角第一象限，应采取增加投资、扩大生产、提高市场占有率的增长性战略。（SWOT 分析图省略）

【解析】本题涉及考点有四个：产品生命周期、发展规划类型、市场预测方法特点、SWOT 分析。对于咨询方法的考核关键是按步骤一步步地分析计算，要求写全公式、代入数据、计算准确；方法的适用范围、特点等定性内容也要背诵掌握。像 SWOT 分析这类带图的计算题，要看清题目要求是否画图，如果没要求可在草稿上画图辅助答题。

五、

1.（1）先画出项目风险概率—影响矩阵：

影响（I）＼概率（P）	很低	较低	中等	较高	很高
严重	M	H	H	房屋征收风险	S
较大	L	M	恶劣天气风险	H	S
中等	L	L	M	H	H
较小	N	承包单位违约	L	M	H
可忽略	N	N	L	L	M

（2）房屋征收风险发生的概率较高、造成严重影响，位于 S 区域，属于重大风险；恶劣天气风险发生的可能性中等、造成较大影响，位于 H 区域，属于较大风险；承包单位违约风险发生的可能性及影响程度均较小，位于 L 区域，属于较小风险。

（3）从项目单位的角度，相应的风险防范策略有风险回避、风险减轻、风险转移和风险接受。

2.（1）事件 1 中因非本地企业而排斥 B 单位不妥，理由：按规定，招标人不得以不合理的条件限制或者排斥潜在的投标申请人，不得对投标申请人实行歧视待遇。

（2）事件 2 中乙企业工作人员口头答复并予以确认不妥，理由：按规定，对于潜在投标人在阅读招标文件和现场踏勘中提出的疑问，招标人可以书面形式或召开投标预备会的方式解答，但需同时将解答以书面方式通知所有购买招标文件的潜在投标人。该解答的内容为招标文件的组成部分。

（3）事件3中评标委员会应当否决A单位投标，理由：按规定，同一投标人提交两个以上不同的投标文件或者投标报价，但招标文件要求提交备选投标的除外，评标委员会应当否决其投标。

3．A单位已被淘汰，现比较B、C、D、E的报价：

采用经评审的最低投标价法，E为最低报价，B为次低报价，

因（2430－1980）÷2430＝18.52%＞15%

所以，E为无效投标文件，推荐B为中标候选人。

【解析】本题涉及考点有两个：项目风险分析和工程项目招投标规定。这两块内容复习起来相对简单，招投标规定熟读一遍能判断对错即可。

六、

1．（1）第2年：

应纳增值税＝销项税额－进项税额－可抵扣固定资产进项税额

＝8687－3478－8000＝－2791（万元）＜0，

应纳增值税为0，营业税金及附加为0。

（2）第3年：

应纳增值税＝9652－3865－2791＝2996（万元）

营业税金及附加＝2996×12%≈360（万元）

2．因固定资产相关数据无法确定，需要根据第4年的调整所得税来反推年折旧摊销额：

息税前利润＝营业收入－经营成本－折旧摊销－营业税金及附加

＝（61426－27441－折旧摊销－694）×25%＝3239（万元）

则折旧摊销＝20335万元

（1）第2年：

息税前利润＝55284－25093－20335－0＝9856（万元）

调整所得税＝息税前利润×25%＝9856×25%＝2464（万元）

（2）第3年：

息税前利润＝61426－27441－20335－360＝13290（万元）

调整所得税＝13290×25%＝3323（万元）

3．（1）第2年：

现金流出＝3058＋25093＋3478＋0＋0＋2464＝34093（万元）

净现金流量＝63971－34093＝29878（万元）

第3年：

现金流出＝269＋27441＋3865＋2996＋360＋3323＝38254（万元）

净现金流量＝71078－38254＝32824（万元）

（2）项目投资财务净现值

$$=-\frac{113500}{1+10\%}+\frac{29878}{(1+10\%)^2}+\frac{32824}{(1+10\%)^3}+\frac{30052}{(1+10\%)^4}+\frac{30052}{(1+10\%)^5}+\frac{36394}{(1+10\%)^4}$$

≈5900万元＞0

该项目具有财务可行性。

4. 调整财务分析中的建设投资：

（1）把涨价预备费剔除；

（2）投资中的设备、材料按不含税价格计算，剔除进项税额；

（3）调增土地经济费用；

（4）经济费用流量中的建设投资 = 113500 - 5000 - 8000 + 1000 = 101500（万元）

【解析】 本题涉及考点有两个：项目投资现金流量分析和把财务分析数据调整为经济分析数据。项目投资现金流量分析要重点把握两点，一是调整所得税的计算，二是可抵扣固定资产进项税额的影响（影响固定资产原值和应纳增值税的计算）。经济数据的调整主要是把转移支付因素、通货膨胀因素剔除，注意调整过程中不要漏项。

2014年度全国注册咨询工程师（投资）执业资格考试试题

一、（20分）

某工程咨询公司针对自身业务发展与风险应对需要，组织专题研讨会，提出了下列要求：

（1）在目标市场选择中除了要考虑外部环境因素外，还应结合本公司的专业特长，对自身条件进行分析；

（2）根据公司发展战略目标和对自身条件的分析，进行准确的市场定位；

（3）为加强市场营销，办一个专业刊物，扩大影响力；

（4）加强咨询业务合同管理，防范法律责任风险。

问题：

1. 工程咨询公司目标市场选择中，对自身条件分析评估包括哪些内容？
2. 市场定位的具体步骤是什么？
3. 除了出版专业刊物外，工程咨询公司还有哪些主要营销手段？
4. 除了法律责任风险外，咨询业务还有哪些主要风险？

二、（25分）

A公司根据市场信息，准备在B地投资建厂，委托工程咨询公司为其提供决策咨询服务，A公司提供的信息如下：

（1）目前A公司的产能为710万件/年；

（2）市场需求：预测未来市场需求总量为8000万件/年，且A公司产品在市场占有份额预计为10%；

（3）B地建厂可提供的投资方案：

方案1，采用自动化设备，年总固定成本为800万元，单位可变成本为10元/件；

方案2，采用半自动化设备，年总固定成本为600万元，单位可变成本为12元/件；

方案3，采用非自动化设备，年总固定成本为400万元，单位可变成本为16元/件。

产品的售价为22元/件，营业税金及附加0.6元/件。

（以上售价和成本均不含增值税）

问题：

1. A公司在B地建厂的设计生产能力应以多少为宜？说明理由。
2. 分别列出上述信息（3）中三种不同投资方案的总成本与产量关系式。
3. 指出在不同的产能区间，三个投资方案的优劣排序，根据B地建厂的设计生产能力，确定最优投资建厂方案。
4. 以A公司最优决策方案为基础，分别计算以产量和产品售价表示的盈亏平衡点，计算达到设计生产能力时的年利润。
5. 简述盈亏平衡分析的作用。

（注：计算结果保留两位小数）

三、(20 分)

某政府投资项目的总投资额为 8000 万元，项目建设单位决定自行组织招标，招标人在招标文件中对有关时限作出如下规定：

(1) 投标截止时间为自招标文件停止出售之日起第 18 日上午 8 时整；

(2) 投标有效期从发售招标文件之日开始计算，共 90 天；

(3) 接收投标文件的最早时间为投标截止时间前 48 小时；

(4) 若投标人要修改、撤回已提交的投标文件，须在投标截止时间 24 小时前提出。

在评标过程中，评标委员会要求 B、D 两投标人分别对其拟采用的施工组织设计作出详细说明，并对有关关键技术问题提出改进要求。作为评标委员会的招标人代表希望投标人 B 再考虑降低报价的可能性。

问题：

1. 招标人自行组织招标需要具备什么条件？
2. 该项目招标人是否应当办理招标备案？说明理由。
3. 分别指出招标人在招标文件中对有关时限的规定是否正确，说明理由。
4. 分别指出评标过程中有哪些不妥之处，说明理由。

四、(20 分)

某市拟新建地铁 3 号线，该市地铁建设管理公司委托某工程咨询公司承担该项目社会经济效益研究工作。该工程咨询公司通过现场访谈调查和文案调查，获得了大量的项目基础信息，编制了项目经济费用效益相关数据表（见表 4-1），项目计算期为 30 年，社会折现率为 6%。

表 4-1　项目经济费用效益相关数据表　　　　单位：百万元

序号	项　目	合计	建设期		运营期			
			1	2	3	4	5~29	30
1	建设投资	10000	4000	6000				
2	流动资金	84			84			
3	运管成本	11050			320	330	400	400
4	时间节约	32260			1000	1100	1160	1160
5	运费费用节约	4202			110	140	152	152
6	减少交通事故	448			16	16	16	16
7	回收流动资金	84						84
8	回收固定资产余值	2600						2600

根据初步社会评价的结果，工程咨询公司采用定量与定性分析相结合的方法，开展了详细社会评价，识别出社会因素并进行了分组排序。

表 4-2 复利系数表

i	n	(F/P, i, n)	(P/F, i, n)	(A/P, i, n)	(P/A, i, n)	(A/F, i, n)	(F/A, i, n)
6%	3	1.1910	0.8396	0.37411	2.6730	0.31411	3.1835
	4	1.2625	0.7921	0.28859	3.4651	0.22859	4.3745
	25	4.2919	0.2330	0.07823	12.7834	0.01823	54.8650
	30	5.7435	0.1741	0.07265	13.7648	0.01265	79.0582

问题：

1. 工程咨询公司进行项目市场调查时，除已采用的方法外，还可以采用哪些主要调查方法？

2. 根据表 4-1 中的数据，计算该项目各年净效益流量、经济净现值，将计算结果填入答题区域的表中，并判断项目是否具有经济合理性。

3. 工程咨询公司在详细社会评价中进行“识别社会因素并排序”工作时的社会因素分组排序依据是什么？

（注：计算结果保留两位小数）

五、(25 分)

某地政府部门委托某工程咨询公司对本地区的能源利用状况进行市场调查，调查统计的该地区 2013 年能源消耗和产值情况见表 5-1。

表 5-1 2013 年某地区能源消耗和产值统计表

用户	居民家庭	工业企业	服务企业	机关事业单位	其他行业	合计
数量（万户）	125	2	1.2	0.1	0.2	128.5
年能源消耗量（万吨标准煤）	100	500	30	2	8	640
产值（亿元）	—	250	600	50	80	980

为了资源的可持续利用，该地区政府部门要求到 2018 年该地区能源消耗总量控制在 700 万吨标准煤以内，并据此制定相应的 5 年规划。

按照目前发展思路，初步规划方案预计 2018 年该地区各类用户的数量分别达到：居民家庭 150 万户，工业企业 2.3 万户，服务企业 1.4 万户，其他行业 0.3 万户，机关事业单位数量不变。

问题：

1. 若各用户的年单位能源消耗量不变，用消费系数法预测 2018 年该地区各用户能源需求量和地区总需求量，并判断是否符合该地区能源消耗总量控制指标要求。

2. 若采用德尔菲法对该地区能源消耗情况进行预测，写出工程咨询公司的工作程序。

3. 按照地区政府部门对 2018 年能源消耗的控制要求，依据目前该地区能源消耗和产值状况，量化分析该地区的产业能源消耗结构和产业产值贡献比例，并分析两者的关系。

4．通过上述分析，为合理降低该地区 2018 年能源消耗总量，阐述在规划中应提出的建议措施。

（注：计算结果保留两位小数）

六、(20 分)

某生产企业主要生产 A、B 两类产品，目前市场对 C 产品的需求在增加，据此该企业拟投资建设生产 C 产品的项目，组建了项目工作小组以更好地分析 A、B 产品市场和进行 C 产品项目的前期工作，项目工作小组开展了下列工作：

（1）项目经理召集工作小组成员进行市场研究，大家讨论得出的主要观点有：

①进行市场调查，只有通过实地调查才能获得有效的调查数据；

②定性预测不能给出明确的市场需求量，因此在预测市场需求量时，应排除定性预测法。

（2）通过市场调查，项目工作小组获得了 2013 年 A、B 产品的市场数据，见表 6-1。

表 6-1　2013 年 A、B 产品市场销售数据表

项　目	产　品 A	产　品 B
本企业销售额（万元）	1000	8800
最大竞争对手销售额（万元）	1200	6800
全国市场总销售额（万元）	6000	40950
今年全国市场年平均增长率（%）	15	3

（3）通过市场调查，项目工作小组获得了 2013 年市场上 C 产品的销售额信息，见表 6-2。

表 6-2　2013 年 C 产品市场销售额数据表

项目	月份							
	5	6	7	8	9	10	11	12
C 产品月销售额（万元）	70	90	110	135	160	200	230	270

问题：

1．分别判断（1）中项目工作小组成员的观点是否正确，简要说明理由。

2．绘制波士顿矩阵，分析说明 A、B 产品分别属于企业的什么业务，并说明理由；该企业应对其分别采取什么策略？

3．用移动平均法预测 C 产品 2014 年前三个月的市场销售额（$n=3$）。

（注：计算结果保留两位小数）

参考答案

一、

1. 工程咨询公司在目标市场选择中对自身条件分析评估的内容包括：经营范围、专业特长、技术力量、资金能力、管理水平、地域和文化背景优势等。

2. 市场定位的具体步骤主要有：

（1）首先，应确认咨询单位自身的竞争优势；

（2）其次，通过对比分析明确在目标市场的相对竞争优势；

（3）再次，通过一系列的营销活动，展示自己特有的竞争优势，以便在客户心目中树立起具有特色的咨询产品形象。

3. 除了出版专业刊物外，工程咨询公司的主要营销手段还包括：

（1）建立网页；（2）争取客户举荐；（3）广告宣传；（4）树立品牌形象；（5）保持良好的公共关系。

4. 除了法律责任风险外，咨询业务的主要风险还包括：

（1）政治风险；（2）市场风险；（3）管理风险；（4）财务风险；（5）道德风险。

【解析】此题考核的是科目一《工程咨询概论》中工程咨询单位的市场开发和风险管理，问题明确、答案清楚，需要考生从咨询单位角度出发对相关知识加以理解记忆。

二、

1. 根据题中预测的市场需求和A公司的产品市场占有份额，则A公司在B地建厂的设计生产能力宜为：$8000 \times 10\% - 710 = 90$（万件）。

理由：企业的生产应满足市场的需要，当年生产的产品尽量能实现当年全部销售；A公司产品年市场需求量为800万件，现有产能710万件/年，所以只需新增90万件/年即可满足要求。

2. 用C表示总成本，单位为万元；Q表示产量，单位为万件。

三种不同投资方案的总成本与产量关系式如下：

方案1：$C_1 = 800 + 10 \times Q$；

方案2：$C_2 = 600 + 12 \times Q$；

方案3：$C_3 = 400 + 16 \times Q$。

3. （1）方案的优劣顺序根据总成本排列，总成本越低越好。（可画出三个投资方案的盈亏平衡分析图进行判断，如图2-1所示）

$C_1 = C_2$时，$800 + 10 \times Q = 600 + 12 \times Q$，$Q = 100$（万件），

$C_2 = C_3$时，$600 + 12 \times Q = 400 + 16 \times Q$，$Q = 50$（万件），

$C_1 = C_3$时，$800 + 10 \times Q = 400 + 16 \times Q$，$Q = 66.67$（万件），

则当产量小于50万件时，三个方案的优劣为：方案3 > 方案2 > 方案1；

则当产量在50万件到66.67万件之间时，三个方案的优劣为：方案2 > 方案3 > 方案1；

则当产量在66.67万件到100万件之间时，三个方案的优劣为：方案2 > 方案1 > 方案3；

当产量大于100万件时，三个方案的优劣为：方案1 > 方案2 > 方案3。

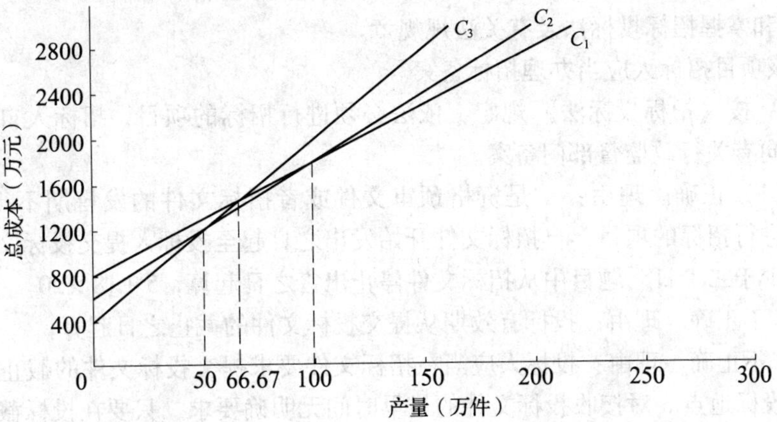

图 2-1　三个投资方案的盈亏平衡分析图

（2）因 B 地建厂的设计生产能力为 90 万件/年，故方案 2 为最优投资建厂方案。

4.（1）最优决策方案 2 的产量的盈亏平衡点为：

BEP（产量）= 年总固定成本/（单位产品价格 - 单位产品可变成本 - 单位产品销售税金与附加）= 600/（22 - 12 - 0.6）= 63.83（万件）。

（2）最优决策方案的产品售价的盈亏平衡点为：

BEP（产品售价）=（年总固定成本/设计生产能力）+ 单位产品可变成本 + 单位产品销售税金与附加 = 600/90 + 12 + 0.6 = 19.27（元）。

（3）当达到设计生产能力时的年利润为：

22 × 90 -（600 + 12 × 90 + 0.6 × 90）= 246（万元）

5. 盈亏平衡分析的作用为：通过盈亏平衡分析可以找出盈亏平衡点，考察企业或项目对市场导致的产出（销售）量变化的适应能力和抗风险能力。用产量和生产能力利用率表示的盈亏平衡点越低，表明企业适应市场需求变化的能力越大，抗风险能力越强；用产品售价表示的盈亏平衡点越低，表明企业适应市场价格下降的能力越大，抗风险能力越强。盈亏平衡分析只适宜在财务分析中应用。

【解析】 此题考核的是科目四《项目决策分析与评价》中盈亏平衡分析的内容，既有定性知识点又有定量计算，同时利用盈亏平衡的概念加以扩展，通过比较总成本费用大小进行方案比选。在计算盈亏平衡点的基础上，出题方式有所变化，虽然不是常规问法有一定难度，但万变不离其宗，考生在复习时一定要抓住核心概念（公式），充分利用题目所给条件进行作答。

三、

1. 招标人自行组织招标的，应具备下列条件：

（1）具有项目法人资格（或者法人资格）；

（2）具有与招标项目规模和复杂程度相适应的工程技术、概预算、财务和工程管理等方面专业技术力量；

（3）有从事同类工程建设项目招标的经验；

（4）拥有3名以上取得招标职业资格的专职招标业务人员；

（5）熟悉和掌握招标投标法及有关法规规章。

2.（1）该项目招标人应当办理招标备案。

（2）理由：按《招标投标法》规定，依法必须进行招标的项目，招标人自行办理招标事宜的，应当向有关行政监督部门备案。

3. 规定（1）正确。理由：一是资格预审文件或者招标文件的发售期不得少于5日；二是依法必须进行招标的项目，自招标文件开始发出之日起至投标人提交投标文件截止之日止，最短不得少于二十日。题目中从招标文件停止出售之日起算，5+18>20。

规定（2）不正确。理由：投标有效期从提交投标文件的截止之日起算。

规定（3）不正确。理由：投标人应当在招标文件要求提交投标文件的截止时间前，将投标文件送达投标地点。对接收投标文件的最早时间无明确要求，只要在投标截止时间之前都应该接收。

规定（4）不正确。理由：投标人在招标文件要求提交投标文件的截止时间前，可以补充、修改、替代或者撤回已提交的投标文件，并书面通知招标人。题中提出规定时间不合理。

4.（1）对B、D投标人提出的要求不妥。理由：评标委员会可以要求投标人对投标文件中含义不明确的内容作必要的澄清或者说明，但是澄清或者说明不得超出投标文件的范围或者改变投标文件的实质性内容。

（2）希望投标人B再考虑降低报价的可能性，不妥。理由：评标委员会不得向投标人提出带有暗示性或诱导性的问题，或向其明确投标文件中的遗漏和错误。

【解析】 此题考核的是科目三《工程项目组织与管理》中的招投标管理，知识点都是出自相关法律法规，如《招标投标法》、《招标投标法实施条例》、《工程建设项目施工招标投标办法》等。出题方式比较多的是判断表述题型，难点在于"理由"的陈述，一定要符合规定要求。这部分内容的复习方法是理清法律条款，按招投标程序分清记忆层次；还需要随时关注相关法律法规的修订。

四、

1. 除已采用的方法外，还可以采用的调查方法有：问卷调查、专家调查、现场测量和历史资料调查法。

2.（1）根据表4-1中的数据，分别计算效益流量、费用流量，再计算该项目各年净效益流量、经济净现值，并将计算结果填入表4-1中。

各年净效益流量＝年效益流量－年费用流量

$$\begin{aligned}\text{经济净现值} &= -4000\times(1+6\%)^{-1}-6000\times(1+6\%)^{-2}+722\times(P/F,6\%,3)+\\ &\quad 926\times(P/F,6\%,4)+928\times(P/A,6\%,25)\times(P/F,6\%,4)+\\ &\quad 3612\times(P/F,6\%,30)\\ &= -3773.58-5339.98+606.19+733.48+9396.68+628.85\\ &= 2251.64\ (\text{百万元})\end{aligned}$$

表 4-1 项目投资经济费用效益流量表 单位：百万元

序号	项目	合计	建设期		运营期			
			1	2	3	4	5～29	30
1	效益流量		0	0	1126	1256	1328	4012
1.1	时间节约	32260			1000	1100	1160	1160
1.2	运费费用节约	4202			110	140	152	152
1.3	减少交通事故	448			16	16	16	16
1.4	回收流动资金	84						84
1.5	回收固定资产余值	2600						2600
2	费用流量		4000	6000	404	330	400	400
2.1	建设投资	10000	4000	6000				
2.2	流动资金	84			84			
2.3	运管成本	11050			320	330	400	400
3	净效益流量		-4000	-6000	722	926	928	3612
4	经济净现值	2251.64	-3773.58	-5339.98	606.19	733.48	9396.68	628.85

（2）由计算可知，该项目投资经济净现值为2251.64百万元>0，即计算期为30年的地铁建设项目具有经济合理性。

3. 对社会因素按其正面影响与负面影响、持续时间长短、风险度大小、风险变化趋势（减弱或强化）进行分组排序。

【解析】此题综合型比较强，考核了三个知识点，一是科目一《工程咨询概论》中调查法的种类，这个知识点与科目四中市场调查法的内容有重叠，调查法是项目决策分析与评价过程中用的通用方法，自然也能应用到市场调查中，虽然两处表述有所差异，但方法内容是相同的；二是科目四中的经济费用效益分析，计算相对比较简单，只要按照已给的数据准确判断哪些属于效益流量、哪些属于费用流量，然后计算净效益流量和经济净现值即可；三是科目四中社会评价的详细社会评价方法，考核点比较细有一定难度，对记忆要求比较高。

五、

1.（1）计算各类用户的消费系数：

居民家庭消费系数 = 100 ÷ 125 = 0.8 [吨/（每户·每年）]；

工业企业消费系数 = 500 ÷ 2 = 250 [吨/（每户·每年）]；

服务企业消费系数 = 30 ÷ 1.2 = 25 [吨/（每户·每年）]；

机关事业单位消费系数 = 2 ÷ 0.1 = 20 [吨/（每户·每年）]；

其他行业消费系数 = 8 ÷ 0.2 = 40 [吨/（每户·每年）]。

（2）计算各类用户2018年的能源消耗量：

居民家庭消耗量 = 150 × 0.8 = 120（万吨）；

工业企业消耗量 = 2.3 × 250 = 575（万吨）；

服务企业消耗量 =1.4×25 =35（万吨）；

机关事业单位消耗量 =0.1×20 =2（万吨）；

其他行业消耗量 =0.3×40 =12（万吨）。

则地区总需求量 =120 +575 +35 +2 +12 =744（万吨）。

（3）地区总需求量744万吨 >700万吨，不符合该地区2018年能源消耗总量控制指标的要求。

2. 德尔菲法一般包括五个步骤：（1）建立预测工作组；（2）选择专家；（3）设计调查表；（4）组织调查实施；（5）汇总处理调查结果。

3.（1）分析该地区的产业能源消耗结构：

居民家庭：100/640 =15.63%

工业企业：500/640 =78.13%

服务企业：30/640 =4.69%

机关事业单位：2/640 =0.31%

其他行业：8/640 =1.25%

（2）分析该地区的产业产值贡献比例

居民家庭：0

工业企业：250/980 =25.51%

服务企业：600/980 =61.22%

机关事业单位：50/980 =5.10%

其他行业：80/980 =8.16%

（3）两者的关系：工业企业能源消耗所占比例较大，为78.13%，但相应的产值贡献率仅为25.51%，能耗产值贡献较差；服务企业能耗所占比例较小，为4.69%，但是却贡献了61.22%的产值。

4. 建议：提高工业企业能效标准，降低单位产值排放；关停效率较低的高耗能企业；推广先进的节能减排技术和设备，降低工业企业和居民家庭能耗；提高能源综合利用水平，开发新能源和可再生能源；加大企业转型，推进服务业发展。

【解析】 此题第1、2问考核的是市场预测方法中的消费系数法和德尔菲法，计算简单，内容明确；第3、4问属于扩展题目，书中无明确答案，而是依托相关概念要求考生进行实际问题的分析，考核考生的综合分析能力。这就需要考生平时多注重相关知识储备。

六、

1.（1）观点①不正确。理由：市场调查的方法除了实地调查法，还有文案调查、问卷调查、实验调查等。各种方法各有优缺点，均可获得有效的调查数据。

（2）观点②不正确。理由：在市场预测中应采用定性和定量相结合的方法，定性预测也可凭借专家个人和群体的经验、知识进行市场未来趋势、规律、状态的判断。

2.（1）计算产品的市场成长率和相对市场份额：

A产品的市场年平均增长率为15%，相对市场份额为：1000 ÷1200 =0.83；

B产品的市场年平均增长率为3%，相对市场份额为：8800 ÷6800 =1.29；

（2）绘制波士顿矩阵，并标示A、B产品的位置，如图6-1所示。

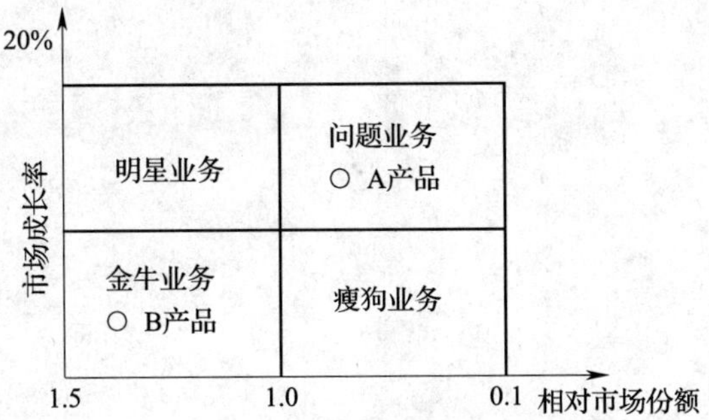

图 6-1　波士顿矩阵

（3）由波士顿矩阵图可知，A 产品属于问题业务，B 产品属于金牛业务。

（4）对于 A 产品应深入分析企业是否具有发展潜力和竞争力优势，决定是否追加投资、扩大企业市场份额；对于 B 产品采取的策略是维持其稳定生产，不再追加投资，以便尽可能地回收资金，获取利润。

3. 根据简单移动平均法的计算公式：$F_{t+1} = \frac{1}{n}\sum_{i=t-n+1}^{t} x_i$

取 $n=3$，则：

2014 年 1 月市场销售额 $Q_1 = (x_{10} + x_{11} + x_{12})/3 = (200 + 230 + 270)/3 = 233.33$（万元）；

2014 年 2 月市场销售额 $Q_2 = (x_{11} + x_{12} + Q_1)/3 = (230 + 270 + 233.33)/3 = 244.44$（万元）；

2014 年 3 月市场销售额 $Q_3 = (x_{12} + Q_1 + Q_2)/3 = (270 + 233.33 + 244.44)/3 = 249.26$（万元）；

C 产品 2014 年前三个月的市场销售额 = 233.33 + 244.44 + 249.26 = 727.03（万元）。

【解析】此题考核的是市场预测方法和战略分析方法，相对比较简单，答题的要点是写清分析步骤，列出分析过程，得出分析结果。

[illegible]

[illegible]

[illegible]

[illegible]

[illegible]